主　　编　孙晓勇　国家法官学院院长
　　　　　　　　　　最高人民法院司法案例研究院院长
副 主 编　胡田野　国家法官学院副院长
　　　　　　刘　畅　最高人民法院司法案例研究院规划部主任
主编助理　赵文轩　最高人民法院司法案例研究院规划部编辑
　　　　　　刘丽媛　最高人民法院司法案例研究院规划部编辑

《中国法院年度案例》编辑人员（按姓氏笔画）

王　锐　刘　畅　朱建伟　朱　琳　吴光荣　李晓果
李　谦　杨小利　胡　岩　赵文轩　唐世银　徐一楠
贾　停　曹海荣　梁　欣　程诗翰　程　瑛

本书编审人员　刘　畅　程诗翰

中国法院2022年度案例

国家法官学院 最高人民法院司法案例研究院 / 编

物权纠纷

中国法制出版社
CHINA LEGAL PUBLISHING HOUSE

《中国法院2022年度案例》通讯编辑名单

凌　巍　北京市高级人民法院

刘晓虹　北京市高级人民法院

董　扬　天津市高级人民法院

王　佳　河北省高级人民法院

刘冬梅　山西省高级人民法院

杨智勇　内蒙古自治区高级人民法院

周文政　辽宁省高级人民法院

张功岩　吉林省高级人民法院

孙学诗　黑龙江省高级人民法院

牛晨光　上海市高级人民法院

戴鲁霖　江苏省高级人民法院

缪　芳　江苏省高级人民法院

符东杰　江苏省南通市中级人民法院

周耀明　江苏省无锡市中级人民法院

杨　治　浙江省高级人民法院

蒋　莹　浙江省高级人民法院

吴　婧　安徽省高级人民法院

林文君　福建省高级人民法院

章光园　江西省高级人民法院

王露爽　山东省高级人民法院

郭宇凌　河南省高级人民法院

宋淼军　湖北省高级人民法院

杨晓彤　湖北省宜昌市中级人民法院

唐　竞　湖南省高级人民法院

谢佩宏　广东省高级人民法院

邹尚忠　广西壮族自治区高级人民法院

韦丹萍　广西壮族自治区高级人民法院

李周伟　海南省高级人民法院

谭中平　重庆市高级人民法院

任　梦　四川省高级人民法院

李丽玲　云南省高级人民法院

石　瑾　云南省昆明市中级人民法院

龙　媛　贵州省高级人民法院

施辉法　贵州省贵阳市中级人民法院

王丽萍　西藏自治区高级人民法院

郑亚非　陕西省高级人民法院

吴　莹　甘肃省高级人民法院

央　措　青海省高级人民法院

康　莹　宁夏回族自治区高级人民法院

马小菊　新疆维吾尔自治区高级人民法院

王　琼　新疆维吾尔自治区高级人民法院生产建设兵团分院

序

党的十八大以来，以习近平同志为核心的党中央高度重视法治在推进国家治理体系和治理能力现代化中的重要作用，党的十九届六中全会通过的《中共中央关于党的百年奋斗重大成就和历史经验的决议》指出，必须坚持中国特色社会主义法治道路，贯彻中国特色社会主义法治理论，坚持依法治国、依法执政、依法行政共同推进，坚持法治国家、法治政府、法治社会一体建设，全面增强全社会尊法学法守法用法意识和能力。人民法院始终坚持以习近平法治思想为指导，把加强司法案例研究作为推进全面依法治国的重要途径，通过发布具有普遍指导意义的典型案例，统一法律适用、提高审判质效，提升司法公信力，努力让人民群众在每一个司法案件中感受到公平正义。《中国法院年度案例》丛书，旨在总结提炼典型案例的裁判规则和裁判方法，发挥司法规范、指导、评价、引领的重要作用，大力弘扬社会主义核心价值观，增强全民法治意识和法治素养，展现新时代我国法治建设新成就。

《中国法院年度案例》丛书自2012年编辑出版以来，已连续出版11年，受到读者广泛好评。近年来，为更加全面地反映我国司法审判执行工作的发展进程，顺应审判执行实践需要，响应读者需求，丛书2014年度新增金融纠纷、行政纠纷、刑事案例3个分册，2015年度将刑事案例调整为刑法总则案例、刑法分则案例2个分册，2016年度新增知识产权纠纷分册，2017年度新增执行案例分册，2018年度将刑事案例扩充为4个分册。自2020年起，丛书由国家法官学院与最高人民法院司法案例研究院共同编辑，每年年初定期出版。在全国各级人民法院的大力支持下，丛书编委会现编辑出版《中国法院2022年度案例》系列丛书，共23册。为助力实施环境资源审判专门化的司法政策，推进生态文明建设与绿色发展，自今年起，丛书将土地纠纷（含林地纠纷）分册改为土地纠纷（含环境资源纠纷）分册。

《中国法院年度案例》丛书以开放务实的态度、简洁明快的风格，在编辑中坚持以下方法，努力把案例书籍变得“好读有用”：一是高度提炼案例内容，控制案例篇幅，每个案例基本在 3000 字以内；二是突出争议焦点，剔除无效信息，尽可能在有限的篇幅内为读者提供有效、有益的信息；三是注重对裁判文书的再加工，大多数案例由案件的主审法官撰写“法官后语”，高度提炼、总结案例的指导价值，力求引发读者思考，为司法工作提供借鉴，为法学研究提供启迪。

《中国法院年度案例》丛书编辑工作坚持以下原则：一是广泛选编案例。国家法官学院和最高人民法院司法案例研究院每年通过各高级人民法院从全国各地法院汇集上一年度审结的典型案例近万件，使该丛书有广泛的精选基础，优中选优，可提供给读者新近发生的全国各地多种类型的典型性案例。二是方便读者检索。为体现以读者为本的宗旨，丛书分卷细化，每卷下还将案例主要根据案由分类编排，每个案例用一句话概括裁判规则、裁判思路或焦点问题作为主标题，让读者一目了然，迅速找到目标案例。

中国法制出版社始终全力支持《中国法院年度案例》丛书的出版，给了作者和编辑们巨大的鼓励。2022 年，丛书将继续提供数据库增值服务。购买本书，扫描前勒口二维码，即可在本年度免费查阅往年同类案例数据库。我们在此谨表谢忱，并希望通过共同努力，逐步完善，做得更好，真正探索出一条编辑案例书籍、挖掘案例价值的新路，更好地服务社会主义法治国家建设、服务法治社会建设、服务学习研究法律的读者。

《中国法院年度案例》丛书既是法官、检察官、律师等法律工作者的办案参考和司法人员培训的实用教材，也是社会大众学法用法的经典案例读本，同时是教学科研机构案例研究的良好系列素材。当然，案例作者和编辑在编写过程中也难以一步到位实现最初的编写愿望，客观上会存在各种不足甚至错误，欢迎读者批评指正。我们愿听取各方建议，不断扩宽深化司法案例研究领域，立足新发展阶段，实现中国特色司法案例研究事业的高质量发展。

国家法官学院

最高人民法院司法案例研究院

2022 年 1 月

目　录

Contents

一、物权保护纠纷

（一）物权确认纠纷

二、所有权纠纷

（一）侵害集体经济组织成员权益纠纷

（二）建筑物区分所有权纠纷

（三）业主撤销权纠纷

（四）相邻关系纠纷

（五）共有纠纷

三、用益物权纠纷

（一）土地承包经营权纠纷

（二）居住权纠纷

四、担保物权纠纷

五、占有保护纠纷

六、其他纠纷

一、物权保护纠纷

（一）物权确认纠纷

1

亲属之间一方全额出资购房登记于另一方名下时房屋所有权的认定

——尹某才诉陈某风等所有权确认案

【案件基本信息】

1. 裁判书字号

辽宁省大连市中级人民法院（2020）辽 02 民终 2736 号民事判决书

2. 案由：所有权确认纠纷

3. 当事人

原告（上诉人）：尹某才

被告（被上诉人）：陈某风、尹某华、尹某荣

【基本案情】

涉案房屋登记所有权人为尹某良，尹某良于 2017 年 4 月 9 日死亡。尹某良与陈某风系夫妻关系，二人育有长女尹某荣、次女尹某华、长子尹甲、次子尹

某才；尹某良的父亲母亲和尹甲都已经病故。尹某才于 2012 年 5 月 9 日、2013 年 4 月 1 日先后向尹某华的账户转入 30 万元、23 万元。尹某华于 2013 年 3 月 18 日向尹某良账户转入 53.5 万元。次日，尹某良将 53 万元转给付某装饰地产公司。尹某才自述 2012 年因尹某华向其借钱，其给付尹某华 30 万元。在 2013 年尹某良购买房屋时，尹某才和尹某华达成合意，由尹某华直接向尹某良支付房款以抵顶借款，并视为由尹某才出资。尹某华同意尹某才的上述陈述。

【案件焦点】

尹某才全额出资购房登记于父亲尹某良名下，在尹某良其他继承人存在异议的情况下，能否确定尹某才享有房屋所有权。

【法院裁判要旨】

辽宁省大连市甘井子区人民法院经审理认为：当事人对于自己的诉求，应当提供证据予以证明，没有证据或者证据不足以证明当事人的事实主张的，由负有举证责任的当事人承担不利后果。尹某良于 2013 年 3 月购买涉案房屋，登记所有权人为尹某良。尹某才并未提供其他证据证实其与尹某良对于案涉房屋的所有权达成了合意，由尹某才享有所有权。尹某良育有多位子女，尹某才如确需借名买房，有条件更有必要对房屋所有权进行约定，对于无约定导致的不利后果，应当由尹某才承担；且尹某才和尹某良系父子关系，尹某才资助尹某良购房符合常理，故对于尹某才请求确认房屋所有权的诉请，因证据不足，不予支持。

辽宁省大连市甘井子区人民法院根据《中华人民共和国物权法》[①] 第十七条、《最高人民法院关于民事诉讼证据的若干规定》第二条规定，判决如下：

驳回尹某才的诉讼请求。

尹某才不服一审判决，提起上诉。辽宁省大连市中级人民法院经审理认为：

---

① 《中华人民共和国民法典》于 2021 年 1 月 1 日起实施，《中华人民共和国物权法》等同时废止。本书收录的部分案例裁判于《中华人民共和国民法典》生效前，适用的是当时有效的法律规定，下文将不再对此进行提示。

尹某才主张尹某良购房款项均来自尹某才，但支付购房款尚不能证明尹某才对案涉房屋享有物权。案涉房屋登记的所有权人为尹某良，尹某才系尹某良次子，尹某才主张其借尹某良之名买方，但未能提供其与尹某良签订的关于借名买房的协议。尹某才主张买房时全家人已达成口头协议，认可房屋权属归尹某才所有，但尹某才未能提交证据予以证明，且尹某荣对此不予认可，尹某才应承担举证不能的不利后果。尹某才的上诉请求不能成立，应予驳回；一审判决认定事实清楚，适用法律正确，应予维持。

辽宁省大连市中级人民法院依照《中华人民共和国民事诉讼法》[①] 第一百七十条第一款第一项规定，判决如下：

驳回上诉，维持原判。

【法官后语】

《中华人民共和国民法典》（以下简称《民法典》）第二百零八条规定，不动产物权的设立、变更、转让和消灭，应当依照法律规定登记。不动产登记具备公示公信效力，原则上不动产物权登记人即为物权人。实践中存在实际所有权人与登记所有权人不一致的情况，应根据是否存在权属争议选择不同的处理方式，双方不存在权属争议的，依《民法典》第二百二十条第一款办理更正登记，即不动产物权人或者登记机关发现登记的错误而进行更正的登记；双方存在权属争议的，依《民法典》第二百二十条第二款提起所有权确认之诉。

出现权利主张人与登记所有权人不一致的情况，双方之间往往具有特殊身份关系，如亲属、朋友等。由于当事人之间一般具有较强信任感，大多以口头形式达成所有权归属约定，在产生纠纷时，当事人往往对所有权人的认定标准及举证责任分配存在争议。实际所有权人一般会从房款的实际支付、房屋的实际使用等方面提供证据以证明其主张，而名义所有权人往往会否认所有权归属

---

① 《中华人民共和国民事诉讼法》已于 2021 年 12 月 24 日修改，于 2022 年 1 月 1 日实施。本书收录案例均裁判于该法修改之前，适用的是当时有效的条文，下文将不再对此进行提示。

约定的存在，通过提供房屋买卖合同、产权登记信息等证据进行抗辩。

法院在处理此类纠纷时，应当充分查明案件事实、尊重当事人意思自治，同时注重维护物权公示原则。首先，应对权利主张人与登记所有权人不一致的基础事实进行审查。其次，对于存在借名买房基础关系的，审查是否有所有权归属协议，有协议的对其效力进行判断。最后，没有所有权归属协议或协议无效的，法院一并处理；所有权归属有效的，应判定当事人的诉请是否成立。本文重点解读基于权利主张人与登记所有权人不一致的基础事实，如何确定实际所有权人。

首先，应审查当事人之间是否存在所有权归属协议，如果有协议，原则上应当尊重当事人意思自治，根据所有权归属协议确定不动产的权利归宿。在不存在所有权归属协议的情况下，按照下列步骤逐步分析。

其次，审查借名买房的原因。主张权利人“自甘冒险”借名买房，主要基于以下原因：替代出资、借名、抵账等。名义所有权人一般主张双方之间存在借款、赠与、抵销等法律关系，对此应当承担举证责任。在双方均无书面证据的情形下，法院应当依据常理、常情进行合理性判断。例如，当实际所有权人经济状况一般时，名义所有权人主张实际所有权人的出资为赠与就与常理相悖。

再次，查明购房款实际支付情况以及贷款偿还情况。权利主张人应对其出资情况承担举证责任。法院应当结合实际所有权人出具的包括银行交易流水、刷卡记录、贷款还款记录的证据综合认定出资情况。只有在全额出资且出资系为购置不动产时才能认定出资购房人系实际所有权人。

最后，对不动产所有权认定具有实质性影响的出资因素确定后，应结合不动产的占有使用情况、装修情况、借名登记原因等，判断是否存在借名登记的客观需要或者未及时变更所有权登记的合理性因素，考察购置不动产时双方当事人的真实意图，对不动产所有权进行认定。一般情况下，不动产由权利主张人占有使用，且由其对不动产进行装修或者改造，或者即使不实际占有，权利主张人亦保持对不动产一定程度的控制和把持，才可认定不动产由其购置并取得所有权。如果购置不动产后一直由登记权利人占有使用，且权利主张人并未提出异议，通常情况下权利主张人的诉求难以得到支持。可见，占有是继出资之后，认定不动产实际所有权人的第二考量因素，可以看成“活的公示”，在物权法上的公示和“活的公示”统归一人时，一般不能推翻公示确认的权利。把握上述两点审查要素后，结合权利主张人陈述的借名登记，对于实际权利人作出综合判断。

结合本案，首先，不存在所有权归属协议，在登记所有权人尚有其他子女的情况下，尹某才有条件更有必要在交易行为发生时，通过订立合同等方式，对于产权的实际归属作出约定，未达成该协议，尹某才应承担举证不能的不利后果。其次，关于借名登记的原因，尹某才主张其在异地不方便办理产权登记，不能视为借名登记的合理原因。再次，尹某才主张有两笔购房出资，其中一笔因给付时间偏差，无法认定与购房存在联系，也就无法认定诉争不动产由其全额出资购买，其举证在出资数额上存在瑕疵。同时，尹某才与登记所有权人具有特殊身份关系，基于赠与而交付部分购房款符合常理，其举证在出资的原因上亦存在瑕疵。最后，事实上，诉争不动产一直未由尹某才占有使用。综上，尹某才欲确认房屋所有权的主张，无法得到法院的支持。

法院在处理此类案件时，应从正常交易习惯、平衡各方利益的角度，严格考察出资情况、出资原因、占有使用情况、未登记于权利主张人名下的原因等因素进行综合把握，不能机械地适用不动产登记的公示效力，否认真实权利人的权利主张，亦不能仅凭出资确认不动产的实际权利人。

编写人：辽宁省大连市甘井子区人民法院　张禾

2

非营利性学校出资人对学校财产享有特殊财产权

——周某媛诉某中学等所有权案

【案件基本信息】

1. 裁判书字号

江苏省无锡市中级人民法院（2019）苏 02 民终 5190 号民事判决书

2. 案由：所有权纠纷

3. 当事人

原告（被上诉人）：周某媛

被告（上诉人）：某中学、某手套厂、某医疗设备公司

【基本案情】

某中学系 2005 年某市教育局批准设立的一所民办高级中学，由某医疗设备公司、某手套厂共同举办，是非营利性学历教育机构，属于社会公益性事业，办学内容为全日制高中教育。某中学成立后，陈某秋担任首任校长。2013 年 3 月，陈某秋去世。周某媛与陈某秋系夫妻关系，婚后生育了女儿陈某怡、儿子陈某苗。陈某苗、陈某怡作出书面表示：其父亲陈某秋享有的本案权利，由周某媛全部行使并予以主张。周某媛持有的《聘书》载明，经学校董事会研究决定：聘请陈某秋同志为某中学终身校长。落款为某中学董事会；日期为 2008 年 9 月 12 日。

周某媛持有的《关于某中学举办者的变更申请书》载明，某市教育局：某中学是由某市教育局批准，于 2005 年 4 月正式成立的民办普通高中。因陈某秋同志为创办该校的发起人和实际筹办者，经学校董事会同意，原举办者某医疗

设备公司（法人）和某手套厂（法人），变更为某医疗设备公司（法人）、某手套厂（法人）和陈某秋同志。请予批准。落款为某中学董事会；日期为 2011 年 4 月 15 日。

周某媛持有的《关于陈某秋同志享有某中学资产份额和收益的承诺》载明：因陈某秋同志为创办该校的发起人和实际筹办者，经共同研究决定：陈某秋同志享有某中学三分之一的资产份额和收益。特此承诺。落款为某中学董事会；日期为 2011 年 6 月 22 日。上述“聘书”“申请书”“承诺”在落款处均加盖了“某中学董事会”印章。文字均系打印而成。

【案件焦点】

周某媛要求确认其对某中学享有资产份额的请求能否成立。

【法院裁判要旨】

江苏省无锡市梁溪区人民法院经审理认为：某中学设立时报备并登记某手套厂、某医疗设备公司为出资人及举办者，后作为出资人的某手套厂、某医疗设备公司对开办的某中学所享有的权利，予以内部划分与确认，并不违反民事法律规范，亦不违反《中华人民共和国民办教育促进法》的相关规定。根据某中学章程，董事会系某中学的内设管理与权力机构，周某媛所持有的承诺书，已加盖了董事会印章，应视为出资人某手套厂、某医疗设备公司对自身权利的处分。陈某秋取得某中学出资份额三分之一及收益权利，仅对某手套厂、某医疗设备公司产生民事权利义务约束力。

江苏省无锡市梁溪区人民法院依照《中华人民共和国民办教育促进法》第十九条、第二十条、第二十二条，《中华人民共和国民办教育促进法实施条例》第四条、第十四条之规定，作出如下判决：

一、确认周某媛为某中学出资权利人，出资份额与某手套厂、某医疗设备公司同为各三分之一，周某媛的出资人权利所对应的权利享有日期自 2011 年 6 月 22 日起算；

二、某中学、某手套厂、某医疗设备公司自判决发生法律效力之日起三个月内负有向有关部门办理周某媛为某中学出资人的备案及变更手续的义务。

某中学、某手套厂、某医疗设备公司不服一审判决，提起上诉。江苏省无锡市中级人民法院经审理认为：非营利性民办学校对投入学校的资产和积累享有独立的法人财产权，出资人对学校财产不享有所有权、共有权或收益权，非营利性民办学校终止时，剩余财产也是继续用于其他非营利性学校办学，出资人对非营利性民办学校不享有类似于公司股东的财产权利。无论是某中学董事会抑或是某中学出资人（举办者）某手套厂、某医疗设备公司均无权确认由陈某秋享有某中学三分之一的资产份额和收益。民办学校举办者的变更，须由举办者提出，在进行财务清算后，经学校理事会或者董事会同意，报审批机关核准。《关于某中学举办者的变更申请书》是以某中学董事会的名义向某市教育局提出，但未经审批机关核准，且民办学校举办者是与身份紧密相关的权利，体现为身份上的权利，亦不能被继承。周某媛提起本案诉讼所依据的《聘书》《关于某中学举办者的变更申请书》《关于陈某秋同志享有某中学资产份额和收益的承诺》虽然都加盖了某中学董事会印章，但经二审委托鉴定，均盖印形成在前，而打印文字形成在后，且某中学、某手套厂、某医疗设备公司对三份文件的形成过程均提出了异议，三份文件的形成过程存疑，证明力较低，也不足以证明周某媛的诉讼主张。

江苏省无锡市中级人民法院依照《中华人民共和国民事诉讼法》第一百七十条第一款第一项之规定，作出如下判决：

一、撤销一审判决；

二、驳回周某媛的诉讼请求。

【法官后语】

本案的核心问题是，出资人举办非营利性民办学校享有哪些权利？具体来说，出资人是否享有出资财产所有权？总的来说，非营利性民办学校出资人具有特别财产权，这种财产权集中在财产性权益方面，主要表现在出资人拥有参与出资财产管理权、出资资金转让权和学校剩余财产奖励权。

非营利性民办学校产权比较特殊，按照《中华人民共和国民法典》（以下简称《民法典》）第九十五条规定，以公益为目的的非营利性法人终止时，不得向出资人、设立人或者会员分配剩余财产。剩余财产应当按照法人章程的规定或者权力机构的决议用于公益目的。《中华人民共和国民办教育促进法》（2018修正，以下简称《民办教育促进法》）同时规定，民办学校存续期间，出资人不得撤资，不得对办学结余进行分配。看似出资举办非营利性民办学校不存在产权，类似于出资捐赠举办非营利性民办学校，自此或出资人出资产权社会化。实则不然，由于出资举办非营利民办学校的特殊性，非营利民办学校出资人的财产权显得特别和有限。

一、非营利性民办学校出资人享有特别财产权

（一）出资非营利民办学校不会导致财产权灭失

出资人举办非营利性民办学校，其虽然不同于以分取利润为目的的投资行为，但也不等于以公益为目的的捐资行为。即使非营利性民办学校以公益为目的，也不能认为较一般出资行为有着完全不同的法律性质，不能把出资行为和捐资行为混淆起来，不能把出资人出资产权等同于捐资人捐资财产的产权灭失。按照民办教育财产权制度的安排，出资人举办营利性民办学校，视为经济投资行为，具有股东财产权，但该股东财产权受公益目的和教育特殊性限制。

（二）非营利民办学校出资人的财产性权益

根据《民办教育促进法》第十九条第二款、第三十六条、第三十七条第一款、第五十九条第二款规定，非营利性民办学校对投入学校的资产和积累享有独立的法人财产权，出资人不能依照《中华人民共和国公司法》《中华人民共和国城镇集体所有制企业条例》主张股权或所有者权益，在民办学校存续期间，出资人不能收回出资，也不能像公司股东一样按份额分红。非营利性民办学校终止时，剩余财产也是继续用于其他非营利性学校办学，出资人对非营利性民办学校不享有类似于公司股东的财产权利，只享有依法管理和有条件获得补偿和奖励的权利。

二、非营利民办学校出资人特别财产权的权能

根据《民办教育促进法》及其实施条例，并结合民办教育的实际，非营利

民办学校出资人对出资财产的产权主要包括：参与出资财产的经营管理权、出资资金转让权、获得学校剩余财产奖励权。

（一）参与出资财产的经营管理权

虽然出资人不享有公司股东分红权，但其对民办学校的出资财产保留着财产性权益，可按出资的份额对法人享有权益。本案中出资人成立某中学董事会，通过法定程序选择学校管理者，对学校法人财产进行监督管理，并通过合法途径对重大问题行使决策权等。由此来看，出资人可通过对学校的办学行为和办学过程产生影响来实现对非营利性民办学校出资财产的控制权，直接或间接地对出资财产进行控制，实现对出资财产进行经营管理的目的。

具体到本案，虽然某中学章程规定董事会系某中学的内设管理与权力机构，某手套厂、某医疗设备公司可通过董事会行使经营管理权，但其所作《关于陈某秋同志享有某中学资产份额和收益的承诺》违反了《民办教育促进法》相关规定，应认定为无效。且没有按照《民办教育促进法》第五十四条规定，报审批机关核准民办学校举办者的变更。故对周某媛的诉讼请求不予支持。

（二）出资资金转让权

实践中，非营利性民办学校出资人由于各种原因需要退出、撤回出资资金时，法律也提供了出资人合理合法退出机制。由于非营利民办学校属于公益性组织，出资人撤资和退出受到严格限制。在学校正常运作的情况下，只能允许出资人将其持有的学校份额转让给他人，通过收取转让价金来收回其出资，不得以解散学校、分割学校财产的方式退出。上述退出机制，既可以让出资人平稳退出和新的出资人进入民办教育领域，又能保持学校的持续健康发展。

根据现行法律规定，非营利性民办学校出资人转让出资资金，需要有三方面的限制：一是受让人应当具有政治权利和完全民事行为能力；二是由举办者提出，在进行财务清算后，经学校理事会或者董事会同意，报审批机关批准；三是在某个出资人对民办学校的股权面临转让时，其他出资人享有在同等条件下优先于其他潜在购买人购买的权利，即享有优先购买权。

（三）获得学校剩余财产奖励权

对于剩余财产的处理存在不同意见，笔者认为非营利性民办学校终止时，需要对民办学校的财产进行依法清算。如果民办学校的全部财产在清偿全部债务和应付账款后还有剩余，出资人可以通过分配学校的剩余财产来收回出资。对于办学积累形成的增值资产，政府将根据出资人的贡献情况和办学业绩，对非营利性民办学校出资人进行奖励。

编写人：江苏省无锡市中级人民法院　缪凌　尹慧

3

申请执行人就可能属于被执行人的财产有权代位提起所有权确认之诉

——某房产公司诉陈某良等所有权确认案

【案件基本信息】

1. 裁判书字号

江苏省无锡市中级人民法院（2020）苏02民终2920号民事裁定书

2. 案由：所有权确认纠纷

3. 当事人

原告（上诉人）：某房产公司

被告（被上诉人）：陈某良、徐某民、唐某媛、徐某行、庄某玲、宋某君

第三人：卞某章、蔡某珠

【基本案情】

根据另案生效判决，陈某良应支付某房产公司1933333.33元。执行过程中，陈某良表示其已无其他财产可供执行。后某房产公司向法院提起诉讼，主

张陈某良对无锡市某路295号房产（以下简称295号房产）隐名持有15%的份额，295号房产现登记在徐某行、庄某玲、宋某君、徐某民、唐某媛五人名下。

【案件焦点】

申请执行人就可能属于被执行人的财产是否有权代位提起所有权确认之诉。

【法院裁判要旨】

江苏省无锡市梁溪区人民法院经审理认为：《中华人民共和国民事诉讼法》第一百一十九条第一项规定，起诉必须符合下列条件：原告是与本案有直接利害关系的公民、法人和其他组织。本案系所有权确认纠纷，有权提起该诉讼的应为就诉争物权的归属和内容有物权法律关系的自然人、法人和其他组织。某房产公司就295号房产并不具有物权法律关系，并非《中华人民共和国民事诉讼法》第一百一十九条第一项规定的适格主体。

江苏省无锡市梁溪区人民法院依照《中华人民共和国物权法》第三十三条、《中华人民共和国民事诉讼法》第一百一十九条、《最高人民法院关于适用〈中华人民共和国民事诉讼法〉的解释》第二百零八条规定，裁定如下：

驳回某房产公司的起诉。

某房产公司不服一审裁定，提出上诉。江苏省无锡市中级人民法院经审理认为：对《中华人民共和国民事诉讼法》第一百一十九条中“直接利害关系”的理解，应结合原告就特定的民事纠纷是否享有诉的利益进行判断。因陈某良并非295号房产的登记所有人，陈某良是否对295号房产享有权利，直接关系到某房产公司能否执行到陈某良的财产以实现胜诉权利，某房产公司提起本案诉讼目的是通过法院审理确定陈某良是否尚有可供执行的财产或财产权利，享有诉的利益。现某房产公司代位提起确权之诉，应认定其原告主体资格适格。

江苏省无锡市中级人民法院依照《中华人民共和国民事诉讼法》第一百七十条第一款第二项、第一百七十一条，《最高人民法院关于适用〈中华人民共和国民事诉讼法〉的解释》[①] 第三百三十二条规定，裁定如下：

一、撤销江苏省无锡市梁溪区人民法院民事裁定；

二、指令江苏省无锡市梁溪区人民法院审理本案。

【法官后语】

通常情况下，有权提起物权确认之诉的主体为与特定物就物权的归属和内容有物权法律关系的自然人、法人和其他组织，常见的情形是原告请求确认自己对特定的物享有物权权益。申请执行人就可能属于被执行人的财产有权代位提起确权之诉，对此现行法律法规或司法解释并未给出明确解答，司法实践中有不同的观点。笔者认为，在已经提供初步证据的情况下，债权人是可以代位提起确权之诉的。

一、申请执行人代位确权与债权人代位权在法理基础上同源

民事诉讼当事人一般是指正当当事人又称适格当事人，即与特定诉讼中的争议标的具有直接利害关系，能够承受诉讼实体法律后果的当事人。诉讼法学理上还有正当当事人的概念和理论，实质当事人存在于诉讼担当的情形中。诉讼担当，是指非民事法律关系主体的第三人，因对与案件有直接利害关系的当事人的权利或法律关系有管理权，而代替当事人就该法律关系所产生的纠纷行使诉权，相应判决的效力及于原民事法律关系主体。我国民事诉讼中的诉讼担当主要是法定诉讼担当，典型的诉讼担当人有代位债权人、遗产管理人、清算人等，其实质是赋予债权人对债务人的实体权利义务或者财产拥有管理权或处分权。《中华人民共和国民法典》第五百三十五条第一款规定，“因债务人怠于行使其债权或者与该债权有关的从权利，影响债权人的到期债权实现的，债权人可以向人民法院请求以自己的名义代位行使债务人对相对人的权利，但是该权利专属于债务人自身的除外”。此为债权人代位权诉讼的实体法依据，从文

① 配合《中华人民共和国民法典》的施行，最高人民法院对大量司法解释进行了修正。本书收录的部分案例裁判于相关司法解释修正之前，适用的是当时有效的司法解释。下文将不再对此进行提示。

义解释来看该条规定限于债权债务领域，其作为债的保全措施，目的是保障权利人权利实现。在执行程序中，被执行人名下无财产或不能清偿全部债务又怠于行使其到期债权或者隐匿财产的，显然对申请执行人的债权造成损害，如法律赋予申请执行人向人民法院请求以自己的名义代位行使被执行人的债权或确认被执行人的财产权利，那执行人合法有效权利将得以实现。虽然《中华人民共和国民法典》仅规定了债权人代位权，但是基于申请执行人的代位权和债权人的代位权在保障债权人实现债权的目的和原理上的同一性，应予类推适用于申请执行人代位权的认定中。

本案中，债务人陈某良名下无可供执行的财产，但现有证据表明其可能存在隐名持有房产的情形，如不对陈某良是否享有房产份额进行审理，势必会损害某房产公司的债权，赋予某房产公司代位提起确认之诉的资格，可有限打击被执行人隐匿财产逃避执行，以保障执行人的合法权益。根据债权人代位权的原理，申请执行人提起代位确权之诉应同时满足以下两个条件：(1) 被执行人名下无可供执行的财产或其名下财产不能清偿全部债务；(2) 现有证据表明被执行人可能隐名持有其他财产。满足条件的，应当认为符合“因债务人怠于行使其到期债权，对债权人造成损害”这一债权人行使代位权的条件。实践中对此应从严掌握，避免申请执行人在执行中随时提起代位确权诉讼，造成代位诉权的滥用。

二、申请执行人代位确权诉讼与代位析产诉讼的联系与区别

目前，没有申请执行人有权代位提起确权之诉的相关规定，但司法解释已经在涉及物权领域的代位诉权方面有所突破。《最高人民法院关于人民法院民事执行中查封、扣押、冻结财产的规定》（2020修正）第十二条规定，“对被执行人与其他人共有的财产，人民法院可以查封、扣押、冻结，并及时通知共有人……共有人提起析产诉讼或者申请执行人代位提起析产诉讼的，人民法院应当准许。诉讼期间中止对该财产的执行”。该条规定是为了保障被执行人以析产分割所得的财产实现申请执行人的债权，明确规定申请执行人有权代位被执行人提起析产诉讼。同理，为了实现申请执行人的债权，本案中某房产公司

如有权代位提起确权之诉，则可以通过法院审理确定陈某良是否对295号房产享有物权份额，并进一步明晰执行人某房产公司对该部分物权份额如何执行。申请执行人无论是代位提起析产之诉还是代位提起确权之诉，本质上均系为查明被执行人财产而行使代位诉权，本案也可以参照适用《最高人民法院关于人民法院民事执行中查封、扣押、冻结财产的规定》（2020修正）第十二条的规定。但是，也应注意到申请执行人代位提起析产之诉与代位提起确权之诉存在区别，在代位提起析产之诉的情况下，被执行人对标的财产享有一定的物权权益是明确的，只是具体享有多少份额需要通过该析产诉讼予以明确；而在代位提起确权之诉的情况下，被执行人对标的财产是否享有物权权益处于不确定的状态，需要经过法院对确权之诉的审理才能明确。

三、赋予申请执行人代位确权资格符合民事诉讼制度的价值

从民事诉讼制度的价值来看，设置起诉条件主要为了平衡“司法资源”与“诉权保护”两者关系，防止无益诉讼等耗费司法资源，而非为了排除救济之必要提起诉讼的主体。民事诉权主体范围的大小直接影响或者决定民事主体通过诉讼维护自身权益的可能性的大小。从国家的角度来说，体现出国家对社会主体合法权益保护的程度；从社会主体的角度来说，体现出社会主体寻求诉讼救济机会的多寡。本案中，陈某良是否对295号房产享有权利直接关系到该房产能否纳入陈某良的责任财产以实现某房产公司的债权，某房产公司提起本案诉讼实为救济之必要，其享有诉的利益。同时，申请执行人通过诉讼途径确定被执行人的财产或财产权利，有助于解决执行难题，本身也是法院内各部门之间各司其职、协同合作的良性表现。反之，如将此类案件排除在民事诉讼管辖之外，客观上会形成债务人隐匿财产、债权人救济无门的困境。相较一审裁定，二审法院的裁判更契合诉讼法原理，能更好地维护债权人的合法权益。

编写人：江苏省无锡市中级人民法院　李杨　宁尚成

4

一方父母出资购买房屋登记在另一方名下的产权认定

——丁某严、许某林诉马某所有权确认案

【案件基本信息】

1. 裁判书字号

北京市第三中级人民法院（2020）京03民终9972号民事判决书

2. 案由：所有权确认纠纷

3. 当事人

原告（反诉被告、上诉人、再审申请人）：丁某严、许某林

被告（反诉原告、被上诉人、再审被申请人）：马某

第三人：丁某

【基本案情】

丁某严与许某林系夫妻关系，二人育有一子丁某。2009年，马某、许某林与某房地产公司签订《商品房预售合同》，2010年丁某与马某登记结婚，2012年，涉案房屋登记在许某林、马某名下，共有情况为按份共有，共有份额为各50%。马某提供对话录音，证明涉案房屋50%份额是丁某严与许某林给予其的彩礼。丁某严与许某林提供的银行流水和汇款凭证显示自2010年1月至2016年2月22日向马某账户汇款、转账，共计79万元。

【案件焦点】

1. 涉案房屋是丁某严与许某林借用马某名义所购买的还是赠与其的个人财产；2. 丁某严与许某林出资购买的登记在马某名下的涉案房屋，是对马某的个

人赠与还是对马某夫妻二人的赠与。

【法院裁判要旨】

北京市通州区人民法院经审理认为：涉案房屋购买于丁某和马某婚前，并于婚后登记至许某林与马某名下，涉案房屋登记时间处于丁某和马某婚姻关系存续期间。许某林与马某在马某提供的录音中的陈述符合日常婚嫁习俗。结合原被告双方特殊身份关系、涉案房屋登记时间以及许某林关于涉案房屋的表述等，可以认定涉案房屋登记在马某名下的50%份额系许某林对丁某和马某二人的赠与。

关于马某主张的涉案房屋登记在其名下的50%份额归其所有的反诉请求，结合上述分析，涉案房屋50%份额系丁某严与许某林对丁某和马某夫妻二人的共同赠与，二人各享有25%的份额，结合已查明的涉案房屋的还贷情况看，涉案房屋的贷款绝大部分由丁某严与许某林偿还，马某与丁某共同还贷的部分，系其接受赠与之后，基于共有权人身份及双方特定身份关系，自愿承担部分还款义务的行为，存在明显的自愿处分特征，不宜认定该行为对双方所有权份额产生影响。

北京市通州区人民法院依据《中华人民共和国民法总则》第三条、《最高人民法院关于适用〈中华人民共和国物权法〉若干问题的解释（一）》第二条、《最高人民法院关于适用〈中华人民共和国婚姻法〉若干问题的解释（二）》、《最高人民法院关于民事诉讼证据的若干规定》第二条之规定，判决如下：

一、丁某严、许某林共同享有涉案房屋50%的份额；

二、马某享有涉案房屋25%的份额；

三、驳回许某林、丁某严的其他诉讼请求；

四、驳回马某的其他反诉请求。

丁某严、许某林不服一审判决，提起上诉。北京市第三中级人民法院同意一审法院裁判意见，判决驳回上诉，维持原判。

丁某严、许某林因不服二审判决，申请再审。北京市高级人民法院同意一审、二审法院裁判意见，裁定驳回丁某严、许某林的再审申请。

【法官后语】

父母出资为子女购房的性质及房产归属关涉各方切身利益，是社会热点话题。《最高人民法院关于适用〈中华人民共和国民法典〉婚姻家庭编的解释（一）》第二十九条是对婚前和婚后父母为双方购置房屋的出资性质和归属的认定，本案的特殊性在于，婚前一方父母出资购房后登记在另一方名下，对于该部分出资，应认定为赠与还是借贷，为赠与对象一方还是夫妻双方，似有进一步讨论的必要。

首先，父母对子女购房出资的性质是借贷还是赠与。实践中，父母出资为子女购房往往没有约定或约定不明确，故该行为的性质是借贷还是赠与，存在争议。基于特定婚姻家庭关系，父母出资购房的真实意思表示，一般宜认定为赠与。而且，现实中父母对于子女出资即便是赠与性质，也往往没有明确的表示，故在父母实际出资时意思表示不明的情况下，从社会常理出发也更适宜认定为赠与，这是基于父母出资借用子女名义买房的概率远远低于父母出资赠与子女买房的概率。在父母一方主张为借款的情况下，应当遵循“谁主张，谁举证”的原则，由父母来承担证明责任，这也与一般人的日常生活经验感知一致。

其次，判断父母出资是赠与一方还是赠与双方。根据《最高人民法院关于适用〈中华人民共和国民法典〉婚姻家庭编的解释（一）》，通常，婚前出资是对一方子女的赠与，婚后出资是对双方的赠与。新司法解释巧妙地利用出资时间节点，将这种赠与的真实意思直观地表达出来。但是，若一方父母出资，而房屋产权却登记在另一方名下，有合理原因的，按照日常经验法则看，一般宜认定为对夫妻双方的赠与。不具有合理原因的，则应结合出资人与登记人的法律关系及出资情况进一步认定。从现实社会生活中反映的情况看，父母为子女购买房屋出资往往是为子女结婚之目的，出资的真实意思表示也应是对自己子女的赠与。故房产登记在子女配偶一方名下的情况，基于血亲关系的特殊性，此种情况宜认定为是对夫妻双方的赠与。

总之，一方父母在子女婚前出资购房后登记在另一方名下的法律关系和产权认定，应当根据查明的案件事实，结合特殊身份关系、涉案房屋登记时间、日常婚嫁习俗等情况综合考量，客观判断父母出资的真实意图，均衡保护婚姻双方及其父母的利益。

编写人：北京市通州区人民法院　刘乙璞　徐晓云

5

合理认定分家单以及遗嘱的效力

——吴某金诉吴某海等所有权确认案

【案件基本信息】

1. 裁判书字号

北京市密云区人民法院（2020）京 0118 民初 630 号民事判决书

2. 案由：所有权确认纠纷

3. 当事人

原告：吴某金

被告：吴某海、吴某荣、吴某平、吴某凤

【基本案情】

吴某昌与罗某芳共生育六名子女，即吴某书、吴某金、吴某海、吴某荣、吴某平、吴某凤。吴某书于 1973 年 9 月 1 日去世，生前未婚未育。吴某昌于 2005 年 3 月 6 日去世，罗某芳于 2010 年 1 月 25 日去世。吴某昌、罗某芳生前建设北正房四间，后拆除原西房后建设西厢房一间，以上房屋均无相关部门的批示。经法院现场勘验，现以上院落由吴某金控制，其对房屋进行修缮，形成房屋现状。吴某昌、罗某芳生前曾主持过分家。关于分家的内容，吴某金及吴某荣、吴某平、吴某凤均表示北正房四间中吴某金、吴某海每人两间，但因家庭矛盾无法在一起生活，故商议将每间房作价 400 元卖给对方。因吴某海不要，故让吴某金作价 800 元买下应属吴某海的两间房屋，扣除给吴某海盖房屋用的木料、成材的树木（作价 200 元），给吴某昌、罗某芳的租房钱（作价 200 元），应由吴某金给付吴某海 400 元，以上 400 元已给齐。吴某海对此不予认可，其表示北正房四间中东面两间分给吴某金，其分得西面两间，西厢房未涉及。另，吴某海表示分家后，1982 年相关部门批准其在该院落内建设房屋三间，需要留有家人走道的地方，后经吴某昌同意，其盖了房屋四间，至此形成两个院落。吴某海认可收到吴某金给付的 400 元并给吴某金出具过收条，但其表示该钱款系吴某金对其院外四棵杨树、院内两棵椿树的赔偿款。

【案件焦点】

1. 如何认定分家单的效力；2. 如何认定遗嘱的效力。

【法院裁判要旨】

北京市密云区人民法院经审理认为：

第一，分家是父母将积累的财产传递给后代的一种民俗习惯，发生在原来共同生活的家庭成员之间，是将一个大家庭分解成若干独立的小家庭，将原有的家庭财产按份额分给各个独立的小家庭的一种民事行为。本案中，双方均认可涉案院落内的北正房四间、西厢房一间系吴某昌、罗某芳建设，应属于夫妻共同财产，后夫妻双方经过分家对财产进行了分配。吴某荣、吴某平、吴某凤认可吴某金提交的分家单。吴某海表示分家时确书写过分家单，但分家单在其父亲吴某昌手中，其手中并未持有。在（2003）密民初字第 4199 号吴某昌、罗某芳起诉吴某海等财物纠纷一案中的分家单与本案吴某金提交的分家单一致。在（2003）密民初字第 3954 号案件中，吴某金提交了与本案一致的分家单，且在该案审理过程中吴某海曾表示对分家单无意见。吴某海虽表示吴某金在本案中提交的分家单的纸张、规格及书写习惯均不真实，系事后模仿、伪造，且其收取的 400 元系吴某金对其树木的赔偿款，但其未向法院提交充分、有效的证据，故对其答辩意见，不予采信。结合双方居住现状等情况，可以综合认定涉案分家单所记载的内容系双方真实意思表示，不违反法律、法规强制性规定，应为真实合法有效。结合分家单左上角所记载的还款内容及双方实际居住使用现状，分家单的内容已经实际履行。故吴某金要求确认北正房归其所有之诉讼请求，理由正当、证据充分，法院予以支持。

第二，公民可以通过遗嘱方式将个人财产指定由法定继承人的一人或者数人继承。代书遗嘱应当有两个以上见证人在场见证，由其中一人代书，注明年、月、日，并由代书人、其他见证人和遗嘱人签名。吴某金表示其提交的遗嘱系其同事所写，但记不清楚书写者，二位见证人出庭后均表示遗嘱并非其执笔书写、并未在场见证书写的全过程且仅在书写完毕的遗嘱中签字。综上，以上遗嘱不符合代书遗嘱的形式要件，法院对遗嘱的效力不予认可。经释明，双方均同意在本案中对西厢房依法进行处理，且均主张各自的继承份额，故对本案诉争的西厢房应当依法予以继承分割。同一顺序继承人继承遗产的份额，一般应当均等。遗产和财产的分割应当有利于生产和生活需要，不损害财产的效用。吴某金及四被告系吴某昌、罗某芳之子女，均对西厢房享有相应的遗产份额，法院依法按法定继承原则予以分配。

北京市密云区人民法院依据《中华人民共和国物权法》第三十九条，《中华人民共和国继承法》第三条、第九条、第十三条、第十七条、第二十九条之规定，判决如下：

一、北正房四间归吴某金居住使用；

二、西厢房一间归吴某金、吴某海、吴某荣、吴某平、吴某凤共同继承，每人享有20%的份额；

三、驳回吴某金的其他诉讼请求。

【法官后语】

在我国的传统观念里，“树大分杈，子大分家”已经成为一种约定俗成的做法。费孝通先生认为，分家的过程也就是父母将财产传递给下一代的最重要的步骤之一。通过这一过程，年青一代获得了对原属其父亲的部分财产的法定权利，对这部分财产开始享有专有权。特别是在生育多个子女的情况下，父母需要对家庭财产在子女之间作出分配。

在依法治国进程中，法治观念深入人心，做事依法讲法，对财产分割进行约定时更加偏向选择以遗嘱或公证等具有较强证明力的方式确定。出于情缘关系之间的信任与尊重，家庭财产分割仍常以分家单这种形式出现，尤其是在农村广泛存在。至于分家单的形式，有口头的，也有书面的。从本质上讲，分家单是一种契约，是家庭成员之间基于合意对家庭财产、父母抚养义务、子女赡养义务等权利义务分配形成的协议。根据我国合同法的基本精神，协议只要是当事人之间在自愿平等的基础上达成的，不违反法律规定和公序良俗，就应当认定有效，也应该得到法律的保护。“分家单”是签订者基于意思自治达成的民事合同，若不违反法律法规的强制性规定，依据约定或法律规定发生法律效力。生效的“分家单”，应依其约定履行。在本案中，吴某金提交了分家单，且吴某荣、吴某平、吴某凤认可该分家单。虽然吴某海对该分家单的真实性提出了质疑，但是并没有提供足够的证据予以证明。法院结合双方实际居住使用的现状，认为分家单的内容已经实际履行，可以综合认定涉案分家单所记载的内容系双方真实意思表示，不违反法律、法规强制性规定，应为真实合法有效。

根据继承法的相关规定，代书遗嘱是一种要式行为，应当有两个以上见证人在场见证，由其中一人代书，注明年、月、日，并由代书人、其他见证人和遗嘱人签名，不按照法律规定制定的遗嘱无效。对代书遗嘱作出如此严格规定的法理基础在于，遗嘱是遗嘱人对其财产的终意处分，且在其死后才可得以执行。为确保其真实性和严肃性，法律有必要对遗嘱设以严格的形式要求，来最大限度地防止他人伪造、篡改遗嘱内容。虽然严格，但并非苛刻，并不需要遗嘱人付出太大代价即可以实现。同时基于现实考虑，由于在代书遗嘱中，遗嘱人往往不能独立表达自己的意思，需要通过他人的书写记录进行意思表示，如果代书遗嘱的形式要件要求不严格，一方面遗嘱人可能会存在顾虑，甚至出现遗嘱人在他人胁迫或诱导下签名或者他人伪造遗嘱的情况；另一方面遗嘱的真实性无法保障。因此，如果采用代书遗嘱的形式，必须从严掌握法律关于代书遗嘱法定形式要件的要求，才能充分保障遗嘱人的合法权益。在本案中，原告提交的遗嘱不能确定代书人，二位见证人也表示该遗嘱并非其执笔书写、并未在场见证书写的全过程且仅在书写完毕的遗嘱中签字，严重违反了代书遗嘱的法定形式要件，应当不予认可。

《中华人民共和国民法典》不仅继承确认了代书遗嘱的相关规定，还增加了打印遗嘱的规定，要求打印遗嘱应当有两个以上见证人在场见证，遗嘱人和见证人应当在遗嘱的每一页签名，注明年、月、日。这也是顺应时代发展的要求，将传统书写的代书遗嘱范围扩展到打印遗嘱，延续代书遗嘱的形式要件强制规定的历史传统，保证遗嘱人的真实意思表示，保证形式主义和实质主义的统一，真正体现了法律价值。

编写人：北京市密云区人民法院　陶丹

6

确认出资事实的诉求不具有诉的利益应裁定驳回

——仵某如诉仵某旺等所有权确认案

【案件基本信息】

1. 裁判书字号

北京市第三中级人民法院（2020）京 03 民终 11023 号民事裁定书

2. 案由：所有权确认纠纷

3. 当事人

原告（上诉人）：仵某如

被告（被上诉人）：仵某旺、仵某军、仵某明

【基本案情】

潘某清与仵某旺系夫妻关系，二人婚后育有三个子女，即长女仵某如（其夫曲某祥，1女曲某），次女仵某军，三女仵某明。潘某清于2019年3月9日去世，其名下原有小轿车一辆，该车于2013年11月26日被置换，重新购买京牌案涉车辆，仍登记在潘某清名下。该车注册日期及发证日期均为2014年1月3日，登记使用性质为非营运，含税11.2万元。仵某如主张其女曲某于2013年11月21日取款15万元用于购买涉案车辆，其夫曲某祥每年以自身名义为涉案车辆购买保险，涉案车辆实际由仵某如实际控制使用、维护、保养，故诉至法院主张确认登记在被继承人潘某清名下案涉车辆的裸车价值8万元（估算）属于仵某如所有。双方均认可车辆置换时，原轿车的价值为6000元。仵某旺、仵某军认可仵某如提交的保险业专用发票、北京市增值税普通发票、委托维修结算单等证据材料的真实性及证明车辆系仵某如的事实，仵某明则表示曲某名下存折上的存款系由仵某旺汇款形成，认可相关证据材料的真实性，但不认可仵某如主张的证明目的。

【案件焦点】

1. 如何理解和固定仵某如的诉讼请求；2. 本案之诉是否具有诉的利益，事实争议是否能够成为确认之诉的客体。

【法院裁判要旨】

北京市通州区人民法院经审理认为：我国对于机动车权属实行登记管理制度，机动车属于特殊动产，在无明确反证的情况下，应当认定机动车属于登记车主潘某清名下财产。实务中存在大量实际使用人与登记车主、实际车主不一致的情况，本案中即使涉案车辆长期稳定由仵某如实际控制使用等情况属实，也不能由此反推涉案车辆归其所有。结合北京市机动车销售的相关政策，没有被继承人名下京籍号牌指标，仵某如不可能完成机动车购买、更新事宜。故对于其主张的出资事宜其应当另案处理。结合双方就被继承人潘某清遗产分割正在进行诉讼的客观事实，涉案机动车裸车价值认定或裸车实物的处理必然影响到该机动车京籍号牌的归属判定，不宜将登记于被继承人潘某清名下的诉争机动车的裸车价值单独处理。故，仵某如主张的事实和理由不能成立，对其相关诉讼请求不予支持，相关标的物应为被继承人潘某清与仵某旺的夫妻共同财产。

北京市通州区人民法院依据《中华人民共和国民法总则》第三条，《中华人民共和国物权法》第三十三条，《中华人民共和国民事诉讼法》第六十四条、第一百四十四条之规定，判决如下：

驳回仵某如的全部诉讼请求。

仵某如不服一审判决，提起上诉。北京市第三中级人民法院经审理认为：确认之诉是指原告请求法院确认其与被告之间存在或不存在某种法律关系的诉。确认之诉的目的在于消除当事人有关某种法律关系存在或不存在的争议，使当事人之间的法律关系确定化，故而，确认之诉的确认对象应为法律关系，不包括事实和事实关系。仵某如请求确认登记在被继承人潘某清名下的涉案机动车的裸车价值8万元归其所有，该诉求虽从形式上类似于确认之诉，但其实质应为确认其对涉案机动车的出资数额，属于对事实的确认。该事实是在法院确认涉案机动车物权归属或合同纠纷中需要查明的事实之一，即使法院对仵某如出资的事实予以确认，其结果并不会在当事人之间形成确定的法律关系，亦不包含确定性的权利义务内容。仵某如的诉讼请求系单纯的事实确认，不属于确认之诉请求的裁判事项，故应裁定驳回仵某如的起诉。一审法院对仵某如的起诉予以受理并作出实体判决错误，二审依法予以纠正。综上所述，仵某如的上诉请求不成立。

北京市第三中级人民法院依照《最高人民法院关于适用〈中华人民共和国民事诉讼法〉的解释》第三百三十条之规定，裁定如下：

一、撤销一审民事判决；

二、驳回仵某如的起诉。

【法官后语】

一、诉讼请求是实现诉的前提

起诉要有具体的诉讼请求和事实理由，诉讼请求是指原告获得实体法的具体法律效果地位或具体法律效果的诉讼主张，一般认为，这里的诉讼请求指的是当事人所欲达到的具体法律上的效果。原告所提出的诉讼请求一定要具体明确，明确请求给付什么、确认什么或形成什么，同时明确请求多少，比如应明确请求给付金钱或种类物的具体数量。在案件审理中，当事人的诉讼请求将作为主线贯串于诉讼始终，诉讼请求决定了案件的审理方向，以及最终的审理结果。通过对比两审裁判可以发现一审、二审法官对原告诉讼请求性质的不同理解，导致了一审、二审不同的审判结果。本案原告仵某如提出诉求：请求依法判决确认登记在被继承人潘某清名下京牌案涉车辆裸车价值8万元属于仵某如所有。一审法院围绕车辆的归属问题审理，即确认车辆所有权归属；二审法院围绕对事实的确认审理，认为仵某如诉求虽从形式上类似于确认之诉，但其实质应为确认其对涉案机动车的出资数额，属于对事实的确认。司法实务中，当事人提出的诉讼请求有时会出现意思含混不清的情况，此时法官应及时通过发问等方式予以澄清明确。只有将当事人的诉求明确固定下来，才能按照清晰的审判思路和方向进行案件审理，使得争议得以解决。

二、诉的利益是行使诉求的要件

诉的利益是基于原告主张的实体利益现实地陷入危险和不安时而产生的，这种危险与不安源自侵权行为或争议状态，并能直接促成原告请求诉权保护的理由或事实。判断是否具有诉的利益，是确定人民法院民事案件主管的主要依据。它可以将正当的、需要诉讼保护的民事权利或形成中的权利引入审判中予以诉讼救济，进而可能形成新的法律权利。

在民事诉讼中，适用“无利益便无诉权”这一原则是妥当的。对于利用民事诉讼制度而言，都必须具有某种利益或必要性。关于缺少诉的利益后果，在理论界存在一定的争议。有观点认为，诉的利益属于诉权行使的要件，缺乏该要件，法院应驳回原告的起诉。也有观点认为，诉的利益属于诉讼要件，诉的利益应为法院对本案实体问题作出审判的前提要件，只有原告的起诉具备权利保护利益时，法院才能对本案的实体问题作出判决，不具备权利保护利益时，法院必须作出程序上的裁判，以原告的诉不合法为由裁判驳回。

具体到本案，仵某如请求确认登记在被继承人潘某清名下的涉案机动车的裸车价值 8 万元归其所有，具有诉的利益，无论采取哪种观点，法院都应依法审理作出裁判。

三、确认之诉探析

民事诉讼理论根据诉讼请求的不同将民事诉讼法上的诉划分为确认之诉、请求之诉、形成之诉。确认之诉是指一方当事人请求人民法院确认某种民事法律关系存在或者不存在的诉，给付之诉是指一方当事人请求法院判令对方当事人履行一定民事义务的诉，形成之诉是指依据判决使民事法律关系发生变动的诉。其中，确认之诉通过既判力从观念上确定双方当事人之间法律关系是否存在或者存在的状态如何以解决纠纷，具有预防事后纠纷发生的机能。确认之诉的特征是：(1) 确认之诉的目的是请求法院对当事人之间发生的纠纷进行解决，以确认双方当事人之间是否存在法律关系或者存在法律关系的状态如何；(2) 确认之诉的对象是权利或法律关系，即人与人或人与物之间的法律关系；(3) 确认之诉源于当事人存在的纠纷，而不能是假设的争议，即确认之诉应具有诉的利益。

作为确认之诉的对象，对于解决纠纷而言必须有效适当。原则上确认的对象必须是现在的权利或法律关系。对抽象的法律问题或者虚拟的法律关系，一般不得提起确认之诉；对事实也不能提起确认之诉，即使该事实是规范的构成要件；对将来的或者过去的法律关系也不能提起确认之诉，除非从过去的法律关系可以推导出当事人之间的法律关系至少有间接影响的法律效果，但可以对附期限或者附条件的法律关系进行确认。

对于现在的纠纷解决而言，明确现在的法律关系最为直接有效，反之，确认过去的法律关系及事实有点舍近求远，而且后来法律关系的变动未必有助于解决现在的纠纷。而确认将来的法律关系也可能会因法律关系的变动而缺乏解决纠纷的实效性。

具体到本案，仵某如请求确认登记在被继承人潘某清名下的涉案机动车的裸车价值 8 万元归其所有，该诉求虽从形式上类似于确认之诉，但其实质应为确认其对涉案机动车的出资数额，属于对事实的确认。该事实是在法院确认涉案机动车物权归属或合同纠纷中需要查明的事实之一，亦不包含确定性的权利义务内容。即使法院对仵某如出资的事实予以确认，其结果并不会在当事人之间形成确定的法律关系，故二审法院认为，仵某如的诉讼请求系单纯的事实确认，不属于确认之诉请求的裁判事项，应裁定驳回仵某如的起诉。

编写人：北京市通州区人民法院　井龙　张苏豫

7

不动产确认纠纷与房屋买卖合同纠纷的区分及裁判思路

——钦某某、苏某某诉十堰某置业公司物权确认案

【案件基本信息】

1. 裁判书字号

湖北省十堰市中级人民法院（2020）鄂03民终1693号民事裁定书

2. 案由：物权确认纠纷

3. 当事人

原告（被上诉人）：钦某某、苏某某

被告：十堰某置业公司

第三人（上诉人）：王某某

【基本案情】

2008年8月30日，钦某某、苏某某与十堰某置业公司签订《商品房销售合同》，购买“某国际大酒店”E区房屋，总价格为1971200元，付款方式为分期支付：（1）签订合同时，支付50万元；（2）房屋交付时支付30万元；（3）余款以十堰某置业公司欠付钦某某、苏某某的设计费、桩基工程费及煤渣

款抵付。

2014 年 10 月 16 日，经钦某某、苏某某与十堰某置业公司对账后确认：钦某某、苏某某以设计费 1098177 元、煤渣款 136210 元、桩基款 236813 元，合计 1471200 元抵付 E 区购房款。10 月 17 日，钦某某、苏某某（乙方）与十堰某置业公司（甲方）签订《交房确认书》，其内容为：甲方于 2010 年底前已将 E 区 2 幢 103、203、303、403 房屋实际交付乙方使用，甲方在本确认书签署当日将 E 区 1 幢 301、401 房屋交付乙方。待甲方为乙方办理房屋产权证件后一个月内，乙方一次性付清所欠的全部购房款。

自 2014 年 7 月 29 日始，十堰某置业公司法定代表人龚某某开始向王某某借款。钦某某、苏某某后来得知十堰某置业公司将已出售给钦某某、苏某某的房屋销售给王某某，并办理房屋产权登记。

【案件焦点】

1. 当事人之间的争议属于房屋买卖合同纠纷还是物权确认纠纷；2. 钦某某、苏某某要求确认案涉房屋归其所有的诉讼请求能否成立。

【法院裁判要旨】

湖北省丹江口市人民法院经审理认为：虽然诉争房产产权登记在王某某名下，但该产权证记载内容与真实状况不符，应确认该诉争房产归属于钦某某、苏某某所有。钦某某、苏某某在 2008 年 8 月 30 日与十堰某置业公司签订《商品房销售合同》，购买十堰某置业公司 E 区 2 幢一楼至四楼。2010 年底十堰某置业公司将此房交给钦某某、苏某某使用，一直占有、使用至今，是房屋真实购买物权所有人。十堰某置业公司无力偿还王某某的借款，在以物抵债时明确告知王某某涉案房屋已出售给钦某某、苏某某。王某某为确保自己的债权能够实现，执意迫使十堰某置业公司法定代表人龚某某签订以房抵债协议，该行为应属无效。

湖北省丹江口市人民法院依照《中华人民共和国物权法》第十七条、第二十八条、第三十二条、第三十三条，《最高人民法院关于适用〈中华人民共和国物权法〉若干问题的解释（一）》第二条，《中华人民共和国合同法》第五十一条、第三百九十八条、第四百零四条，《中华人民共和国民事诉讼法》第六十四条第一款，《最高人民法院关于民事诉讼证据的若干规定》第二条的规定，判决如下：

钦某某、苏某某是购买十堰某置业公司E区2幢103、203、303、403号房屋真实物权所有人。

王某某不服一审判决，提起上诉。湖北省十堰市中级人民法院经审理认为：钦某某、苏某某与十堰某置业公司之间不存在物权争议，两者之间的争议本质上是房屋买卖合同纠纷，而非物权纠纷。钦某某、苏某某坚持以物权确认纠纷提起诉讼，其主张的法律关系与人民法院查明的不一致。根据《最高人民法院关于民事诉讼证据的若干规定》第五十三条规定，结合处分原则，原告以什么为法律基础向被告请求什么是原告的权利，人民法院不宜再释明要求当事人变更诉讼请求，应当根据所主张的法律关系作出相应裁判。钦某某、苏某某坚持要求确认案涉房屋归其所有缺乏法律根据，依法应当判决驳回其诉讼请求。但是本案不仅是诉讼请求能否成立的问题，还涉及原告是否为真实权利人的问题。这既是事实问题，更是有无原告主体资格的程序问题。

根据《最高人民法院关于适用〈中华人民共和国物权法〉若干问题的解释（一）》第二条的规定，钦某某、苏某某提起物权确认之诉应当提供证据否定登记簿的证明力，且还要证明其是诉争物权的真实权利人。换言之，即便钦某某、苏某某能够提交证据否定不动产登记簿记载权利人的真实性，也不能必然得出自己就是真实权利人的结论。如果不能证明其为该不动产的真实权利人，那么其起诉就不符合《中华人民共和国民事诉讼法》第一百一十九条关于“原告是与本案有直接利害关系”的规定。

湖北省十堰市中级人民法院依照《中华人民共和国物权法》第三十三条，《最高人民法院关于适用〈中华人民共和国物权法〉若干问题的解释（一）》第二条，《中华人民共和国民事诉讼法》第一百一十九条第一项、第一百七十条第一款第二项，《最高人民法院关于适用〈中华人民共和国民事诉讼法〉的解释》第三百三十条之规定，裁定如下：

一、撤销一审民事判决；

二、驳回钦某某、苏某某的起诉。

【法官后语】

不动产确权争议与房屋买卖合同纠纷是不动产领域两类常见的、不同的案件，其处理结果往往涉及当事人的重大切身利益。司法实践中当事人极易混淆两者，对此法官在审判过程中要探求当事人真实意思表示，分析真实权利义务关系。唯有准确把握案件性质，才能厘清案件基本事实，作出公平公正裁判。以下结合两类案件的特点，归纳二者的区别，梳理不动产确权纠纷的裁判思路。

一、不动产确权纠纷与房屋买卖合同纠纷的区别

（一）案件性质不同

不动产确权纠纷属于物权纠纷范畴，物权系支配权、决定权，具有排他效力、优先效力、追及效力以及物权请求权效力。而房屋买卖合同纠纷属于债权纠纷范畴，债权系请求权、相对权，无上述效力。

（二）诉讼目的不同

就不动产确权纠纷而言，其本质上是一种明确人己之界限，实现定分止争的确权目的。不动产确权纠纷是确认之诉，诉讼目的就是解决物权的归属和内容的争议。而房屋买卖合同纠纷的诉讼目的是解决房屋买卖合同履行过程中产生的争议，具体表现为因合同效力、合同履行、违约责任产生的争议。

（三）请求权基础不同

不动产确权纠纷适用《中华人民共和国民法典》物权编及其相应司法解释。房屋买卖合同纠纷的请求权基础是合同约定的条款以及《中华人民共和国民法典》合同编的相关规定及相关司法解释。

（四）诉讼门槛及证明标准不同

因不动产登记簿对外具有公示效力，本身就是证据，有很强的证明力，如果真实权利人提起诉讼，不仅要提供证据否定不动产登记簿的证明力，还要证明其为真实权利人。而提起房屋买卖合同纠纷没有如此高的证明标准。

二、不动产确权纠纷的类型及裁判思路

（一）不动产确权纠纷的类型

司法实践中，不动产登记簿记载的权利人与真实权利人不一致情形主要有以下几种：（1）夫妻共有的房屋登记在一方名下；（2）不动产物权（遗产）登记在继承人、受遗赠人以外的人名下；（3）借名买房；（4）人民法院生效裁判文书或者仲裁委员会确认的不动产物权与不动产登记簿登记的权利人不一致（5）其他不一致的情形。

（二）不动产确权纠纷案件的裁判思路

1. 审查请求权基础。认真审查原告的请求权基础，结合相关事实分析双方真实的法律关系。法律基础可以在合同里找到，也可以是单个的法律条文，也可能是多个法律条文的结合，或者合同与法律条文的结合。就法官而言，先做出一个基础评价，即“原告以什么为法律基础向被告请求什么”。再结合相关案件事实以及相关法律规定作出分析，原告与被告之间的真实法律关系是不是不动产确权纠纷。

2. 法官不再行使释明权。司法实践中，原告错把房屋买卖合同纠纷当作不动产确权纠纷提起诉讼的现象普遍存在。当事人主张的法律关系与人民法院认定不一致时，以往系法院主动释明当事人是否变更诉请，但从新修订的《最高人民法院关于民事诉讼证据的若干规定》的相关内容来看，法院应当尊重原告的处分权，即原告有权选择向被告主张何种权利的法律基础，审判权不再干预。

3. 在审查原告主体资格的基础上作出裁判。从《最高人民法院关于适用〈中华人民共和国民法典〉物权编的解释（一）》第二条规定的内容来看，原告除了要证明不动产登记簿记载权利状况不真实外，还应当证明自己对特定不动产享有物权。换言之，即便原告能够提交证据否定不动产登记簿记载权利人的真实性，也不能必然得出自己就是真实权利人的结论。如果不能证明其为该不动产的真实权利人，那么其请求人民法院保护的民事权益就不属于原告。此种情况下，原告实际上与不动产确权纠纷没有直接的利害关系。根据《中华人民共和国民事诉讼法》（2021修正）第一百二十二条的规定，原告起诉必须符合“原告是与本案有直接利害关系的公民、法人和其他组织”的条件，否则，人民法院应当以原告与该案无直接利害关系为由，裁定驳回其起诉。司法实践中，此种情况下，也有判例是判决驳回原告的诉讼请求，但笔者认为，不动产确权纠纷的真实权利人是针对登记簿记载的权利人不一致而言的，在否定登记簿记载事项的同时，其还应当证明其通过合法途径取得了物权，即要达到证明其是“真实权利人”的证明标准。从法理上讲，物权保护纠纷应当以享有物权为前提，不动产确权纠纷是物权保护纠纷的一个种类，原告作为真实权利人提起不动产确权纠纷实际上是基于物权的排他效力，源于权利人对不动产的直接支配权，杜绝在同一不动产上设立两个所有权，即所谓的“一物一权主义”。不动产确权纠纷中的“真实权利人”，顾名思义，就是真正享有不动产物权的人，提起不动产确权之诉，就是为了解决物权归属、内容的争议问题。根据《中华人民共和国民法典》第二百一十六条规定，“不动产登记簿是物权归属和内容的根据”。如果原告不是“真实权利人”，是无法与登记簿记载的权利人对抗的，也是与物权归属、内容争议无关的，因此证明其是“真实权利人”也是题中应有之义。物权是绝对权，具有极强的排他性，不动产确权纠纷本身就是为了保护真实权利人的合法权益而设立的案由，该类纠纷有其自身的特性，与普通民事案件还是存在一定的区别，该类案件的原告应当是不动产真实权利人。因此，如果原告不能证明其是真实权利人，裁定驳回其起诉与法律、法理更为相符。

编写人：湖北省十堰市中级人民法院　徐恩田

8

擅自转让经规划批准物业用房土地所建房屋权属之认定

——某业主委员会诉某置业公司物权保护案

【案件基本信息】

1. 裁判书字号

河南省平顶山市中级人民法院（2021）豫 04 民再 26 号民事判决书

2. 案由：物权保护纠纷

3. 当事人

原告（再审被申请人、被上诉人）：某业主委员会

被告（再审申请人、上诉人）：某置业公司

第三人：师某红

【基本案情】

某置业公司系鲁山县某小区的开发商，经鲁山县城市规划委员会批准的该项目规划图显示：18 号楼第三层为物业用房，面积为 507 平方米。某置业公司于 2013 年 9 月 6 日取得商品房预售许可证，开始进行预售。某业主委员会系由案涉小区业主成立的业主管理机构，于 2018 年 1 月 11 日经备案成立。某置业公司未如期交付物业用房，经多次协商无果，小区业主大会经集体讨论，半数以上业主同意授权某业主委员会通过诉讼途径要求某置业公司交付物业用房。

2016 年 9 月 9 日，某置业公司与师某红签订《购房合同》，将 18 号楼 2 号商铺（第三层）以 1636585 元的价格出售给师某红，师某红以应获得的某置业公司违约金 886585 元作为该房款予以抵扣，剩余 75 万元房款未付。某置业公司因无力继续建房，与师某红签订建设协议，由师某红自己出资建设了 18 号楼

的三层房屋（以下称一层、二层为 1 号商铺、三层为 2 号商铺），出资建房款和某置业公司欠师某红的其他房屋租赁费一并折抵了 2 号商铺的购房款，师某红又以现金支付了部分房款。剩余房款支付完毕后，双方在 2017 年 9 月 27 日又重新签订了涉案房屋的《购房合同》，合同中显示面积为 509.11 平方米。1 号商铺现由师某红出租给甲公司使用，2 号商铺也曾出租，目前空闲，涉案房屋没有办理房屋所有权证。

【案件焦点】

师某红与某置业公司签订的房屋买卖合同及师某红依据该协议的建设行为，能否对抗某业主委员会关于对某置业公司交付规划图确定的物业用房的请求权，亦即规划图内确定的物业用房是否具有确定的羁束力。

【法院裁判要旨】

河南省鲁山县人民法院经审理认为：某业主委员会要求某置业公司交付的物业用房有规划图为证，依据《河南省物业管理条例》[①] 第十一条、第十二条的规定，某置业公司应当依据规划图的标识交付物业管理用房。虽某置业公司提交了其与其他业主签订的房屋买卖合同，但该合同系当事人之间的约定，仅对合同双方当事人产生约束力，且某小区规划图中注明物业用房的面积为 507 平方米，该规划图经批准具有较强的约束力，某置业公司提供的合同的效力不能对抗该规划图的效力。

河南省鲁山县人民法院依据《河南省物业管理条例》第十一条、第十二条的规定，判决如下：

一、某置业公司应当依据规划图的指示交付该物业用房（面积为 507 平方米）；

二、驳回原告某业主委员会的其他诉讼请求。

某置业公司不服一审判决，申请再审。河南省鲁山县人民法院经审理认为：

---

① 《河南省物业管理条例》已于 2021 年 7 月 30 日修改并实施。

某业主委员会经业主大会选举产生，并在政府主管部门办理备案登记，且本次起诉经全体业主过半数同意，故该业主委员会以自己名义提起诉讼符合法律规定。某置业公司违法将18号楼列入预售房予以销售并与师某红签订《购房合同》，应属无效。至于师某红的损失，其可以通过合法途径另行主张。原审事实认定清楚，但适用法律不当，应予以纠正。

河南省鲁山县人民法院依照《中华人民共和国民事诉讼法》第二百零七条第一款、《中华人民共和国物权法》第七十三条、第一百零六条第一款，《中华人民共和国合同法》第五十二条，《最高人民法院关于审理建筑物区分所有权纠纷案件具体应用法律若干问题的解释》第十四条第一款，《河南省物业管理条例》第十二条之规定，判决如下：

一、撤销本院作出的原审民事判决；

二、某置业公司、师某红于本判决生效后三十日内向某业主委员会交付案涉小区18号楼第三层的物业用房。

某置业公司不服再审判决，提起上诉。河南省平顶山市中级人民法院经审理认为：某小区的规划图中显示的物业用房的性质明确，某置业公司不得改变其使用功能。某置业公司擅自将案涉房产予以销售，违反了法律、行政法规的强制性规定，该购房合同系无效合同。师某红虽然与某置业公司签订了购房合同，并实际进行了建设，但因购房合同无效，师某红至今也未取得涉案房屋所有权证，师某红不符合善意取得的构成要件。至于师某红的损失，其可以另行主张。

河南省平顶山市中级人民法院依照《中华人民共和国民事诉讼法》第一百七十条第一款第一项规定，判决如下：

驳回上诉，维持原判。

【法官后语】

本案的关键在于对小区物业用房规划的效力的认定。

1. 物业用房作为建设工程规划许可的一部分，面积及坐落不得随意更改。一经建设规划部门批准后，建设工程规划范围内确定为建设物业办公用房的相对应的土地使用权就属于全体业主共有，未经规划变更，就不能改变其权利归属。首先，小区建设规划具有法定性，一旦确定，建设单位必须按规划建设。其次，小区建设规划具有确定性。依据《河南省物业管理条例》第十二条规定，确定物业用房的坐落和建筑面积是商品房小区取得建设工程规划许可证的前提条件。如果未经法定程序将物业用房、用地建设成商品房，即属违法建筑。再次，物业用房位置事关全体业主重大利益。物业用房建成后交由物业公司管理使用，目的是为履行物业维护、维修和环境卫生保持等，因此要求其必须位置适当、面积合适，以便实现对整个小区高效管理。最后，物业服务用房作为建设工程规划许可证确定的物业办公服务设施相对应的土地份额，自规划确定后，就与房地产开发公司在土地使用权上实现了分离，即物业办公用房虽未建设，但相对应的土地使用权已经由全体业主享有，且因其具有在建设工程规划许可证上的确定力而禁止对外再行交易，并具有了公示公信的效力，所以第三人对此应当明知，在此情况下仍签订关于物业用房的买卖协议，不具有善意的信赖保护基础。

2. 本案中师某红不能直接取得相应房屋所有权。不动产所有权取得除司法程序确认外，主要有依登记、继承和建设取得。师某红并非涉案土地的使用权人，也无法取得对应的房屋产权证书。虽然其与某置业公司签订有房屋投资建设协议，表面上看师某红依据土地使用权人即某置业公司的转让行为获得了相应土地使用权，而事实上自建设工程规划批准后，物业办公用房对应的土地权利主体已经变为小区全体业主，某置业公司无权对属于该小区全体业主的土地使用权进行处分，因师某红非属于善意，自然无权取得土地使用权。

3. 某置业公司将案涉物业用房列入预售许可证范围于法无据，师某红对于房屋属无权占有。其一，物业办公用房的性质决定了某置业公司无权进行对外销售。师某红建设案涉房屋后又将其用于商业经营，属于擅自改变房屋用途，亦为法律所禁止。其二，某置业公司与师某红均负有向业主委员会交付房屋的义务。根据《最高人民法院关于审理建筑物区分所有权纠纷案件具体应用法律若干问题的解释》① 第十四条第一款“建设单位或者其他行为人擅自占用、处分业主共有部分、改变其使用功能或者进行经营性活动，权利人请求排除妨害、恢复原状、确认处分行为无效或者赔偿损失的，人民法院应予支持”的规定，某置业公司作为向业主委员会交付房屋的法定义务人、师某红作为无权占有人，均应当履行交付义务。

编写人：河南省鲁山县人民法院　刘志强　李川川

9

房屋买卖中未登记产权的独立车库不能依据“从物附属于主物”原则确定产权归属

——牟某云诉李某、项某宇物权保护案

【案件基本信息】

1. 裁判书字号

浙江省乐清市人民法院（2020）浙 0382 民初 6139 号民事判决书

2. 案由：物权保护纠纷

3. 当事人

原告：牟某云

被告：李某、项某宇

① 《最高人民法院关于审理建筑物区分所有权纠纷案件具体应用法律若干问题的解释》已于 2020 年 12 月 29 日将名称修改为《最高人民法院关于审理建筑物区分所有权纠纷案件适用法律若干问题的解释》，自 2021 年 1 月 1 日起施行。《最高人民法院关于审理建筑物区分所有权纠纷案件适用法律若干问题的解释》第十四条第一款规定：“建设单位、物业服务企业或者其他管理人等擅自占用、处分业主共有部分、改变其使用功能或者进行经营性活动，权利人请求排除妨害、恢复原状、确认处分行为无效或者赔偿损失的，人民法院应予支持。”

【基本案情】

2018 年 6 月 20 日，李某在法院司法拍卖中以 70 万元的最高价竞得牟某云名下涉案房屋。法院向李某出具《法院拍卖成交确认书》。（2017）浙 0382 执 6142 号之一执行裁定书第一项写明，牟某云涉案房屋所有权归买受人李某所有，其相应的土地使用权归买受人李某享有。2018 年 7 月 10 日，不动产登记服务中心土地使用权分割登记凭证载明案涉房屋建筑面积为 134.14 平方米。2019 年 10 月 7 日，李某与项某宇签订《商品房买卖协议书》，约定：房屋建筑面积为 134.14 平方米，连同附着物车库一个在内归项某宇所有，成交金额为 100 万元。牟某云认为案涉车库并未在司法拍卖中拍卖，车库权属仍然归于自己，要求李某、项某宇腾空车库并返还给牟某云且支付占用使用车库的费用。李某、项某宇称，该车库未进行产权登记，车库附属于房屋，符合本地民间房屋买卖市场交易中房屋连带车库一并出卖的交易习惯，车库自然包括在房屋买卖合同范围内。且车库实际是作为储藏室在使用，一直都放有加压水泵供涉案房屋使用。

【案件焦点】

1. 本案未登记产权的车库是否在房屋司法拍卖中进行了处理；2. 如果司法拍卖中没有对车库权属进行处理，后手房屋买受人是否可以根据“从物附属于主物”的原则享有车库权属。

【法院裁判要旨】

浙江省乐清市人民法院经审理认为：关于未登记产权的车库是否在房屋司法拍卖中进行了处理问题，涉案车库并未随案涉房屋一并被拍卖转让，李某不享有该车库的相关权益，理由为：（1）从浙江省乐清市人民法院向乐清市公安局回复的《函》中可见，浙江省乐清市人民法院将案涉房产移送评估拍卖时，车库未在评估报告中一并评估。拍卖公告、拍卖成交确认书及房屋腾空移交笔录中，均未注明包含车库。（2）浙江省乐清市人民法院作出的（2017）浙 0382 执 6142 号之一执行裁定书中未涉及车库。

司法拍卖中没有对车库权属进行处理，后手房屋买受人项某宇不能根据“从物附属于主物”的原则享有车库权属。首先，根据李某、项某宇提供的房屋实测的《建筑面积测绘成果》显示，车库建筑面积与住宅建筑面积系分别计算，诉争车库面积未计入案涉房屋登记的建筑面积134.14平方米之内；其次，从构造上来看，其位于整栋建筑的地上一层，位置临街，有具体的四至，其结构上独立于房屋；最后，从功能上来看，案涉车库一直是作为储物间在使用。综上，诉争车库是归属于权利人的区分建筑物所有权的专有部分，不是买受房屋的从物。即项某宇基于房屋买卖合同只取得房屋所有权，对该车库不享有权益。

浙江省乐清市人民法院依照《中华人民共和国物权法》第七十四条之规定，作出如下判决：

项某宇腾空其占有使用的案涉车库。

【法官后语】

对于停车位的权属问题，《中华人民共和国民法典》（以下简称《民法典》）承继《中华人民共和国物权法》第七十四条的规定，一是确定当事人可以通过双方的约定来确定停车位的权属；二是明确业主共有停车位的范畴；三是明确停车位设置应优先满足小区业主的需要。现实生活中的停车位（车库）权属问题十分复杂，不同的类型停车位（车库），其权属处理也不一样，究其本质明确停车位性质对于其权属确定至关重要。

以物的相互关系为标准，可以区分为主物与从物，其中，可以独立发挥效用之物为主物，而帮助主物发挥效用之物为从物。主物与从物是在物理上相互独立，而在经济用途上又相互联系的两个物。从物辅助主物实现功能作用。主物没有从物也能发挥相同作用，但不够方便、不够高效；从物离了主物无法独立发挥作用。主物与从物在空间上相互联系，相辅相成，以实现物尽其用的功能。

1. 从物必须具备以下条件：

（1）从物之使用目的须具有永久性。从物必须有常助主物的效用，此项效用不以经济效用和经济目的为限，仅为暂时性辅助主物经济效用的，不为从物。

（2）从物与主物同属于一人。从物必须与主物同属于一人。

（3）非物之组成部分，从物须具有独立性，不是主物的组成部分。主物是独立之物，从物也是独立之物。

（4）须交易习惯上视为从物。在交易上有特殊习惯，不被认为从物的，不得以从物论。

2. 区分主物从物关系的法律意义

原《中华人民共和国物权法》第一百一十五条规定，“主物转让的，从物随主物转让，但当事人另有约定的除外”。原《中华人民共和国合同法》第一百六十四条规定，“因标的物的主物不符合约定而解除合同的，解除合同的效力及于从物。因标的物的从物不符合约定被解除的，解除的效力不及于主物”。《民法典》第三百二十条和第六百三十一条延续了上述规定。可见界定主物从物关系，其意义在于：法律没有相反规定或者当事人没有相反约定时，主物所有人处分主物时，效力及于从物，如转移主物所有权，则从物所有权亦随之转移。在买卖中交付主物，应当随同交付从物。如买卖电视机自然包括其遥控器；在当事人没有特别约定的情况下，因标的物的主物不合约定解除合同的，解除合同的效力及于从物，反之则不能；若对主物所有权为一定限制，则限制亦及于从物，如主物设定抵押，及于从物；在分割财产（如分家析产）时，从物随同主物分割，以贯彻物尽其用原则。

具体到本案，车库一直用于放置供涉案房屋使用的水泵，具有常助房屋的效用，且案涉车库在空间上能够个别地、单独地存在，具有构造上的独立性。住宅的功能在于居住，而车库用于放置水泵，车库用于停车时可与房屋相分离而单独使用，具有使用上的独立性。案涉房屋与案涉车库不属于同一个人，案涉车库不在司法拍卖范围，仍由牟某云所有，而案涉房屋已通过司法拍卖由李某所有。同时，不存在交易上有特殊习惯，车库与房屋都是分别计价、分别买卖的，可以分别独立成为所有权的客体。现实中许多楼房都没有车库，房屋同样在买卖、使用，故房屋与车库不构成主物与从物的关系。

综上，车位、车库不属于住宅的从物，在处分住宅时除有特别约定外，车位、车库不应随住宅一并处分。

编写人：浙江省乐清市人民法院　李旭丹　张胜霞

10

赠与人的无权处分行为在其配偶不予追认并主张无效的情况下应判定无效

——刘某珍诉于某先、辛某梅物权保护案

【案件基本信息】

1. 裁判书字号

北京市第一中级人民法院（2020）京 01 民终 4935 号民事判决书

2. 案由：物权保护纠纷

3. 当事人

原告（被上诉人）：刘某珍

被告（上诉人）：辛某梅

被告：于某先

【基本案情】

刘某珍与于某先于 2003 年登记结婚，辛某梅系刘某珍聘请照顾于某先的保姆。于某先于婚姻存续期内向辛某梅转账赠与 260 万元，辛某梅另从于某先账户取现 30.2 万元。各方确认其中 20 万元是于某先让辛某梅代为保管，辛某梅称其中 6 万元是于某先赠与其的购房款，2 万元是用于日常开销。刘某珍对辛某梅所述给于某先孙女 2 万元以及用于补足工资的 2000 元予以认可，并表示不要求辛某梅返还该两笔款项，仅主张返还 268 万元。刘某珍与辛某梅均确认于某先赠与款项出自于某先的西城区某房屋出售款。2004 年 9 月 25 日，于某先购买该房屋，并于 2006 年 1 月 5 日登记为房屋所有权人。2018 年，于某先将涉案房屋以 560 万元价格出售。

【案件焦点】

于某先将夫妻共同财产赠与给辛某梅的处分行为是否有效，辛某梅是否应当返还诉争款项以及返还的对象。

【法院裁判要旨】

北京市海淀区人民法院经审理认为：涉案房屋于刘某珍与于某先婚姻存续期间购买，现有证据不足以证明购房款系以于某先婚前个人财产全额出资，故涉案房屋应属二人的夫妻共同财产。于某先在与刘某珍婚姻关系存续期间将夫妻共同财产赠与辛某梅，数额累计268万元，该赠与是对夫妻共同财产的大额处分行为，未经刘某珍同意，应属无效行为。辛某梅取得268万元无法律依据，应当返还刘某珍。

北京市海淀区人民法院依照《中华人民共和国婚姻法》第十七条、《最高人民法院关于适用〈中华人民共和国婚姻法〉若干问题的解释（一）》第十七条、《中华人民共和国民事诉讼法》第一百四十四条之规定，判决如下：

一、确认于某先给辛某梅268万元款项的赠与行为无效；

二、辛某梅于本判决生效后十日内返还刘某珍268万元；

三、驳回刘某珍的其他诉讼请求。

辛某梅不服一审判决，提出上诉。北京市第一中级人民法院经审理认为：首先，刘某珍要求确认的是于某先的物权处分行为无效，而非缔约的债权行为无效，其请求权基础系物权保护请求权，故本案案由应由确认合同无效纠纷变更为物权保护纠纷为宜。其次，现有证据不足以认定涉案房屋为用于某先婚前个人财产全资购买，应认定为于某先与刘某珍的夫妻共同财产，出售的全部款项也应为夫妻共同财产。再次，关于诉争处分行为的效力，根据《中华人民共和国婚姻法》第十七条、《最高人民法院关于适用〈中华人民共和国婚姻法〉若干问题的解释（一）》第十七条以及《中华人民共和国民法总则》第一百四十三条的规定，于某先将夫妻共同财产赠与给辛某梅的物权处分行为违反了婚姻法对于夫妻共同财产应平等协商并取得一致予以处分的强制性规定，侵害了刘某珍的合法权益，在刘某珍对于某先的处分行为不予追认的情况下，一审法院认定于某先处分夫妻共同财产的行为无效并无不当。最后，关于诉争款项的返还对象。诉争款项出自于某先的账户，因诉争处分行为系对夫妻共同财产的无权处分，故该处分行为在被确认为无效后，财产权益应回归至该处分行为发生之前的原有状态。但于某先并未主张返还诉争款项，且坚持要求将诉争款项赠与辛某梅，该意思表示仍具有损害夫妻共同财产权益之虞。本案原告仅为刘某珍一人，故诉争款项应返还给刘某珍，但不改变诉争款项为刘某珍与于某先的夫妻共同财产的属性。

北京市第一中级人民法院依照《中华人民共和国民法总则》第一百四十三条、《中华人民共和国婚姻法》第十七条、《最高人民法院关于适用〈中华人民共和国婚姻法〉若干问题的解释（一）》第十七条、《中华人民共和国民事诉讼法》第一百七十条第一款第一项规定，判决如下：

驳回上诉，维持原判。

【法官后语】

本案能够反映出二审法院对于擅自将夫妻共同财产赠与婚外他人的赠与合同效力与无权处分夫妻共同财产的物权行为效力相互分离评价的裁判观点。以下结合本案的审理思路进行解析。

一、夫妻共同财产的认定

判断争议财产是否属于夫妻共同财产是判断争议处分行为是有权处分行为还是无权处分行为的前提。实践中对夫妻共同财产的审查考量因素主要如下：

（一）财产来源及取得时间

首先，涉案房屋购买合同的签订时间、付款时间以及取得房屋产权证的时间均在于某先与刘某珍婚姻存续期内，因此从财产取得时间上看，涉案房屋符合夫妻共同财产的特点。其次，涉案房屋的购房款总金额约为268万元，无充分证据证明涉案购房款项全部来自于某先婚前财产的置换，故亦符合夫妻共同财产的特点。

（二）双方有无夫妻财产制度约定

夫妻财产内部分配有约定应当从约定，无约定应适用法定财产制，故在无明确约定情况下，涉案款项应属于夫妻共同财产。

（三）夫妻共同财产的推定和举证责任

司法实践中，一项财产在婚姻存续期间取得，在无其他相反证据证明为个人所有的情况下，一般推定为夫妻共同财产，由持否定态度一方对事实承担举证义务以及举证不能的不利后果。辛某梅提交的证据仅能体现于某先愿意将涉案款项赠与辛某梅的意思表示，但不足以证明涉案款项全部来自于某先婚前个人财产的置换，故在辛某梅与于某先都无法提供充分证据予以证明的情况下，应推定刘某珍关于涉案款项来自夫妻共同财产的主张成立。

二、擅自赠与婚外他人的认定

“擅自赠与婚外他人”的行为前提，即所赠与的财产不属于《中华人民共和国民法典》（以下简称《民法典》）第一千零六十四条规定的夫妻之间家事代理权范围的财产，属于家庭中较为重要的大额财产。未经与配偶协商一致，自行决定将上述夫妻共同财产赠与婚外其他第三人，均构成擅自赠与他人的行为。

三、债权行为效力与物权行为效力的区分

于某先与辛某梅的赠与过程包含了两个步骤，首先是形成了愿意赠与与接受赠与的合意，其次是完成了货币财产的所有权转移，前者属于合意设定负担的债权行为，后者是单方行使处分权的物权变动行为。司法实践中对于擅自将夫妻共同财产通过赠与婚外他人予以处分的情形在法律适用及处理结果上并不完全统一，但多数能够形成共识的是，将债权行为与物权行为相互区分地予以认定。

赠与人的配偶要求确认赠与合同无效的，法院一般审查是否具有法定的无效情形。实践中擅自赠与婚外他人财产发生于婚外恋的情形较为多见，在无证据证明合同存在其他法定无效情形时，法院常见以擅自将夫妻共同财产赠与婚外情人的行为有违公序良俗、损害社会公共利益为由认定此种情形下赠与合同无效。而在接受赠与的主体与赠与人不存在婚外恋关系的情形下，法院对于赠与合同无效的适用则相对更为局限。本案事实赠与不具有合同无效法定情形，应认定为有效合同。

于某先的单方处分行为违反了《民法典》婚姻家庭编对于夫妻共同财产应平等协商并取得一致予以处分的强制性规定，亦违反了《民法典》物权编关于共有物处分的强制性规定，侵害了刘某珍的合法权益，不符合《民法典》规定的有效民事法律行为的法定要件。同时根据共有的一般原理，在婚姻存续期间，夫妻共同财产应作为一个不可分割的整体，夫妻对全部共同财产不分份额地共同享有所有权，夫妻双方无法对共同财产划分个人份额，在没有重大理由时也无权于共有期间请求分割共同财产。夫妻对共同财产享有平等的处理权，并不意味着夫妻各自对共同财产享有一半的处分权。只有在共同共有关系终止时，才可对共同财产进行分割，确定各自份额。因此，夫妻一方擅自将共同财产赠与他人的赠与行为应属全部无效，而非部分无效。[①] 笔者认为，此处的赠与他人行为应理解为与合同效力相区分的物权处分行为，因此，虽然本案中的赠与合同系当事人真实意思表示，亦未违反公序良俗，不具有认定合同无效的法定事由，但不影响赠与人对夫妻共同财产的物权处分行为被依法认定为无效。《民法典》第一千零六十二条第二款规定，夫妻对共同财产有平等的处理权，这是法律关于夫妻对共同财产如何行使所有权的规定，夫妻双方对共同财产应当平等行使占有、使用、收益和处分的权利。本案裁判思路的价值在于，在夫妻一方擅自以赠与方式处分共同财产的情况下，在婚姻家庭法律规范内为对方提供一种权利救济路径，引导夫妻双方彼此尊重对于共同财产的平等处理权。

编写人：北京市第一中级人民法院　丁少芃

---

① 吴晓芳：《〈婚姻法〉司法解释（三）适用中的疑难问题解析》，载《法律适用》2014年第1期第74页。

11

出卖人有配偶但所有权登记在其一人名下时，房屋买受人主观善意的认定标准

——舒某新诉孙某华、刘某雷物权保护案

【案件基本信息】

1. 裁判书字号

北京市朝阳区人民法院（2019）京0105民再41号民事判决书

2. 案由：物权保护纠纷

3. 当事人

原告：舒某新

被告：孙某华、刘某雷

【基本案情】

舒某新与刘某雷原系夫妻关系，刘某雷于2002年左右购买涉案房屋，二人于2003年5月29日登记结婚，房屋所有权于2006年登记在刘某雷名下。二人先后于2013年4月11日协议离婚、2013年11月11日复婚、2018年7月16日离婚。

舒某新、刘某雷于2013年离婚时签订《离婚协议书》，约定双方离婚后涉案房屋各分一半，但没有办理所有权变更登记，房屋所有权仍登记在刘某雷一人名下。2016年4月27日，刘某雷与孙某华签订《北京市存量房屋买卖合同（经纪成交版）》，约定：刘某雷将涉案房屋出售给孙某华。

合同签订后，孙某华按照合同约定向刘某雷支付了全部购房款。2016年7月8日，涉案房屋过户到孙某华名下。孙某华于2017年8月搬入涉案房屋居住

至今。舒某新认为刘某雷与孙某华恶意串通，擅自交易房屋并办理过户，侵害了其对该房屋的合法权益，故诉至法院，要求确认刘某雷与孙某华签订的《北京市存量房屋买卖合同》无效，孙某华向舒某新、刘某雷返还房屋并配合舒某新、刘某雷办理房屋过户手续。

【案件焦点】

孙某华签订买卖合同并取得房屋所有权是否满足主观善意的构成要件。

【法院裁判要旨】

北京市朝阳区人民法院经审理认为：孙某华是否具有善意，应从其对舒某新的权益受损是否具有故意或重大过失两方面予以分析。

首先，孙某华没有明知房屋存在共有权人但仍签订合同、取得房屋所有权的故意。舒某新未提交直接证据予以证明，但提交了电话录音、微信聊天记录，欲证明刘某雷隐瞒出售房屋一事，进一步证明孙某华与刘某雷有恶意串通、损害舒某新利益的行为。电话录音、微信聊天记录中有刘某雷提出“蒙我媳妇”“替我瞒一年”等词句，可以证明孙某华对刘某雷“蒙”和“瞒”的行为没有提出异议。但是，电话录音、微信聊天记录大部分为刘某雷的陈述，孙某华当时的内心意思，无法证实，故对于“蒙”和“瞒”的原因及目的，上述证据并没有直接证明。亦即孙某华对刘某雷“蒙”和“瞒”不持异议的行为，不能直接推导出其对“舒某新为房屋共有权人”这一事项的明知，孙某华与刘某雷签订买卖合同，并不具有侵夺舒某新房屋的故意，不构成与刘某雷的恶意串通，其仍不失为善意买受人。

其次，孙某华没有应知房屋存在共有权人但未尽审查义务的重大过失。在房屋买卖中，买受人确应对房屋权属状况进行必要的审查，但在审查中只要不存在重大过失，即应视为尽到了审查之责。涉案房屋所有权证记载的权属状况为刘某雷单独所有；孙某华在买房前曾实地看房，确认了刘某雷对房屋享有实际控制权；孙某华通过刘某雷实际受领了涉案房屋；合同约定的房屋价款在合理范围之内。孙某华对房屋权属和刘某雷的处分权进行了“社会一般人”的必要审查，其无法通过审查“应知”房屋还有其他共有权人，故孙某华并无重大过失。

基于上述分析，孙某华在签订买卖合同并取得房屋所有权过程中具有主观善意，不明知或应知舒某新的房屋共有权人身份，其现已支付房价款、合法入住涉案房屋并办理完毕所有权转移登记手续，其对房屋享有的所有权应受法律保护。舒某新基于其对房屋享有的共有权主张孙某华和刘某雷所签房屋买卖合同无效并要求返还房屋的诉讼请求，没有事实和法律依据，法院不予支持。

北京市朝阳区人民法院依照《中华人民共和国物权法》第一百零六条，《中华人民共和国合同法》第四十四条、第五十二条之规定，判决如下：

驳回原告舒某新的诉讼请求。

【法官后语】

夫妻共有房屋，仅登记在夫或妻一方名下，若夫妻一方未经对方同意擅自将共有房屋出售给第三人，另一方知情后，向法院起诉第三人要求追回房屋。该主张能否实现，关键在于买受人在交易过程中是否满足善意取得的构成要件。

不动产以登记作为物权变动的公示手段，即不动产物权登记内容是不动产所有权的对外公示方式，基于不动产物权登记的公信力，受让人只要相信权利公示的正确性，并根据公示状态进行交易，应直接推定其为善意，因而在判断受让人是否为善意时，由真实权利人就受让人受让物权时存在明知或应知转让人无处分权的“非善意”承担举证责任。

关于“明知”的认定标准问题。一方面，这里“明知”的内容，是买受人存在知道出卖人无权单独处分财产还继续交易的故意，而非仅知道出卖人有配偶或配偶对处分行为不知情。本案中，舒某新提交的电话录音及微信聊天记录只能证明孙某华存在帮助刘某雷向舒某新隐瞒出售房屋一事的故意，尚未达到推翻其“主观善意”的证明标准。另一方面，若买受人明知出卖人处分房屋未经其他共有权人同意仍进行交易，则构成与出卖人之间的恶意串通，双方所签房屋买卖合同因损害其他共有人的合法权益而无效，此时，买受人应当向出卖人返还房屋。

关于“应知”的认定标准问题。当共有房屋仅登记在卖方一人名下时，买受人是否负有审查出卖人配偶是否为房屋共有权人的注意义务。笔者认为，在房产交易中，一般买受人只要尽到了“社会一般人之注意义务”对房屋权属状况进行必要的审查，即应视为尽到审查之责。一方面，在有专业房产中介居间促成的房屋交易中，房屋中介机构向买受人出示了配偶签署的同意出售声明书，可视为买受人尽到了审查义务，买受人无需再就签字真实性及房屋是否为夫妻共同财产承担更多的核查义务。另一方面，在无中介服务下达成的房屋买卖交易中，当房屋仅登记在出卖人一方名下时，本文认为审查转让人的实际婚姻情况及房屋共有情况，并非社会一般人会注意的。理由如下：其一，从物权公示效力上看，出卖人有理由相信房产证的登记所有人即为房屋实际所有人；其二，从交易成本上看，要求受让人必须审查转让人真实婚姻状况及配偶意见，加重了受让人的交易成本，也不利于完善我国不动产登记制度；其三，从生活常理上看，普通受让人一般存在夫或妻一方处分不动产就相当于夫妻二人共同处分的朴素认识，因而在受让不动产时不会刻意征求转让人配偶的真实意思；其四，从救济途径上看，《中华人民共和国民法典》第一千零六十六条规定赋予不知情一方婚内分割夫妻共同财产的权利，在对方不知道的情形下，一方擅自出售夫妻共同财产且出售所得款项不用于夫妻共同生活达到严重损害夫妻共同财产利益的程度时，另一方有权提起分割婚内财产诉讼以获得救济。

当然，受让人对其不知情是否有重大过失还应综合考虑交易的各种因素，如交易的价格、时间、地点、场所、交易当事人之间的关系、交易过程是否符合通常的交易习惯（包括是否实际看房、支付价款情况、房屋交付情况等）、受让人是否为首次购房者等，以确定买受人是否对房屋权属和出卖人的处分权进行了必要审查，是否无法通过审查而“应知”房屋还有其他共有权人。

善意取得制度的适用直接关系到交易安全的实现，法律对信赖所有权登记而进行的交易应当进行保护。因此，笔者认为，在认定受让人是否善意时，应当赋予未变更登记的一方更重的举证责任。

编写人：北京市朝阳区人民法院　李戈　李想

（二）返还原物纠纷

12

婚姻关系存续期间夫妻对共同财产不分份额地共同共有

——李某莲等诉庞某娜、吴某花返还原物案

【案件基本信息】

1. 裁判书字号

河南省平顶山市中级人民法院（2021）豫04民终第1518号民事判决书

2. 案由：返还原物纠纷

3. 当事人

原告（被上诉人）：李某莲、吴某香、吴某飞、吴某泽

被告（上诉人）：庞某娜

被告：吴某花

【基本案情】

李某莲与吴某栓（已故）生育一子两女，长子吴某敏于2017年4月30日生病去世，长女吴某花、次女吴某香。吴某敏生有两子，长子吴某飞、次子吴某泽。庞某娜系吴某花女儿。吴某栓生前在某银行仙台支行存款8万元。庞某娜称因其和吴某花在吴某栓生病期间对其精心照顾且花费颇多，为补偿庞某娜和吴某花，吴某栓口头将这8万元存款赠与给其二人，并告知二人银行取款密码。后吴某花和庞某娜在吴某栓生病期间将该8万元取走。吴某栓去世后，李某莲得知此事，多次要求庞某娜返还，但庞某娜均以该8万元系吴某栓的赠与

为由拒绝返还。

【案件焦点】

1. 吴某栓生前将8万元银行存款赠与庞某娜和吴某花的行为是否有效；2. 能否认定吴某栓对其中4万元的处分行为有效。

【法院裁判要旨】

河南省叶县人民法院经审理认为：依据《中华人民共和国婚姻法》第十七条的规定，吴某栓生前的银行存款8万元，应属于吴某栓和李某莲的夫妻共同财产，其中的一半应属于李某莲的合法财产，庞某娜取走8万元存款侵犯了李某莲的利益。剩余4万元属于吴某栓的遗产，应由李某莲、吴某香、吴某花及吴某敏的两个儿子平均分割。吴某飞、吴某泽分得1万元。因在庭审中，吴某敏的两个儿子吴某飞、吴某泽自愿将自己应得的一份给予李某莲所有。综上，李某莲应分得6万元。吴某香分得1万元。李某莲主张8万元存款全部归自己所有的请求，不符合法律规定，不予支持。

河南省叶县人民法院依照《中华人民共和国民法总则》第一百二十二条，《中华人民共和国继承法》第十条、第十三条，《中华人民共和国民事诉讼法》第六十四条第一款的规定，判决如下：

一、庞某娜于本判决发生法律效力之日起十日内返还李某莲6万元；

二、庞某娜于本判决发生法律效力之日起十日内返还吴某香1万元；

三、驳回李某莲的其他诉讼请求。

庞某娜不服一审判决，提起上诉。河南省平顶山市中级人民法院经审理认为：庞某娜主张吴某栓将8万元赠与吴某花、庞某娜，须举证证明吴某栓确实有明确的赠与意思表示，且该8万元系吴某栓能够自由处分的个人财产。但庞某娜、吴某花未能提供有效证据证明其主张。退一步讲，即使吴某栓生前确有将该8万元存款赠与吴某花、庞某娜作为对其二人补偿的意思表示，该赠与行为也因违反了法律规定而归于无效。根据《中华人民共和国婚姻法》第十七条的规定，涉案8万元款项应认定为吴某栓和李某莲的夫妻共同财产，因吴某栓赠与8万元的处分行为既非基于日常生活所需，又未经过财产共有人李某莲的同意，应认定吴某栓对该8万元夫妻财产的处分行为无效。故本案无论吴某栓是否曾表示将8万元赠与吴某花、庞某娜，吴某花、庞某娜均无权独自占有该8万元款项。

河南省平顶山市中级人民法院依照《中华人民共和国民事诉讼法》第一百七十条第一款第一项之规定，判决如下：

驳回上诉，维持原判。

【法官后语】

我国以法定共同财产制为标准界定夫妻共同财产，即除有特别约定外，夫妻对婚姻关系存续期间的财产共同共有。但就夫妻对共同财产的共有是否存在比例这一问题，理论界和司法实务界一直存在争议。一种观点认为，夫妻间的共同共有是针对全部共同财产而言。如梁慧星教授认为“共同共有是不分份额地共有，在共同共有关系存续期间，共同共有人不能对共同共有的财产确定份额”。学者翟琪认为“我国夫妻之间的共有财产制是‘不区分份额’的共有，所以在婚姻关系存续期间无法确定各自的财产比例”。另一种观点认为，夫妻间的共同共有在内部仍可界定份额。如裴桦教授认为“夫妻间的共同共有同样划分份额，夫或妻一方可以对自己所享有的份额单独行使所有权”。巫昌祯教授认为“夫妻一方对共同共有的财产均享有一半的财产权利，一方虽无权处分属于另一方的那部分财产，但可以处分属于自己享有的一半财产”。理论上的争议导致司法实践中该类案件的处理也缺乏统一标准。部分法院认为夫妻一方擅自将共同财产赠与第三人的行为全部无效，判决第三人全部返还受赠的共同财产；部分法院认为夫或妻均有权处分财产，不能因夫妻财产的混同而否认人格的独立，进而支持赠与者的真实意思表示，判决第三人将受赠财产的一半返还无过错配偶方。

本案审理中，关于吴某栓处分案涉8万元存款的行为是否有效这一问题，合议庭存在两种意见。一种意见认为，应将夫妻共同财产作为一个整体看待，在婚姻关系存续期间，夫或妻一方均无权对共同财产的全部或部分进行处分，吴某栓将案涉8万元共同财产赠与吴某花、庞某娜的行为无效；另一种意见认为吴某栓和李某莲对案涉8万元各享有一半的权利，因此，吴某栓将其中4万元赠与吴某花、庞某娜的行为有效。

我们认为，夫妻在婚姻关系存续期间对共同财产应是不分份额地共同共有。

首先，婚姻关系存续期间夫妻对共同财产不分份额地共同共有符合夫妻关系的本质特征。夫妻团体有别于基于工具理性的经济团体，其在更大程度上属于伦理团体，强调夫妻的一体化。而夫妻一体化的主要内容，不仅包括夫妻在精神上的融合，也强调夫妻在经济上高度合一。显然，不分份额地共同共有比按份共有更能建立稳固、紧密的夫妻经济关系，通过认可夫妻双方在财产使用、管理上的义务，利于凝聚夫妻协力，符合夫妻关系的本质特征，也是婚姻家庭法追求的目标。此外，不分份额地共同共有会限制夫妻一方在婚姻关系存续期间处分夫妻共同财产，利于维护夫妻共同体的利益，从而更利于实现夫妻一体化。

其次，婚姻生活的特殊性决定了夫妻间共同共有难以划分份额。一方面，夫妻团体是一种个人情感和分工的结合，夫或妻构建夫妻共同生活并非完全基于理性的、可量化计算的行动，夫妻团体行为既不是夫或妻的个体行为，也不简单等同于夫或妻个体行为的相加，但共同财产的获得和增加都应视为夫妻团体的共同贡献。然而，由于婚姻生活事务的琐碎性和繁杂性，夫妻各自对共同财产的贡献方式不可能一样，贡献价值也不可能都以金钱衡量，这就导致划分夫妻共有的份额缺乏计算依据。且实践中，在离婚时分割夫妻共同财产或夫妻基于法定理由请求分割共同财产时，法院也并非均按照夫妻一人一半平均分割，还要结合双方有无过错、各自经济状况及照顾妇女、儿童弱势群体利益等因素判定各自所得份额。因此，在共同财产分割前，夫、妻对共同财产所占比例尚处于不确定及变动状态，关于“夫妻一方对共同财产有一半的权利”的观点缺乏现实基础。

再次，我国法律对夫妻对共同财产分割的限制性规定不符合按份共有的基本原理。之前的《中华人民共和国婚姻法》和现行《中华人民共和国民法典》

都规定夫妻一方在婚姻关系存续期间原则上不得请求分割夫妻共同财产，仅在共同共有关系终止（即离婚）或存在重大事由（即夫妻一方有隐匿、转移夫妻共同财产或一方死亡）时才可以请求分割夫妻共同财产。而依据按份共有的基本原理，按份共有人得随时请求分割共有财产。显然，立法者对夫妻共同财产也采取了夫妻不分份额共同共有的观点。

此外，夫妻双方须互相履行忠实义务，也符合社会主义核心价值观的要求。近年来，夫妻间的忠实义务内容已从传统的肉体上的专一发展为夫妻在肉体、精神和财产上的专一。夫妻在婚姻关系存续期间对共同财产不分份额地共有能有效限制夫妻一方擅自处分共同财产的行为，不仅能推动夫妻间忠实义务的履行，也利于维护夫妻共同体利益，促进优良家风，更利于践行诚信、和谐的社会主义核心价值观。

正如史尚宽先生所言“共同财产为一单位，处于夫妻共同支配之下，与夫妻双方之人格结合，不容第三人参与……”夫妻共同财产是一个不可分割的整体，在共有基础丧失前，任一方均对全部共同财产享有不分份额的所有权，仅在共有关系终止或具备法定事由时，才能对共有财产划分份额。本案中，因案涉 8 万元存款系吴某栓及李某莲的共同共有财产，其二人不分份额地享有所有权，因此即便吴某栓生前将其中的 4 万元赠与吴某花、庞某娜，其赠与行为亦属无效。

编写人：河南省平顶山市中级人民法院　侯晓宏　秦蔚鸽　吴圆琴

13

预告登记不保障预告登记人物权变动请求权之外的其他请求权的实现

——曹某一诉某银行返还原物案

【案件基本信息】

1. 裁判书字号

吉林省高级人民法院（2020）吉民再50号民事判决书

2. 案由：返还原物纠纷

3. 当事人

原告（被上诉人、再审被申请人）：曹某一

被告（上诉人、再审申请人）：某银行

【基本案情】

2015年11月12日，曹某一与某公司签订商品房买卖（预售）合同，购买某庄园1号楼S-01、S-02、S-03共三套房屋，建筑面积分别是220.36平方米、163.34平方米、163.34平方米，总计547.04平方米，曹某一以每平方米12600元支付购房款首付总计3992704元。2015年12月1日，曹某一与中国农业银行某支行签订了《个人购房担保借款合同》，贷款290万元用以支付剩余购房款。曹某一用于抵押贷款的某庄园1号楼S-01、S-02、S-03房屋于2015年12月1日在房屋产权管理中心办理抵押（按揭、在建）备案登记。按照当地不动产产权管理部门规定，案涉房屋的预购商品房预告登记与预购商品房抵押权预告登记在同一流程合并办理。贷款发放后，曹某一依照合同约定向某公司履行了全部付款义务。此后曹某一一直按合同约定偿还贷款。

某银行于2016年9月23日与某公司签订购房协议，购买了位于某庄园1号楼S-01、S-02、S-03、S-04四套房屋，房屋总面积668.84平方米，某银行以每平方米10700元价格一次性交付购房款6525269元。付款后，某公司将上述房屋交付某银行占有使用，占有使用期间的水费、电费、物业费、采暖费等均由某银行交付。截至本案审结时，案涉房屋尚不具备办理所有权登记之条件，亦未办理初始登记。

【案件焦点】

1. 曹某一行使返还原物请求权，要求某银行返还案涉房屋，是否符合法律规定；2. 曹某一基于其已办理案涉房屋预告登记的行为，是否享有物权变动之外的其他请求权。

【法院裁判要旨】

吉林省临江市人民法院经审理认为：案涉房屋虽未办理房屋所有权登记，但已经在不动产登记机关办理了预告登记及抵押权预告登记，该登记具有公示和对抗第三人的效力，已经登记的预售房屋产权应归登记的权利人即曹某一所有，曹某一基于买卖行为取得了案涉房屋的物权，因此某银行不能对抗曹某一对该案涉房屋行使物权保护之权利。

吉林省临江市人民法院依照《中华人民共和国物权法》第二十条、第三十四条，《中华人民共和国民事诉讼法》第一百三十四条，《最高人民法院关于适用〈中华人民共和国民事诉讼法〉的解释》第九十条之规定，作出如下判决：

一、某银行于本判决发生法律效力之日起五日内返还曹某一位于临江市某庄园1号楼S-01、S-02、S-03号房屋；

二、驳回曹某一的其他诉讼请求。

某银行不服一审判决，提起上诉。吉林省白山市中级人民法院同意一审法院的裁判意见，判决驳回上诉，维持原判。

某银行不服二审判决，申请再审。吉林省高级人民法院经审理认为：本案系返还原物纠纷案件，曹某一要求某银行返还案涉房屋，其请求在法律属性上系返还原物请求权。《中华人民共和国物权法》第九条第一款规定："不动产物权的设立、变更、转让和消灭，经依法登记，发生效力；未经登记，不发生效力，但法律另有规定的除外。"结合本案事实，曹某一尚未办理案涉房屋的所有权登记，故其对案涉房屋并不享有物权，亦并不具备行使返还原物请求权之权利基础。曹某一主张其基于已办理案涉房屋预告登记的行为，依照《中华人民共和国物权法》第二十条的有关规定，享有要求某银行返还案涉房屋的权利。预告登记，是为保全一项以将来发生不动产物权变动为目的的请求权的不动产登记。也就是说，预告登记所登记的不是现实的不动产物权，而是将来发生不动产物权变动的请求权，它是在确定的财产权登记条件还不具备时，为了保全将来财产权变动能够顺利进行，而就相关的请求权进行的登记。曹某一基于完成对案涉房屋进行预告登记所享有的系预告登记请求权，所保障的系其对案涉房屋将来物权变动能够顺利进行的权益，但该民事权益不具备法律层面上的不动产物权性质。返还原物请求权在法律属性上系一种典型的物权保护请求权，其权利基础是请求权人对物享有物权。因此，在曹某一不享有案涉房屋物权的情形下，其无权要求某银行返还案涉房屋。

吉林省高级人民法院依照《中华人民共和国民事诉讼法》第二百零七条第一款、第一百七十条第一款第二项，《中华人民共和国物权法》第九条第一款之规定，作出如下判决：

一、撤销一审、二审民事判决；

二、驳回曹某一的诉讼请求。

【法官后语】

关于预告登记请求权的效力以及法律保护范围问题，是法律适用的难点。在审判实践中，需要注意的问题是：预告登记使得被登记的不动产请求权具有了物权效力，但并不改变请求权本来的法律关系，预告登记权利人享有的权利本质仍为债权请求权，只是通过预告登记，以实现增强不动产物权变动为内容的请求权。故债权人不享有物权，如相对人不履行合同约定，则权利人无权依据预告登记直接取得物权，其可通过依法主张继续履行合同的方式，实现不动产物权。

原《中华人民共和国物权法》第二十条第一款规定："当事人签订买卖房屋或者其他不动产物权的协议，为保障将来实现物权，按照约定可以向登记机构申请预告登记。预告登记后，未经预告登记的权利人同意，处分该不动产的，不发生物权效力。"该条是关于不动产登记制度中的预告登记的规定，是为保全一项以将来发生不动产物权变动为目的的请求权实现的不动产登记。也就是说，预告登记所登记的不是现实的不动产物权，而是将来发生不动产物权变动的请求权，它是在确定的财产权登记条件还不具备时，为了保全将来财产权变动能够顺利进行，而就相关的请求权进行的登记。预告登记的实质作用在于限制现实登记（或依建造行为等法定事由可进行初始登记）的权利人行使处分权，预告登记权利人所享有的是阻却、排斥嗣后所有权变动以及登记簿障碍的权利。预告登记就是为了确保将来发生的物权变动，其之所以具有排他效力，也是为了确保将来债权能够转化为物权，取得权利人所期待的法律结果。关于预告登记的请求权的效力，相关规定只规定了预告登记后的请求权的权利保全效力，以及在特定情况下的顺位效力、破产保护效力和对抗执行效力等。

总之，预告登记制度旨在实现一定的物权秩序，具体而言是旨在保障物权变动按照预告登记制度所欲实现的秩序完成。司法实践中，预告登记所具有的保障将来物权变动的效力，已经得到了普遍的肯定。但是，其并无保障预告登记权利人所有债权实现的目的，或者说，并不保障预告登记权利人物权变动之外的请求权的实现，包括该物权变动请求权的转化形态。

本案中，曹某一基于其与某公司形成的商品房买卖合同关系，所享有的系其对某公司的债权，可依此行使请求交付、配合变更产权登记等债权请求权；其基于完成对案涉房屋进行预告登记所享有的系预告登记请求权，保障其期房买卖债权的实现，具体来说，保障系其对案涉房屋将来物权变动能够顺利进行，但上述民事权益均不具备法律层面上的不动产物权性质。因此，在曹某一尚不享有案涉房屋物权的情形下，无论某银行与某公司之间的房屋买卖协议是否合法有效，是否能够实际履行，或某银行对案涉房屋的占有使用行为是否具备合法基础，曹某一均无权要求某银行返还案涉房屋。

另需说明，《中华人民共和国民法典》第二百二十一条基本保留了《中华人民共和国物权法》第二十条的规定，仅将第一款中关于“当事人签订买卖房屋或者其他不动产物权的协议”的表述修改为“当事人签订买卖房屋的协议或者签订其他不动产物权的协议”；第二款中关于申请登记期限“三个月”的表述修改为“九十日”。修改后的法律条文文义更加明确、表达更加规范。但是，对于预告登记制度的基本内涵和立法本意并未改变。故本案对于《中华人民共和国民法典》施行后的审判实践仍具有参考价值。

编写人：吉林省高级人民法院　杨毅鹏

14

无权处分农村房屋时善意取得的认定

——邹某乙等诉许某某返还原物案

【案件基本信息】

1. 裁判书字号

江苏省无锡市中级人民法院（2020）苏02民终924号民事判决书

2. 案由：返还原物纠纷

3. 当事人

原告（反诉被告、上诉人）：邹某乙、邹某丙、谭某丙

被告（反诉原告、被上诉人）：许某某

【基本案情】

谭某甲与邹某甲系夫妻关系，邹某甲系惠山区寺头村村民。邹某乙、邹某丙、谭某乙系谭某甲与邹某甲的子女。1991年，邹某甲取得《个人土地登记申请书》后，在该土地上建造案涉房屋，但未办理产权证。1995年6月30日，

邹某甲去世后，谭某甲与同村村民许某某签订房屋买卖合同，约定由许某某购买谭某甲的案涉房屋，价格为 14000 元。许某某于签订合同当日付清全部购房款 14000 元并入住房屋至今。

2004 年，许某某向法院提起诉讼，要求判令确认双方上述房屋买卖合同有效，谭某甲协助其办理房屋过户手续。谭某甲称，其只有 25%的产权，且卖房未经女儿儿媳同意，故不同意协助过户。2004 年 12 月 1 日，许某某向法院提出撤诉申请，法院裁定准许其撤诉。

现邹某甲与谭某甲相继去世，邹某乙、邹某丙要求许某某返还上述房屋未果，故诉至法院要求许某某返还案涉房屋。许某某认为其具有购买资格，房屋买卖合同合法有效，谭某甲有权处分案涉房屋，许某某支付房款并实际使用至今，系善意取得。其同时提出反诉，要求邹某乙、邹某丙与谭某丙协助办理案涉房屋过户手续。

【案件焦点】

无权处分不动产时善意取得的认定。

【法院裁判要旨】

江苏省无锡市惠山区人民法院经审理认为：本案的争议焦点为：（1）诉争房屋是否为谭某甲与邹某甲的夫妻共同财产；（2）谭某甲和许某某之间签订的房屋买卖合同是否成立有效；（3）谭某甲出售诉争房屋是否系无权处分；（4）邹某乙、邹某丙、谭某丙主张返还诉争房屋是否成立；（5）许某某反诉要求邹某乙、邹某丙、谭某丙配合许某某办理房屋过户手续能否成立。

针对争议焦点 1，谭某甲在许某某诉讼案件的开庭笔录中陈述案涉房屋系其与邹某甲婚后建造，且涉案房屋已经取得相关审批并依法取得宅基地使用证，故诉争房屋应当认定为邹某甲和谭某甲的夫妻共同财产。

针对争议焦点 2，谭某甲与许某某签署的房屋买卖合同虽未经许某某签字，但许某某持有并保存了谭某甲签字的合同并已经履行本合同项下的付款义务，谭某甲业已接收房款并履行房屋交付义务，故合同已经成立；且许某某为同村村民，符合建房条件，具备购买本村宅基地及其上所建房屋的资格；诉争房屋买卖系谭某甲和许某某的真实意思表示，故该房屋买卖合同合法有效，法院予以确认。谭某甲未经邹某甲的法定继承人同意擅自处分该房屋，系无权处分，但该无权处分行为并不影响合同效力。

针对争议焦点3、争议焦点4，因诉争房屋为谭某甲和邹某甲在婚后建造，而邹某甲已经去世，故许某某因此认为谭某甲有权处分并与其磋商购房，符合农村交易习惯，并无过错；而农村房屋登记不规范具有普遍性，诉争房屋自建成之日起邹某甲与谭某甲未办理房屋产权证，在出卖给许某某后客观上亦无法办理房屋过户手续，但谭某甲已将该诉争房屋及宅基地使用权证一并交付于许某某，许某某业已实际居住多年，邹某乙、邹某丙、谭某丙主张许某某返还房屋，违反诚信，不予支持。

针对争议焦点5，谭某甲与许某某签署的房屋买卖合同合法有效，许某某已履行付款义务，故许某某反诉要求配合办理房屋过户手续的请求，法院予以支持。

现因案涉房屋已经纳入拆迁范围，因合同对拆迁利益没有约定，故由实际使用人许某某给予适当补偿为宜，额度不超过被拆除房屋评估补偿款的30%。

江苏省无锡市惠山区人民法院依照《中华人民共和国合同法》第六条、第三十七条、第一百三十五条，《最高人民法院关于审理买卖合同纠纷案件适用法律问题的解释》第三条，《中华人民共和国物权法》第二十条、第一百零六条，《最高人民法院关于适用〈中华人民共和国民事诉讼法〉的解释》第九十条之规定，判决如下：

一、驳回邹某乙、邹某丙、谭某丙的本诉请求；

二、邹某乙、邹某丙、谭某丙应于本判决生效后立即配合许某某办理案涉房屋过户手续。

邹某乙、邹某丙、谭某丙不服一审判决，提起上诉。江苏省无锡市中级人民法院经审理认为：谭某甲未经其他法定继承人同意擅自处分该房屋，系无权处分，由于许某某购买房屋后，支付了合理对价并实际居住多年，谭某甲亦已将该房屋及宅基地使用权证一并交付于许某某，故许某某已善意取得涉案房屋，谭某甲的无权处分行为并不影响合同效力。许某某基于房屋买卖合同法律关系，有权要求合同相对人谭某甲履行合同义务，该合同义务实质上系谭某甲因出卖房屋对许某某所负的债务。按照继承法的规定，继承遗产应当清偿被继承人的债务。因谭某甲已经去世，该债务理应由谭某甲的继承人清偿，故一审判定由谭某甲的继承人邹某乙、邹某丙、谭某丙配合办理房屋过户手续，亦无不当。

江苏省无锡市中级人民法院依照《中华人民共和国民事诉讼法》第一百七十条第一款第一项的规定，判决如下：

驳回上诉，维持原判。

【法官后语】

《中华人民共和国民法典》（以下简称《民法典》）第三百一十一条规定了无权处分的法律后果，明确了善意取得的构成要件。无处分权人将不动产或者动产转让给受让人的，所有权人有权追回。符合以下条件，受让人依据善意取得制度取得该不动产或者动产的所有权：(1) 受让人受让该不动产或者动产时是善意的（受让人善意）；(2) 以合理的价格转让的（合理价格转让）；(3) 转让的不动产或者动产依照法律规定应当登记的已经登记，不需要登记的已经交付给受让人（标的物登记或交付）。《最高人民法院关于适用〈中华人民共和国民法典〉物权编的解释（一）》第十四至第十九条对前述要件的认定进行了细化。

一、无权处分的认定

认定房屋交易是否无权处分可以从两个角度着手考虑，其一是认定不动产公示或者登记簿登记的权利人为真实权利人，通过查看不动产的公示信息确认物权，在这种情况下物权发生变更，物权的登记人自然有权处分，非权利人对房屋的处分必然是无权处分。其二是推定不动产公示或者登记簿登记的权利人为权利人，但实际权利人可以通过诉讼等方式确认权利。在第二种情况下，如不动产权属登记错误或者没有进行不动产公示登记，真实的权利人可以通过确权诉讼等方式确定真实的权属。当确权诉讼确认真实的权利人与登记权利人不符时，登记权利人也属于无权处分。

二、善意取得的构成要件

1. 受让人善意。受让人的主观具有善意，是善意取得制度的核心要件。受让人受让不动产或者动产时，不知道转让人无处分权，且无重大过失的，应当认定受让人为善意。而且是指受让时为善意，之后受让人知道转让人为无权处分，仍属善意。“受让时”，是指依法完成不动产物权转移登记或者动产交付之时。在判断受让人是否为善意时，采取推定的方法，即推定受让人是善意的，真实权利人主张受让人不构成善意的，应当承担举证证明责任，即由真实权利人对受让人是否“知道”、对“不知道”是否具有重大过失进行举证。真实权利人有证据证明不动产受让人应当知道转让人无处分权的，或者证明受让人受让不动产或者动产时具有重大过失的，比如，交易的对象、场所或者时机等不符合交易习惯的，应当认定受让人非善意。

2. 合理价格转让。判断转让价格是否合理，应当根据转让标的物的性质、数量以及付款方式等具体情况，参考转让时交易地市场价格以及交易习惯等因素综合认定。

3. 标的物登记或交付。标的物登记或交付是判断受让人能否善意取得不动产的关键。标的物的物权变动需要通过法定的公示形式，即不动产应当通过登记办理产权变更，动产应当交付。

无权处分在同时具备上述三个要件时，受让人构成善意取得，转让人不得以无权处分为由请求受让人返还财产。但是，根据《最高人民法院关于适用〈中华人民共和国民法典〉物权编的解释（一）》第二十条规定，转让合同被认定无效或者被撤销的，受让人不能主张善意取得。

三、本案对于善意取得制度的适用

本案中，案涉房屋为谭某甲与邹某甲合建，属于夫妻共同财产，邹某甲去世后，谭某甲未经过其他继承人同意出卖房屋，故属于无权处分。许某某是否可以取得房屋所有权，关键在于许某某是否构成善意取得，即许某某应当满足受让时善意、支付合理价格、标的物登记或交付这三个条件。(1) 在邹某甲去世的情况下，谭某甲就属于夫妻共同财产的涉案房屋与许某某协商的过程，符合农村交易习惯；许某某作为村民也符合建造房屋资格，可以购买案涉房屋，所以许某某在协商购买房屋的过程中是善意的。(2) 综合考虑案涉房屋的购买时间、房款金额、房产性质等因素，许某某在签订合同时已经支付了合理对价，属于买卖合同双方协商一致的合理价格转让。(3) 不动产的物权变动一般需要通过法定的公示形式，即登记。但是，从当时的房屋买卖情况考虑，买卖时农村房屋登记不规范具有普遍性，案涉房屋一直未办理房屋产权证，且因为权属等问题，在出卖给许某某后仍无法办理房屋权属变更手续，但谭某甲已将该诉争房屋及宅基地使用权证一并交付于许某某，许某某业已实际居住多年，已经构成了标的物向许某某的交付。

综上，许某某通过买卖合意以及交易习惯，合法购买了案涉房屋，且买卖多年以后，房屋的实际权属人对房屋的权属一直未进行主张，许某某实际上形成了对案涉房屋的善意取得，最终法院判决协助许某某办理房屋过户手续。

编写人：江苏省无锡市惠山区人民法院　平华　沈泽全

15

事实行为引发合同变更的认定

——程丙诉程甲返还原物案

【案件基本信息】

1. 裁判书字号

黑龙江省哈尔滨市中级人民法院（2020）黑 01 民终 7002 号民事判决书

2. 案由：返还原物纠纷

3. 当事人

原告（上诉人）：程丙

被告（被上诉人）：程甲

【基本案情】

程甲（长子）、案外人程乙（次子）、程丙（三子）系兄弟关系，案外人程某公（于2017年去世）系三人父亲，案外人杨某绮系三人继母。

1999年12月19日，程甲、程丙、程乙、程某公、杨某绮签订家庭协议一份，关于住房分配问题约定如下："1. 小三仍住三屋不变，一切手续和钱款由小三交办，购完房后久住。2. 买的教化新房〈651〉号，和程甲现在住的宣西〈60〉号楼〈132〉号对换，手续、钱款由程甲交办。3. 程甲住的宣西房二层由程乙交款购房，后由父亲和杨姨住到最终，由程乙接收，如中途换好房，仍归程乙。"协议落款处有五人签字。该份家庭协议中的"三屋"原所有权人为程某公，后变更至程丙名下，现由程丙占有使用；家庭协议中的"教化新房〈651〉号"即案涉房屋，该房屋原系程某公名下的公产房，2000年参加房改由程丙及其爱人韩某梅的工龄加29016元买断，现已更名至程丙名下，但由程甲占有使用；家庭协议中的"宣西〈60〉号楼〈132〉号"和"宣西房二层"系指同一处房产，现登记在程甲名下，由程乙占有使用。2000年，程甲入住案涉房屋，并交纳了15000元，关于该15000元为何费用，双方有争议，程丙称该笔款项为住户保证金，程甲则称系其为房屋第一次买断的款项。现程丙诉至法院，要求程甲从案涉房屋中迁出。

【案件焦点】

1. 程丙买断案涉房屋的行为是否构成对《家庭协议》的实际变更；2. 程甲对案涉房屋是否为无权占有。

【法院裁判要旨】

黑龙江省哈尔滨市南岗区人民法院经审理认为：本案案由系返还原物纠纷，程丙以其为案涉房屋登记的所有权人为由要求程甲迁出，程甲针对程丙的诉请提出了双方之间存在家庭协议进行抗辩，但程丙称该家庭协议已发生实际变更，程甲现已无权占有案涉房屋。据此，本案的争议焦点为该家庭协议是否真实有效及内容是否发生实际变更。

《家庭协议》在性质上属于分家析产协议，系五方的真实意思表示，内容不违反法律、行政法规的强制性规定，合法有效。虽程丙主张家庭协议签订日期为1999年，协议因其2000年买断案涉房屋而变更，但该家庭协议的内容涉及了包括案涉房屋在内的共计三套房产的分配及对换，且协议其他各方均依据该协议占有相应的房屋，程丙未能充分举示证据证明协议几方已一致同意对协议内容进行了变更，据此，采纳程甲的抗辩意见，驳回程丙的诉讼请求。

黑龙江省哈尔滨市南岗区人民法院依照《中华人民共和国民事诉讼法》第六十四条、《最高人民法院关于适用〈中华人民共和国民事诉讼法〉的解释》第九十条规定，作出如下判决：

驳回原告程丙的诉讼请求。

程丙不服一审判决，提起上诉。黑龙江省哈尔滨市中级人民法院经审理认为：案涉《家庭协议》系五方的真实意思表示，合法有效。现自各方签订协议后至程丙提起本案诉讼已近20年，虽然案涉房产登记至程丙名下，但程丙20余年未请求程甲迁出案涉房屋，且程甲、程丙、程乙均依据该协议占有相应的房屋，说明各方一直按《家庭协议》的约定履行，程甲占有案涉房屋系依据各方订立的《家庭协议》，并非无权占有，程丙请求程甲返还案涉房屋无充分的事实和法律依据。

黑龙江省哈尔滨市中级人民法院依照《中华人民共和国民事诉讼法》第一百六十九条、第一百七十条第一款第一项规定，判决如下：

驳回上诉，维持原判。

【法官后语】

合同是各方当事人通过要约、承诺的方式，经协商一致达成的。合同成立后，当事人应当按照合同的约定履行合同。合同的履行是动态的过程，合同当事人时常根据实际需求在履行过程中对合同条款进行变更。合同变更可以基于法律规定、当事人的约定、事实行为等不同原因发生。原则上，合同从成立时起具有法律约束力，合同变更是以新的合意来变更原来的合同，各方当事人对此应达成一致意见。《中华人民共和国民法典》第五百四十三条规定，当事人协商一致，可以变更合同。由此可知，合同的变更须经各方当事人一致通过明确的意思表示同意方为有效，任何一方合同当事人均不得将自己的意志强加给对方，行为人非依法律规定或者取得相对方同意，不得擅自变更或者解除已经发生法律效力的合同。

实践中，通过事实行为而非明确的意思表示对合同进行变更也常有发生。《中华人民共和国民法典》第四百六十九条规定，当事人订立合同，可以采用书面形式、口头形式或者其他形式。该条中规定的“其他形式”，系指默示形式、事实契约、事实合同、事实行为等。上述形式通常表现为合同当事人以某种表明法律意图的行为间接地表示合同内容，从司法审判的角度来看是一种推定形式，对于该推定形式的界定是判断合同是否发生变更的重要衡量标准。通常情况下，意思表示的成立，须有外部的“表示”，也就是通过一定行为使内心意思被外部认识，但默示形式、事实行为等推定形式对于意思表示来说缺乏明确性，须从表示人作为与不作为的行为去推断出行为人的内在真实心意。在司法实践中，通常会根据法律规定、一般常理和惯例对此类行为进行逻辑判断。

就本案而言，程丙主张其已通过将案涉房屋变更至自己名下的事实行为对《家庭协议》作了实质性变更，但这只是其单方行为，并未得到其余协议当事人明示同意，且协议各方当事人仍按照协议约定占有对应房屋，此继续按协议约定占有相应房屋的行为应视为对程丙所为变更行为的否定。据此，程丙的行为不能直接产生变更《家庭协议》的法律后果。

综上，合同的实际履行是复杂、动态、丰富的过程，因客观因素双方在履行过程中对合同条款达成变更是合同履行的常态，处理合同争议时应注意不唯书面合同论，允许合同当事人以默示形式、事实行为等方式对已生效的合同进行变更，着重探求合同各方当事人的真实意思表示，全面综合评判。值得注意的是，对事实行为引起的合同订立或者变更的法律后果应审慎把握，要充分考虑合同订立及变更的客观条件，综合各方当事人的意思表示及行为去推定是否有订立或者变更合同的合意。

编写人：黑龙江省哈尔滨市南岗区人民法院　陈静

16

留置权人负有妥善保管留置财产的义务

——杨某达等诉薛某返还原物案

【案件基本信息】

1. 裁判书字号

江苏省无锡市惠山区人民法院（2019）苏0206民初3011号民事判决书

2. 案由：返还原物纠纷

3. 当事人

原告：杨某达、吴某琴、季某萍、杨某丹

被告：薛某

【基本案情】

杨某达、吴某琴、季某萍、杨某丹系死者杨某强第一顺位继承人。2014年4月，杨某强以24400元的价格向薛某购买了桑塔纳小型普通轿车一辆，在开具相应购买金额的发票后，该车即过户至杨某强名下，车牌号为苏B×××。后因该车辆在薛某的某汽修厂修理，杨某强未向薛某支付修理款，双方产生纠纷，车辆即被薛某留置在汽修厂内。因薛某将车停在汽修厂门口的马路上，未尽到妥善保管的义务，致使车辆零件被拆，车辆亦不知去向。

【案件焦点】

留置权人是否负有妥善保管留置物的义务。

【法院裁判要旨】

江苏省无锡市惠山区人民法院经审理认为：民事主体的合法财产权依法受

法律保护，继承人有权继承被继承人的合法财产，无权占有不动产或者动产的，权利人可以请求返还原物。杨某强作为车辆所有权人，对苏 B×××号轿车享有的权利任何人不得侵犯，杨某强已去世，故其第一顺位继承人有权主张相应权利。该车系因欠修理费由薛某采取留置措施。留置权人负有妥善保管留置财产的义务，因保管不善致使留置财产损毁、灭失的，应当承担赔偿责任。目前该车辆双方均确认已灭失，车辆价值也无法进行评估，故薛某应承担车辆灭失的赔偿责任。虽然车辆实际价值可能没有发票上载明的价格高，但该交易价格是双方协商一致认可的，且薛某也自述该估价差不多，故相应损失的基础应为杨某强的购买价 24400 元，该车确已由杨某强实际使用了一段时间，必然有损耗及自然贬值损失，且该车用途贬值损失超过一般车辆，故法院参考汽车销售公司的意见，酌定损耗 7000 元，故车辆灭失损失确认为 17400 元，但杨某达接到村委要求其将车辆拖走的通知后，未及时行使自身权利，对车辆灭失存在过错，导致损失扩大。故法院酌定其自负 30% 的责任，故由薛某赔偿杨某达、吴某琴、季某萍、杨某丹车辆灭失损失 12180 元。至于薛某提出杨某强未付清购车款、修理费、拖车费及发生事故减损未向法院提出反诉，也未能提供证据，故本案不予理涉。

江苏省无锡市惠山区人民法院依照《中华人民共和国民法总则》第一百一十三条，《中华人民共和国继承法》第二条、第三条、第十条，《中华人民共和国物权法》第三十四条、第三十七条、第三十九条、第二百三十四条，《最高人民法院关于适用〈中华人民共和国民事诉讼法〉的解释》第九十条之规定，作出如下判决：

一、薛某于本判决生效之日起十日内向杨某达、吴某琴、季某萍、杨某丹赔偿车辆灭失损失 12180 元；

二、驳回杨某达、吴某琴、季某萍、杨某丹的其他诉讼请求。

【法官后语】

依据《中华人民共和国民法典》（以下简称《民法典》）第四百五十一条规定，留置权人对留置物负有保管义务。留置权的占有是一个持续的事实状态，它使得留置权人得以持续对留置物占有，直至留置权消灭或者留置权实现，同时还足以对抗该留置物的其他权利人。基于持续占有的这一特定要件，作为留置权人应妥善保管留置物，因保管不善致使留置财产毁损、灭失的应承担赔偿责任。

一、留置权人保管义务的内容

1. 保障标的物安全。留置权人应当采取必要措施确保留置物不受损失。留置物因为留置权人的过错毁损或者灭失的，留置权人应当负赔偿责任。

2. 保障标的物利益的收取。留置权人对标的物的孳息和其他利益有收取保管的义务，因过错而怠于收取的，应当负损害赔偿责任。

3. 不为自己的利益利用标的物。留置权人非以“必要的适用”为目的，不经债务人同意，不得使用、出租留置物或者以留置物提供担保，否则，留置权人应当负义务不履行之损害赔偿责任。

就本案而言，因杨某强未支付修理费，薛某在留置机动车期间，首先应保障机动车安全，即不受损坏的同时应该尽到何种责任，尤其考虑到该留置物为机动车，而非普通的动产，其不仅需要占据一定场地空间，还存在贬值的现实情况，在一定宽限期内债务人仍未支付修理费的情况下，作为留置权人的薛某应尽到何种责任。

二、妥善保管的注意义务

《民法典》第四百五十一条规定了留置权人的保管义务，即留置权人负有妥善保管财产的义务；因保管不善致使留置财产毁损、灭失的，应当承担赔偿责任。“妥善保管”如何定义，在司法实践中还是存在较大争议的，在学界也有着不同的认识。在笔者看来，这里的“妥善保管”可以被认为是一种善意保管，即留置权人应以善良管理人的注意保管留置物，具体来说即根据留置物的性质、用途、价值等因素，采取最适合留置物保管的方式。动产的特殊属性就决定了如果不采取最恰当的保管方式，便可能出现灭失、毁损、贬值等情况。回到本案，薛某在留置该车辆后，没有按照善良管理人应尽义务，防止车辆毁损灭失，因此当该车辆灭失后，薛某应当承担相应的赔偿责任。

实践中，作为留置权人只有善尽注意义务才能最大限度地保障自己的合法权益，具体可以借鉴以下建议：（1）妥善保管。在占有期间，务必尽到妥善保管的义务，根据留置物的不同属性，采取不同的保管措施。（2）积极催告债务。在依法律规定行使留置权后，应当第一时间向债务人发出债务履行通知书，限其在期限内履行相关债务。（3）处置价款的优先受偿。在给定的债务履行期间内，债务人仍未履行的，留置权人可与债务人协议以折价、拍卖、变卖等方式实现留置权，从而保障自己的合法权益。

编写人：江苏省无锡市惠山区人民法院　黄树杰　许海峰

17

出质人返还质物请求权与质权人占有顺位利益的保护

——刘某诉周某返还原物案

【案件基本信息】

1. 裁判书字号

山东省淄博市中级人民法院（2021）鲁 03 民终 239 号民事判决书

2. 案由：返还原物纠纷

3. 当事人

原告（上诉人）：刘某

被告（被上诉人）：周某

【基本案情】

2018 年 2 月 9 日，刘某因向周某借款，将车辆 1 部作为质物质押给周某，并已交付，车辆由周某保管、占有。周某向法院起诉，法院作出（2018）鲁 0303 民初 4983 号民事判决书，判决刘某支付周某借款本金 8.7 万元及相应利息，现判决已发生法律效力。因刘某没有款项支付给周某，遂与周某协商将涉案车辆折价5万元给案外人项某。2018年10月31日，周某收到项某3万元款项后反悔，没有交付车辆。涉案车辆有违章行为，交强险无法缴纳，车辆无法上路行驶。刘某起诉要求周某立即返还车辆1部，并处理涉案车辆质押期间的交通违章事宜。

【案件焦点】

在周某要求刘某清偿债务的情况下，刘某是否有权请求周某行使质权，以质物偿还债务。

【法院裁判要旨】

山东省淄博市张店区人民法院经审理认为：1. 涉案纠纷焦点在于当事人双方对案涉车辆享有权利的性质及顺位利益保护问题。刘某系涉案车辆所有权人，享有物权。但涉案车辆因借贷债权，出质人刘某已经质押给周某，质押标的物（即案涉车辆）业已交付，质权成立，周某为质权人。根据《中华人民共和国物权法》（以下简称《物权法》）第二百零八条规定，质押系转移质押财产的占有而产生的担保物权，质权人享有对质押财产的合法占有权，可以对抗所有权人。《物权法》第二百一十九条第一款规定：“债务人履行债务或者出质人提前清偿所担保的债权的，质权人应当返还质押财产。”依据该规定，在出质人没有履行债务或者提前清偿债务的情形下，要求质权人返还质物，没有法律依据。同时，质权作为担保物权系主债权的从权利，主债权消灭，从权利消灭。刘某主张周某在2018年7月6日起诉和判决后没有要求处理案涉车辆，已丧失对该车辆的任何权利，包括质权，没有法律依据，不予支持。关于出质人救济途径及方式的选择。债务人不履行到期债务或者发生当事人约定实现质权的情形，质权人可以与出质人协议以质押财产折价，可以就拍卖、变卖质押财产所得的价款优先受偿。《物权法》第二百一十四条规定：“质权人在质权存续期间，未经出质人同意，擅自使用、处分质押财产，给出质人造成损害的，应当承担赔偿责任。”第二百二十条规定：“出质人可以请求质权人在债务履行期届满后及时行使质权；质权人不行使的，出质人可以请求人民法院拍卖、变卖质押财产。出质人请求质权人及时行使质权，因质权人怠于行使权利造成损害的，由质权人承担赔偿责任。”上述法律明确规定了质权实现的方式方法——协议折价、拍卖、变卖及质权人怠于行使质权与擅自使用、处分质押财产造成损害的责任承担方式——损害赔偿。故，若出质人因案涉质权的实现或质物的使用而产生纠纷，必须按照上述法律规定办理。但刘某要求返还质物，不符合上述法律规定的救济途径及诉求选择。

2. 本案仅就刘某的诉讼请求是否成立依法裁判，至于案涉质物尚存在其他权利负担（如抵押登记等），或在质权实现过程中产生的抵债变现处置纠纷及质押财产价款分配等问题不在本案审理范畴之内，我国法律法规并不禁止担保物的流通转让，相关利害关系人可以根据法律关于担保物权的规定，依法主张权利。刘某以案涉车辆已抵押给案外第三人，不得处分为由，主张返还，法律依据不足，不予支持。

3. 刘某主张案涉车辆已经脱审、没有缴纳交强险等返还车辆理由，法院认为，我国物权法和其他法律对机动车的交易及物权转移、交通事故责任处理都有详细的法律规定，违背该法律规定的，依照该规定处理，但此举不构成返还涉案车辆的正当理由。

至于周某主张的以物抵债、债权转移转押等事实，因不影响对本案的判决，不再理涉。出质人可依法选择其他法律途径、民事制度主张权利。当然，法院也提醒周某必须严格按照法律规定的程序、途径、方式及时行使质权，处置质押财产。若在行使质权过程及质物保管过程中造成出质人损失的，应当赔偿损失。

山东省淄博市张店区人民法院依照《中华人民共和国物权法》第二百零八条、第二百一十四条、第二百一十九条、第二百二十条，《中华人民共和国民事诉讼法》第六十四条、第一百一十九条的规定，判决如下：

驳回刘某的诉讼请求。

刘某不服一审判决，提起上诉。山东省淄博市中级人民法院经审理认为：

刘某并未清偿其对周某的债务，因此，其请求归还质押的涉案车辆于法无据，对其该项主张，不予支持。关于刘某有关因周某非法转让、使用质押的涉案车辆因而诉求周某返还该车辆的主张，该主张与本案不属于同一法律关系，一审法院未予审理并无不当，对于刘某的该项上诉主张不予支持。

山东省淄博市中级人民法院依照《中华人民共和国民事诉讼法》第一百七十条第一款第一项规定，判决如下：

驳回上诉，维持原判。

【法官后语】

本案反映的问题实质是出质人的返还原物请求权与质权人的合法占有请求权发生冲突情形下，如何保护双方的权益。对此应当认为，在出质人没有履行债务或者提前清偿债务的情形下，质权人的合法占有请求权优先于出质人的返还原物请求权，出质人要求质权人返还质物的，不符合《中华人民共和国民法典》（以下简称《民法典》）的相关规定，主要理由有：

一、动产质权系转移质物的占有而产生的担保物权，质权人享有对质物的合法占有权，可以对抗所有权人

动产质权，又称动产质押权，是一种典型的担保物权，是指债务人或者第三人将其动产交付给债权人占有，将该动产作为债务履行的担保，如果债务履行期届满，债务人不履行债务或者发生当事人约定的实现质权情形的，债权人所享有的依照法律规定以该动产折价或者以拍卖、变卖该动产的价款优先受偿的权利。《民法典》第四百二十五条规定："为担保债务的履行，债务人或者第三人将其动产出质给债权人占有的，债务人不履行到期债务或者发生当事人约定的实现质权的情形，债权人有权就该动产优先受偿。前款规定的债务人或者第三人为出质人，债权人为质权人，交付的动产为质押财产。"可见，动产质权的设立须转移质押标的物的占有，动产质权系转移质押财产的占有而产生的担保物权，质权人享有对质押财产的合法占有权。由于动产质权的标的为动产，其流动性较大，权利变动频繁，若出质人不将质物交付于质权人占有即可成立

质权，则质权人对标的物的支配无从实现[①]；质权存续期间，出质人在未清偿到期债务的情况下，无权请求质权人返还质押财产，否则会导致质权在债权未获清偿的情况下灭失。因此，尽管法律未明确规定质权具有优先于所有权的效力，但是从质权制度的功能出发，应当认为质权可以对抗所有权。

二、在出质人没有履行债务或者提前清偿债务的情形下，要求质权人返还质物，没有法律依据

质权的实现，是指债务履行期限届满债务人未履行债务，通过依法处理质押财产而使债权获得清偿。《民法典》第四百三十六条规定，“债务人履行债务或者出质人提前清偿所担保的债权的，质权人应当返还质押财产。债务人不履行到期债务或者发生当事人约定的实现质权的情形，质权人可以与出质人协议以质押财产折价，也可以就拍卖、变卖质押财产所得的价款优先受偿。质押财产折价或者变卖的，应当参照市场价格”。依据该规定，质权人行使动产质权的前提条件是债务人在债务履行期届满时未履行债务，或者发生当事人约定的实现债权的情形。在出质人没有履行债务或者提前清偿债务的情形下，要求质权人返还质物，没有法律依据。同时，质权作为担保物权系主债权的从权利，主债权消灭，从权利随之消灭。本案中，刘某主张周某在2018年7月6日起诉和判决后没有要求处理涉案车辆，已丧失对该车辆的任何权利，包括质权，没有法律依据。质权的实现，是体现质权担保功能最基本的方式，它在本质上属于质权人的权利而非义务，因此，当质权人要求债务人清偿债务时，债务人不能以质权人应当先行使质权作为抗辩，也不能强行要求以质押物清偿债务。

三、因质权的实现或质物的使用产生纠纷，出质人应当按照法律规定的救济途径行使权利，而非要求质权人返还质物

债务人不履行到期债务或者发生当事人约定实现质权的情形，质权人可以与出质人协议以质押财产折价，可以就拍卖、变卖质押财产所得的价款优先受偿。《民法典》第四百三十一条规定：“质权人在质权存续期间，未经出质人同

---

① 人民法院出版社法信编辑部编：《担保物权纠纷司法观点与办案规范》，人民法院出版社2017年版，第105~106页。

意，擅自使用、处分质押财产，造成出质人损害的，应当承担赔偿责任。"《民法典》第四百三十七条规定："出质人可以请求质权人在债务履行期限届满后及时行使质权；质权人不行使的，出质人可以请求人民法院拍卖、变卖质押财产。出质人请求质权人及时行使质权，因质权人怠于行使权利造成出质人损害的，由质权人承担赔偿责任。"上述法律明确规定了质权实现的方式方法——协议折价、拍卖、变卖及质权人怠于行使质权与擅自使用、处分质押财产造成的责任承担方式——损害赔偿。故因案涉质权的实现或质物的使用而产生纠纷，出质人必须按照上述法律规定办理。但其要求返还质物，不符合法律规定的救济途径及诉求选择。

具体到本案中，刘某系涉案车辆的所有权人，案涉车辆由周某保管占有，双方签订质押合同，应当认定涉案车辆因借贷债权，出质人刘某已经质押给周某，质押标的物（即案涉车辆）业已交付，质权成立，周某为质权人。刘某并未清偿其对周某的债务，因此，其请求归还质押的涉案车辆于法无据。本案仅就原告的诉讼请求是否成立依法裁判，至于案涉质物尚存在其他权利负担（如抵押登记等），或在质权实现过程中产生的抵债变现处置纠纷及质押财产价款分配等问题不在本案审理范畴之内，我国法律法规并不禁止担保物的流通转让，相关利害关系人可以根据《民法典》关于担保物权的规定，依法主张权利。刘某关于案涉车辆已抵押给案外第三人、已经脱审、没有缴纳交强险等返还车辆的理由，均不构成返还涉案车辆的正当理由。关于周某主张的以物抵债、债权转移转押等事实，因不影响对本案的判决，故不再理涉。

当然，虽然质权的实现是质权人的权利，他可以决定何时以何种方式实现质权，但是其在实现质权时应当符合诚信原则的要求，并不得违背相关法律的强制性规定。[①] 周某必须严格按照法律规定的程序、途径、方式及时行使质权，处置质押财产。若在行使质权及质物保管过程中造成出质人损失的，应当依法赔偿损失。

编写人：山东省淄博市张店区人民法院　徐金辉　刘晓辉

---

① 最高人民法院民法典贯彻实施工作领导小组主编：《中华人民共和国民法典物权编理解与适用（下）》，人民法院出版社2020年版，第1214~1215页。

18

房改房回购的产权归属

——董某敏诉张某民、牛某敏返还原物案

【案件基本信息】

1. 裁判书字号

北京市第二中级人民法院（2020）京 02 民终 4564 号民事判决书

2. 案由：返还原物纠纷

3. 当事人

原告（被上诉人）：董某敏

被告（上诉人）：张某民、牛某敏

第三人（上诉人）：某饭店

第三人：某集团

【基本案情】

1994 年 1 月 18 日，某饭店作为售房单位按房改售房优惠售房方式以标准价将涉案房屋出售给董某敏（时任某饭店副总经理），由石某明代董某敏向某饭店支付了房款。1994 年 9 月 2 日，原北京市房地产管理局就涉案房屋颁发房产所有证，产权人记载为“董某敏”，该产权证原件现在某饭店处。1995 年董某敏调离某饭店，1996 年董某敏将涉案房屋腾空交给某饭店后，某饭店将涉案房屋分配给其职工范某，范某又将涉案房屋交给某饭店上级单位某集团进行换房，2001 年某集团将涉案房屋分配给其职工张某民居住。目前张某民及其配偶牛某敏仍居住在涉案房屋。

2015 年 12 月 11 日，董某敏在房屋登记机关以证书遗失为由就涉案房屋办

理补证，12 月 15 日，董某敏在北京市国土资源局西城分局领取了涉案房屋不动产权证。2018 年 8 月 28 日，某饭店起诉董某敏，要求董某敏履行房屋产权登记书，将涉案房屋变更登记至某饭店名下。北京市西城区人民法院作出（2018）京 0102 民初 41269 号民事裁定书，裁定驳回某饭店的起诉。

为证明与董某敏就涉案房屋回购问题达成协议，某饭店提交的房屋产权登记证及房屋回购申请中审验意见处有“同意单位买回”字样，有北京市西城区房屋土地管理局房产交易管理所印章，日期为 1997 年 5 月 30 日。复审意见和审批意见处空白。房屋回购申请内容为：“西城房地产交易所：我店职工董某敏于一九九五年调出。原九二年所购住房由某饭店购回，请交易所办理过户手续（地址，西城区××）。”上述材料在房屋登记机关的涉案房屋档案材料中没有备案，原件由某饭店保存。

【案件焦点】

1. 本案是否属于民事诉讼的受理范围；2. 如何认定涉案房屋房改售房后的产权归属。

【法院裁判要旨】

北京市西城区人民法院经审理认为：关于本案是否属于民事诉讼的受理范围。董某敏依据《中华人民共和国物权法》以所有权人身份，要求张某民、牛某敏腾退涉案房屋，属于公民之间因财产关系提起的民事诉讼，属于民事诉讼的受理范围。关于涉案房屋的所有权归属问题：

1. 董某敏的行为能否证明其就涉案房屋回购与某饭店达成一致意思表示。双方未就涉案房屋的回购达成书面合同，房屋产权登记书中对于涉案房屋价款的给付期限、交付期限、房屋转移期限、违约责任等重要内容均未体现。考虑到一般交易习惯，房产交易双方均负有较高的审慎义务，本案中双方未对上述重要内容进行约定，不符合《中华人民共和国合同法》规定的合同的构成要件，无法认定董某敏与某饭店就涉案房屋回购达成一致的意思表示。

2. 董某敏向某饭店交付涉案房屋及所有权证书、房屋行政管理部门在房屋产权登记书上盖章的行为，是否发生涉案房屋所有权转移的效果。涉案房屋一直登记在董某敏名下，房屋行政管理部门虽在房屋产权登记书的初审意见部分盖章同意，但复审及审批意见部分均未盖章，亦未进行所有权的变更登记。且董某敏向某饭店交付涉案房屋及所有权证的行为也不影响涉案房屋所有权。

3. 张某民、牛某敏是否应当返还涉案房屋。张某民、牛某敏辩称，涉案房屋由某饭店分配给其居住。但涉案房屋的所有权并未转移给某饭店，其与董某敏之间就涉案房屋的使用也没有达成协议，因此某饭店无权将涉案房屋分配给张某民居住，董某敏有权要求张某民、牛某敏返还涉案房屋。

4. 张某民、牛某敏是否应当支付涉案房屋的使用费。董某敏未对该使用费标准举证证明，且未能举证其曾主张该使用费，又考虑到历史原因，不支持董某敏要求张某民、牛某敏支付房屋使用费的诉讼请求。

北京市西城区人民法院依照《中华人民共和国民法总则》第一百三十三条、第一百三十四条，《中华人民共和国合同法》第十二条，《中华人民共和国物权法》第九条、第三十四条、第三十九条，《最高人民法院关于适用〈中华人民共和国民事诉讼法〉的解释》第九十条之规定，判决如下：

一、自判决生效之日起三十日内，张某民、牛某敏将北京市西城区××号房屋腾空返还给董某敏；

二、驳回董某敏的其他诉讼请求。

张某民、牛某敏、某饭店不服一审判决，提起上诉。北京市第二中级人民法院同意一审法院的裁判意见，判决：

驳回上诉，维持原判。

【法官后语】

一、裁判解析

（一）证据无法证明回购条款成立

行政部门同意房屋产权变更仅代表涉案房产的“房改房”特殊房产性质可以变更所有权人，而并不能代表当事人之间回购条款的成立。且行政部门无权干涉平等民事主体之间订立合同的自由。公司内部制度规定不能认定为与当事人达成合意。对于张某民、牛某敏提供间接证据证明董某敏应当知晓“离职回购”为公司规定，首先，间接证据证明力不足。其次，员工知晓规定并不能认定为与公司达成了合意。某饭店提供了与其他员工签署的回购合同，却并未与董某敏签署，更说明双方未在此事上达成合意。民法中公司与员工为平等民事主体，且一般情况来讲公司更具有强势的地位，在此情形下双方仍未签署相关协议，不能认定双方就回购涉案房产事宜达成合意。

（二）回购事实未发生

本案所涉“回购”约定属于解除权约定的一种，所以必须在当事人达成合意后才能行使解除权。假设本案双方当事人达成了回购房产的合议，那么回购条款所产生的效果应当是一方重新获得房产所有权，另一方重新获得对应价款。但董某敏并未获得房款，由此可以证明涉案回购协议所约定的权利义务并未实际发生。

二、实际意义

房屋回购条款无法定无效情形的，一般认定该条款有效。例如在商品房买卖中，银行出借贷款时一般会在合同中约定房屋回购条款，约定购房人无力偿还贷款时，开发商作为连带责任保证人承担还款责任，并由开发商对商品房进行回购。这样的房屋回购条款同样具有约定解除权的性质，当购房人严重违约时，开发商达到回购条件且发出回购通知，房屋买卖合同解除。

而关于职工签订公有住房买卖合同或取得房屋产权证后调离、辞职、被辞退或除名情况下引起的纠纷，主要集中在单位是否有权要求收回房屋。以职工是否取得房屋产权为标准，分为职工在与单位解除劳动关系时已经取得房屋产权或未取得房屋产权两种情况。对于购房职工在与单位解除劳动关系时，已取得住房的产权证明的，应当充分保护产权人的合法权益，维护购房职工物权利益。

对于购房职工与单位解除劳动关系时，职工已经交纳了购房款并签署购房协议，但仍未拿到房产证，售房单位要求收回房屋而产生的纠纷，司法实践中有两种不同意见。一种意见认为，如果单位对所售公有住房的售房办法已经过行政部门审批，并确定该购房职工具备购房资格，那么双方签订的买卖公房合同就是合法有效的。另一种意见认为，根据现有法律规定，房屋产权转移时间以办理产权证为准。职工在没有取得产权前，和售房单位解除劳动关系，就丧失了公有住房买卖的资格，因此，公有住房买卖合同在履行中因购买方丧失应具备的主体资格而失效。笔者更倾向于后一种意见，但随着案件具体情况的不同还有可能产生不同的裁判结果。一般情况下，如果单位对职工的购房条件不仅仅是出台单位规定示明，同时以合同方式在公有房购买合同中详细约定职工的服务年限等，就会大大减少出现纠纷的可能性。

编写人：北京市西城区人民法院　方晓晨　王潇

19

"地随房走"处分原则

——某科技公司诉某仪表公司返还原物案

【案件基本信息】

1. 裁判书字号

北京市昌平区人民法院（2020）京0114民初6860号民事判决书

2. 案由：返还原物纠纷

3. 当事人

原告：某科技公司

被告：某仪表公司

【基本案情】

1999年4月，北京某发展总公司与某仪表公司签订《房地产有偿转让协议》，主要约定北京某发展总公司将其所属的原亭子庄乡政府院房地产有偿转让于某仪表公司。北京某发展总公司于2000年5月将公司名称变更登记为某科技公司。2018年8月，某科技公司以确认合同无效纠纷为由将某仪表公司诉至法院，2020年1月，某科技公司以返还原物纠纷为由诉至法院，但未按期交纳诉讼费，法院裁定按撤诉处理。7月，某科技公司再次以返还原物纠纷为由诉至法院，基于物权要求某仪表公司将位于昌平区亭子庄乡亭子庄东北侧房屋188间及院落腾空、恢复原状，予以返还。

【案件焦点】

案涉房屋作为建筑物转让后，占用范围内的建设用地使用权是否一并处分。

【法院裁判要旨】

北京市昌平区人民法院经审理认为：不动产物权的设立、变更、转让和消灭，经依法登记发生效力。建筑物、构筑物及其附属设施转让、互换、出资或者赠与的，该建筑物、构筑物及其附属设施占用范围内的建设用地使用权一并处分。关于某科技公司主张的腾空并返还涉案院落的请求，因双方《房地产有偿转让协议》明确约定了转让的“四至范围”包含院落，且案涉房屋作为建筑物转让后，占用范围内的建设用地使用权一并处分，现某科技公司主张返还院落，缺乏依据，不予支持。

北京市昌平区人民法院依照《中华人民共和国物权法》第九条、第一百四十七条，《中华人民共和国民事诉讼法》第六十四条之规定，判决如下：

驳回某科技公司的全部诉讼请求。

【法官后语】

房屋等建筑物、构筑物及其附属设施均属于地上定着物，与土地有着密切的关系，从自然属性上讲，房屋等建筑物是不可脱离土地而存在的。但从法律属性上讲，关于两者物权变动的界定，我国法律遵循“房地一体”原则。

我国是社会主义国家，实行土地的社会主义公有制，这决定了只能采取土地所有权与地上建筑物所有权的分离主义，土地所有权由国家或集体享有。为了满足相关组织和个人在公有土地上建造建筑物等需求，在制度设计上将土地所有权的部分权能分离出来设立建设用地使用权。因此，从我国创设建设用地使用权制度的初衷和目的来看，即是将其作为相关组织和个人建造及保有建筑物所有权的权源基础。这也就决定了建设用地使用权与建筑物等所有权应该实行归属一体和一并处分的规则。

建筑物、构筑物及其附着物的所有权与建设用地使用权在法律上是相互独立的，为了避免“房”“地”分属不同主体，导致纠纷产生，进而简化房地交易关系，《中华人民共和国民法典》第三百五十六条在内容上完全沿袭了原《中华人民共和国物权法》第一百四十七条规定。在处分问题上坚持“房地一体”处分原则，以保存不动产的价值，只要建筑物、构筑物或者附属设施权属发生了转让，建设用地使用权就要相应一并转让处分，不可能也不允许“房”和“地”发生分离，造成不稳定的状态，但并没有限定二者的处分方式必须一致，当事人之间基于“房地一体”原则可自由选择合适的方式。

具体到本案中，某科技公司与某仪表公司签订《房地产有偿转让协议》，约定某科技公司将案涉房屋作为建筑物转让给某仪表公司，但在建筑物权属变更后，双方并未完成建设用地使用权的转移，以至于造成“房地分离”。根据《中华人民共和国物权法》第一百四十七条规定，双方在《房地产有偿转让协议》中明确约定了转让建筑物的范围，则案涉房屋占用范围内的建设用地使用权也应一并转让。据此，本案处理中法院驳回了某科技公司主张某仪表公司返还院落的请求，坚持了建筑物所有权与建设用地使用权一体化原则，有助于保障交易促进土地资源的充分利用。

关于房地一体处分规范应理解为强制性法律条款，以此更有利于简化明确物权关系，减少纠纷产生。在审判实践中，对建设用地使用权或地上建筑物等转让、互换、赠与或出资，双方当事人在合同中约定分别处分的，应根据具体情况处理。

编写人：北京市昌平区人民法院　李国栋　安燕彬

20

借名买房的事实和效力认定

——王甲诉任某红、幸某英返还原物案

【案件基本信息】

1. 裁判书字号

湖北省钟祥市人民法院（2019）鄂0881民初2693号民事判决书

2. 案由：返还原物纠纷

3. 当事人

原告：王甲

被告：任某红、幸某英

【基本案情】

案涉302房屋系某市卫生材料厂（以下简称材料厂）的福利房，王甲系该厂的职工，2000年王甲“买断工龄”后未在该厂工作。1998年，材料厂将集体宿舍楼对本厂职工进行出售，王甲分得302房购房指标。302房屋出售后，材料厂办理了户名为王甲的房产证。王甲的前夫马某军与任某红的先夫常某斌是好朋友，302房屋从出售至今一直由任某红夫妇居住、使用，任某红夫妇对房屋进行了装修，且水费用户名变更为任某红，由其长期缴纳税费。2009年5月6日，王甲和任某红一起到报社，以王甲的名义刊登了房产证遗失公告，任某红支付了公告费300元。后302房屋被政府纳入棚户区改造项目范围内，王甲与任某红因房屋权属问题发生矛盾，引发本案之诉。

【案件焦点】

案涉302房屋是王甲出资购买还是任某红出资购买。

【法院裁判要旨】

湖北省钟祥市人民法院经审理认为：关于房屋由谁出资购买的问题。王甲的委托诉讼代理人和王甲陈述的房屋购买价格明显矛盾。王甲称不清楚具体借房事宜，是马某军与常某斌在协商。马某军称对借住期限、装修、维修事宜未作约定。但任某红陈述的借名买房细节明确具体，对房屋装修、维修的陈述合乎情理，任某红提出的有关借名买房的事实有出庭证人杜某鹤的证言印证，综合本案其他证据，任某红的陈述更符合客观事实。

王甲的委托诉讼代理人称房产证丢失与王甲称房产证一直押在材料厂的说法相互矛盾。同时，王甲及其委托诉讼代理人均不能说清楚刊登房产证遗失公告的真正目的是什么。相反，任某红称刊登房产证遗失公告的目的是过户，任某红的说法符合常理。据此，应认定刊登房产证遗失公告，是任某红在督促王甲过户。

王甲和马某军在离婚诉讼时对其他财产均进行了明确的分割，但302房屋却在民事调解书上没有任何记载，王甲和马某军称没有记载的原因是房屋赠与给了小孩。虽然不能仅凭民事调解书上没有记载302房屋就认定302房屋不是王甲和马某军购买，但民事调解书与本案其他证据相互印证，佐证王甲和马某军对302房屋并不享有实际权利。

王甲申请廉租房时称其无住房，虽然不能仅凭该申请书就认定王甲没有住房，但该申请书与本案其他证据相互印证，佐证302房屋不是王甲的住房。任某红提交的系列证据均证实其一直在302房屋居住，王甲称任某红长期在外打工，导致房屋不能及时收回，与事实不符。

关于房产证公示效力的问题。财产的实质归属不单纯地取决于公示外观，应厘清实际权利人与名义权利人的关系。首先，查明的事实足以证明302房屋实际产权人是任某红而不是王甲，房屋的产权以查明的真实权属为准，而非一律以登记为准；其次，因为王甲拒不协助办理房屋过户手续，房产证的登记权利人没有变更，责任在王甲一方。

关于借名买房是否有效的问题。根据查明的情况，本案借名买房行为不存在违反法律强制性规定、公序良俗或者规避本地限购政策的问题，本案王甲与任某红之间的借名买房行为有效。

综上，任某红提交的证据已形成证据锁链，证明302房屋系任某红借用王甲购房指标，由任某红出资购买。王甲对该房屋不享有实际权利，王甲的诉讼请求不能成立，应予驳回。

湖北省钟祥市人民法院依照《中华人民共和国物权法》第十七条的规定，判决如下：

驳回原告王甲的诉讼请求。

【法官后语】

本案真实还原了实践中“借名买房”的纷争，该类案件的实质问题为涉案房屋真实权利人的认定标准为何，立足于《中华人民共和国民法典》，应当认为不动产物权登记产生的公示公信效力，亦仅是一种推定效力，登记行为本身不产生物权，当事人有证据证明其为真正权利人时可以推翻不动产登记的推定，维护事实上的真实。

一、借名行为的效力

借名买房实际上主要涉及两个法律行为：出名人与借名人之间的借名行为，出名人与出卖人之间的房屋买卖行为。首先，借名行为不构成通谋虚伪表示。借名人与出名人双方就房屋的购买、登记、占有、使用、收益、处分等内容进行了明确约定，借名人以出名人的名义购买房屋并登记在后者名下的意思是明确的、真实的，双方就此事项达成了合意，因此，双方就借名买房行为并不存在虚假的意思表示。本案中，马某军与常某斌已经就借名买房的具体细节达成协议，是双方真实意思表示。其次，违反法律行政法规的强制性规定、公序良俗无效。实践中常见借名购买经济适用房等政策性保障住房，为规避限购、限贷等房地产调控政策而借名买房，以及除上述两种情形之外借名购买普通商品房。对于上述民事活动的评价，不能一概而论，应该结合案件实际情况作个别的、具体的判断，民事活动是否损害国家或社会公共利益。本案中涉案房屋为集体宿舍，而非经济适用房，借名买房行为既不违反法律强制性规定，也不违反公序良俗。综上，借名行为有效。

二、借名购买经济适用房的所有权归属问题

在确定借名购买经济适用房协议有效的前提下，接下来的问题是能否如协议中所约定的那样直接认定房屋所有权归实际出资人所有。对此问题，所谓“事实物权”的理论相当有力。根据该理论，应当认为实际购买人就是事实上的所有权人，登记权利人享有的是法律上的所有权，且在不涉及第三人利益的情况下，法律以保护事实物权为基本出发点，保护的基本措施是异议抗辩登记和更正登记等。司法实践中常认为，现实中存在大量不具有登记外观的事实物权（其中就包括借名购房场合下实际出资人的事实物权），在不涉及第三人利益的情形下，不动产事实物权优于登记物权，依法应支持事实物权人的确权请求。不动产物权登记产生的公示公信效力，亦仅是一种推定效力，登记行为本身不产生物权，当事人有证据证明其为真正权利人时可以推翻不动产登记的推定，维护事实上的真实。具体到本案，王甲与任某红之间存在借名购房关系，任某红也提供证据证明其系案涉房屋实际出资人及占有人，且任某红通过借名买房，将真实物权登记于王甲名下，并非为了规避法律、行政法规的强制性规定或国家、地方政府限购政策，亦不违背公序良俗，符合《最高人民法院关于适用〈中华人民共和国民法典〉物权编的解释（一）》第二条之规定，即当物权登记与实际权利状况不符时，以实际权利状况为依据认定事实的情形。

编写人：湖北省钟祥市人民法院　王凤雨

（三）排除妨害纠纷

21

排除妨害案件中的经济效益

——某纺织印染公司诉某针织公司排除妨害案

【案件基本信息】

1. 裁判书字号

江苏省无锡市中级人民法院（2020）苏02民终1717号民事判决书

2. 案由：排除妨害纠纷

3. 当事人

原告（上诉人）：某纺织印染公司

被告（被上诉人）：某针织公司

【基本案情】

2016年，甲公司进入破产重整程序。2016年10月28日，江苏省无锡市中级人民法院作出（2016）苏0282民破7号之三民事裁定书，裁定乙公司为重整计划草案中的投资人，并批准了甲公司的重整计划。后乙公司出资3000万元获得了甲公司的全部股权，获得了甲公司名下的不动产。2016年12月8日，甲公司名称变更为某纺织印染公司，并于2017年办理了不动产权证书（宗地面积41790㎡，范围包括本案争议土地）。在甲公司被裁定破产重整前，某针织公司因环保需要，以200000元价格向甲公司购买了诉争土地使用权，并投入7855300元在其上修建了围墙、污水处理池等设施，并进行了实际占有，但当时未对涉诉地块进行分割，也未进行不动产登记。现某纺织印染公司起诉某针织公司，要求归还涉诉土地使用权。

经法院委托，某测绘地理信息服务公司对诉争土地的现状进行了测绘，确认某针织公司实际占用的土地面积为776.9㎡。

【案件焦点】

1. 如何认定本案诉争土地使用权归属；2. 如所争土地使用权归某纺织印染公司享有，某针织公司是否需要拆除污水设施并返还诉争土地。

【法院裁判要旨】

江苏省宜兴市人民法院经审理认为：诉争土地使用权应属于某纺织印染公司。理由如下：某纺织印染公司是通过法院的破产重整程序依法取得本案诉争土地所有权的，其公司已经支付对价，并重新办理了不动产权证，且某纺织印染公司主观上具有善意，某纺织印染公司事前并不知晓某针织公司购买该土地的事实，某针织公司的购买行为虽然发生在某纺织印染公司购买之前，但不能对抗善意第三人某纺织印染公司，其应当为自己怠于办理变更手续承担不利后果。

某针织公司可继续使用诉争土地，但应支付相应租金，理由如下：某针织公司对于该土地进行了实际占有，并且当时某针织公司以符合市场价的对价进行了购买。某针织公司在新建污水处理设施时投入了大量资金，而且该污水处理设施是某针织公司生产经营的必要设施，拆除损失巨大，某针织公司也将停产。根据处理相邻关系的原则，法院酌情确认土地年租金为10元/㎡，某针织公司实际占有面积为776.9㎡，故每年应向某纺织印染公司支付土地租金7769元。如本案所涉土地具备返还条件时，某针织公司应将本案所涉的土地返还给某纺织印染公司。

江苏省宜兴市人民法院依据《中华人民共和国物权法》第九条、第十七条、第八十四条之规定，判决如下：

一、登记在某纺织印染公司名下的国有建设用地使用权中被某针织公司占有的 776.9㎡土地的使用权归某纺织印染公司享有；

二、某针织公司自 2019 年 1 月 1 日起每年向某纺织印染公司支付土地租金 7769 元，上述款项于每年的 12 月 31 日前一次性支付；

三、驳回某纺织印染公司的其他诉讼请求。

某纺织印染公司不服一审判决，提起上诉。江苏省无锡市中级人民法院经审理认为：一审认定事实清楚，但适用法律不当，未明确某针织公司使用该土地的期限。

江苏省无锡市中级人民法院依照《中华人民共和国物权法》第二十八条、第三十三条、第三十九条，《中华人民共和国民事诉讼法》第一百七十条第一款第二项的规定，判决如下：

一、维持一审民事判决第一项；

二、撤销一审民事判决第二项、第三项；

三、某针织公司自 2017 年 1 月 1 日起按每年 7769 元的标准向某纺织印染公司支付土地使用费，某针织公司使用诉争土地的期限至 2031 年 3 月 11 日截止。其中 2017 年至 2020 年的土地使用费 31076 元，某针织公司应于本判决发生法律效力之日起十日内向某纺织印染公司支付；自 2021 年起的土地使用费，某针织公司于当年的 1 月 10 日前支付给某纺织印染公司。

【法官后语】

本案需要解决的核心问题是如何在保障排除妨害请求权人利益的基础上减少被请求人的损失。在排除妨害案件中法官应结合具体案情，同时考量裁判结果的经济效益，行使裁量权，妥善处理纠纷。

原《中华人民共和国物权法》（以下简称《物权法》）第九条规定，不动产物权的设立、变更、转让和消灭，经依法登记，发生效力；未经登记，不发生效力，但法律另有规定的除外。《中华人民共和国民法典》（以下简称《民法典》）第二百零九条继承了《物权法》第九条规定，确定了物权需经登记产生对外效力。在本案中某针织公司虽在甲公司破产前与其签订合同，受让取得涉案地块的使用权，但是没有进行物权登记，对涉案地块不享有使用权。某纺织印染公司通过拍卖取得了涉案土地，并办理了物权登记，取得涉案土地使用权。

同时《物权法》第八十四条规定，不动产的相邻权利人应当按照有利生产、方便生活、公平合理的原则，正确处理相邻关系。《民法典》第二百八十八条继承了《物权法》关于相邻关系处理原则的规定。该法条的立法宗旨是尽可能确保相邻的不动产权利人之间的和睦关系，解决相邻的两个或者多个不动产所有人或使用人因行使权利而发生的冲突，维护不动产相邻各方利益的平衡。

在实践中，因为地理环境或者历史等因素的影响，相邻的建筑物之间往往呈现一种你中有我，我中有你的状态，有的时候甚至是犬牙交错，如果当事人不能适当容忍相邻权人行权带来的不利影响，势必会引发邻里矛盾，影响社会稳定，阻碍经济发展。法院判决可定分止争，但问题真正解决往往在执行阶段，如果法院机械地运用带有强制性的法律规则处理相关问题，即使是判决明确的情况下，也将会带来执行困难，处理不慎，会进一步激化矛盾，甚至造成极端事件。妥善解决纠纷需要法院灵活运用法律规则与法律原则，平衡各方的合理诉求。

排除妨害请求权是物权请求权的一种，是指当物权的享有和行使受到妨害时，物权人对妨害人享有请求其排除妨害，使自己的权利恢复圆满状态的权利。相邻人享有一定权利的同时还需承担一定程度的容忍义务。排除妨害与相邻关系人的容忍义务两者之间往往是矛盾的，法官在裁判此类案件时，最重要的一个原则就是利益衡量原则，利益衡量原则实质是比例原则的一个具体体现，比例原则是用来衡量相互冲突的利益的原则。在各方利益发生冲突的情况下，需要权衡各方的利益，考虑优先保护哪一种利益。在无明确规定时，法官需要时刻考量双方因此造成的损失大小，应该尽量采取两害相权取其轻标准作出判断。

当然，作为承担容忍义务的物权所有人，自身权利行使必然受限，同时牺牲部分利益，因此容忍义务人取得相应的补偿请求权，排除妨害请求权人应当适当弥补容忍义务人的损失，从而产生容忍义务与补偿请求权对应的局面。同时，在相邻人的权利扩张超出容忍义务的合理限度时，对此给权利人造成的损失，权利人也有权要求赔偿。

本案中某针织公司因为特殊原因侵占了某纺织印染公司的土地使用权，并且在其上修建了价格不菲的污水处理设施，如果进行拆除，必然会带来极大的浪费，某针织公司原本沉淀在设备中的资本就会付诸东流，同时对某针织公司的生产经营也会造成巨大影响，有违立法初衷。但某针织公司的行为不可避免地会造成某纺织印染公司的损失，使其本应享有的土地使用权不能得到完全的实现，在这种情况下应当进行适当赔偿，以平衡双方的利益损失。本案一审中，承办法官参考本地租金判令某针织公司向某纺织印染公司支付相应的租金，二审中更是对租赁时限进行确定，进一步维护了某纺织印染公司的合法利益。

处理邻里关系的原则，不仅是人们在生产、生活中处理相邻关系应遵从的原则，也是法官审理相邻关系纠纷案件应遵从的原则。特别是在相邻关系的某些类型缺乏明确规定的情况下，需要法官本着经济、善意、和谐等处理邻里关系的一般原则评判是非。

编写人：江苏省宜兴市人民法院　杨立波　钱文卿

22

相邻权人无权因自己的额外需求而要求相邻人排除妨害

——冷某英诉某投资公司排除妨害案

【案件基本信息】

1. 裁判书字号

北京市第二中级人民法院（2020）京02民终8906号民事判决书

2. 案由：排除妨害纠纷

3. 当事人

原告（上诉人）：冷某英

被告（被上诉人）：某投资公司

第三人（被上诉人）：某建筑公司、冯某文

【基本案情】

案涉房屋 402 室是冷某英的产权房。涉案房屋在原设计施工时，有厨房和卫生间设施位置。某投资公司系该楼宇公租房屋的产权单位，第三人冯某文与他人合租 502 室。

2018 年，某投资公司根据市政府要求，欲对涉案房屋所在楼宇进行抗震节能改造（在外墙增加一个封闭阳台，以保暖节能）。楼宇的同户型卫生间原设计为上排水。改造时，该楼宇住户均希望将卫生间统一设计在新增阳台位置并改造为下排水方式。第三人某建筑公司作为实际施工方，根据住户要求，将卫生间移至新增加的封闭阳台位置，冷某英在某建筑公司提供的图纸上签字确认同意移动卫生间。

2018 年底，工程经建委验收合格。冷某英验收后认可工程合格，同意搬回。502 室在新增封闭阳台东、西位置新建了两个卫生间。冷某英欲将新增阳台西侧作为厨房使用，认为 502 室相应位置的排污管道对其造成影响，故诉至法院，请求判令某投资公司与某建筑公司拆除相应排污管道。

【案件焦点】

1. 某投资公司及某建筑公司的建设行为是否合法；2. 502 室房屋内新建阳台西侧卫生间的排污管道，是否对冷某荣造成了法律意义上的妨害。

【法院裁判要旨】

北京市西城区人民法院经审理认为：合法的民事权益受法律保护。不动产的相邻权利人应当按照有利生产、方便生活、团结互助、公平合理的原则，正确处理相邻关系。

冷某英提供的产权证面积范围，并不包括抗震节能综合改造的新增阳台面积。因此，涉案房屋新增阳台部分，冷某英并不享有所有权。现有改造征得了冷某英同意。经勘验，涉案房屋所在楼宇与冷某英同户型卫生间改造，均统一设计施工为下排水方式。这种排水方式，楼下必然出现排污下水管线，该管线并不影响冷某英在使用涉案房屋时的通行、通风及采光。冷某英的涉案房屋原本设计有厨房位置，现冷某英欲用新增阳台位置作厨房，系冷某英的自主选择，冷某英无权因自己的额外需求要求他人排除妨害。

北京市西城区人民法院依照《中华人民共和国民法通则》第五条、《中华人民共和国物权法》第八十四条之规定，判决如下：

驳回冷某英的诉讼请求。

冷某英不服一审判决，提起上诉。北京市第二中级人民法院同意一审法院的裁判意见，判决驳回上诉，维持原判。

【法官后语】

本案的实质问题是处理相邻纠纷案件时应遵循原则的理解与适用，依据《中华人民共和国民法典》第二百八十八条规定，处理相邻关系应遵循有利生产原则、方便生活原则、团结互助原则、公平合理原则，妥善处理相邻关系。法律设立不动产相邻关系的目的是尽可能确保相邻不动产权利人之间的和睦关系，解决相邻不动产所有人或使用人因行使权利而发生的冲突，维护不动产相邻各方利益的平衡。因此相邻权人无权因自己额外需求而要求相邻人排除妨害，理由如下：

相邻关系不是一种独立的权利类型，而是基于不动产所有权或者使用权产生，相邻关系的本质是相邻不动产权利人行使其权利的延伸或限制，给对方提供必要便利的不动产权利人是权利受到限制的一方，这种延伸是行使所有权和使用权所必需的。在现实生活中行使相邻不动产所有权或者使用权必然会有所冲突，所以彼此之间要有必要的限制和便利。因此在司法实践中，把握处理相邻关系四项原则应注重以下方面：

1. 有利生产原则要求，顾全大局，切忌因小失大；既化解矛盾，又将生产的影响降到最低；尽量减少生产给相邻权利人的利益造成妨碍和损害。

2. 方便生活原则要求，坚持以人为本，尊重便利性，尤先保护生存权；合理限制或延伸权利，方便相邻权利人的生活，不得把一方的方便建立在相邻权利人的不便之上。

3. 团结互助原则要求，坚持与邻为善，互利共赢，反对损人利己，以邻为壑；提倡换位思考，力所能及帮助相邻关系人；忍让、克制，即使出现矛盾也要采取妥善办法处理。

4. 公平合理原则要求，坚持权利义务平等；行使权利保持合理限度；尊重历史形成的客观状况和先后顺序；避免或者排除不法妨害，合理赔偿损失。

实践中要从这些原则出发，判断各自权利界限，如果造成损失，应当根据补救原则，及时以停止侵害、排除妨害、赔偿损失等方式恢复受到损害的权利。具体到本案中，涉案楼宇经过改造，新增了阳台面积，并得到全体同户型住户同意将卫生间移至新增阳台并做下排水设计，使上述住户获得产权范围外的权益，实属多赢的局面。冷某英选择新增阳台作厨房，但该位置上部为上层卫生间下水管道，确实会在卫生方面及使用者心理方面，影响厨房使用。但是，要求拆除楼上排污管道，势必要对贯穿全楼层的排污管道进行整体拆除、移动，工作量必定巨大，会严重违反处理相邻关系四项原则。新增阳台和卫生间移动是原告同意的，享受便利和明显受益的情况下，必须承担相应的义务即维持现状不做建筑构造上的更改。冷某英不能因自己超出设计使用范围选择的厨房场地出现认识上的障碍或心理上的不适，而要求他人排除妨害，即行为人无权因自己的额外需求而要求他人排除妨害。

编写人：北京市西城区人民法院　王德海　田茂盛

23

享有居住权的一方在居住期间严重妨害房屋的其他人正常使用房屋的，利害关系人有权请求排除妨害

——王某民诉贺某宏排除妨害案

【案件基本信息】

1. 裁判书字号

陕西省合阳县人民法院（2020）陕0524民初510号民事判决书

2. 案由：排除妨害纠纷

3. 当事人

原告：王某民

被告：贺某宏

【基本案情】

1995年至1997年，王某民与王某茂夫妇将位于合阳县百良镇的涉案宅基地内房屋拆旧建新。2000年8月16日，王某民之子王某与贺某宏结婚后与王某民夫妻二人共同居住在该宅院内。后贺某宏因与王某感情不和，时常迁怒于王某之母王某民，使其正常生活受到严重影响。2018年9月26日，王某民向法院申请人身安全保护令。9月28日，陕西省合阳县人民法院依法作出（2018）陕0524民保令2号民事裁定书，禁止贺某宏骚扰、跟踪、接触王某民。2018年7月13日，王某向法院提起离婚之诉，同年12月12日法院作出（2018）陕0524民初1517号民事判决书，判决内容为：（1）王某和贺某宏离婚；（2）婚生女儿王甲由贺某宏抚养；（3）贺某宏暂时居住在涉案住宅内。贺某宏不服提起上诉，陕西省渭南市中级人民法院于2019年5月13日判决维持

原判。一审判决离婚后，贺某宏居住在涉案住宅内。为避免矛盾冲突，王某民居住在其胞弟家中至今。2019年4月16日，贺某宏因琐事寻找王某时，与王某现任女友李某丽发生争执并撕扯。王某赶到后对贺某宏实施殴打，致贺某宏面部受伤。后王某因故意伤害罪被判处有期徒刑七个月。现王某民诉至法院请求判决贺某宏迁出涉案住宅。因贺某宏时常外出，宅院大门紧锁，经电话等方式传唤后拒不到庭，法院依法向其公告送达了起诉状副本、应诉通知书、开庭传票等法律文书并依法缺席进行了审理。

【案件焦点】

王某民要求贺某宏迁出合阳县百良镇百东村三槐巷××号住宅的诉讼请求是否成立。

【法院裁判要旨】

陕西省合阳县人民法院经审理认为：《中华人民共和国物权法》第三十五条规定，妨害物权或者可能妨害物权的，权利人可以请求排除妨害或者消除危险。第三十九条规定，所有权人对自己的不动产或者动产，依法享有占有、使用、收益和处分的权利。王某民作为合阳县百良镇百东村三槐巷××号住宅所有人，依法享有使用和处分的权利。1993年11月3日实施的《最高人民法院关于人民法院审理离婚案件处理财产分割问题的若干具体意见》第十四条规定，“婚姻存续期间居住的房屋属于一方所有，另一方以离婚后无房居住为由，要求暂住的，经查实可据情予以支持，但一般不超过两年”。贺某宏与王某离婚后，因贺某宏与其女儿王甲无房居住，法院判决其母女二人暂时居住在涉案住宅内，符合法律规定。但在暂住期间，贺某宏经常迁怒于王某民，导致王某民无法与其共同居住，只得借住他处。王某因殴打贺某宏获刑，加之贺某宏已暂住近2年。综上所述，贺某宏已经不宜与王某民及王某同住一处，王某民请求终止贺某宏对涉案宅屋的暂时居住权，合情合理合法，故对王某民诉讼请求依法予以支持。

陕西省合阳县人民法院依照《中华人民共和国物权法》第三十五条、第三十九条，《最高人民法院关于人民法院审理离婚案件处理财产分割问题的若干具体意见》第十四条之规定，判决如下：

贺某宏于本判决生效后十日内腾出并搬离涉案住宅。

【法官后语】

一、关于居住权的设立

《中华人民共和国民法典》第三百六十七条及第三百七十一条分别规定了通过书面合同及订立遗嘱两种形式设立居住权。实践中，居住权可通过以下几种方式设立：(1) 签订合同。当事人双方订立居住权合同，并到登记机构申请登记后，居住权自登记时设立。(2) 订立遗嘱。房屋所有权人可以通过遗嘱的方式为他人设立居住权，包含遗嘱继承和遗赠。(3) 法院判决。因人民法院的法律文书导致物权设立、变更、转让或者消灭的，自法律文书生效时发生法律效力。新成员加入家庭入住家庭成员房屋，是婚姻家庭关系的应有之义和现实需求。当双方就此产生争议时，非房屋所有权人的居住权应依据法律规定直接取得或由法院判决加以确认。具体到本案中，贺某宏与王某离婚后，其不再享有王某家庭成员资格，理应搬出王某之母所有的房屋，但因贺某宏无房居住，且女儿王甲尚未成年，为了保障其正常生活，法院判决贺某宏可以暂时居住在王某民（王某母亲）所建造的房屋内，由此为贺某宏设立居住权。该案在判决时，我国法律还未设立居住权制度，法官根据当事一方的实际状况，通过判决设立居住权以解决女方的居住困难，使该案纠纷得到妥善解决，取得了较好的社会效果。

二、关于居住权的消灭

按照《中华人民共和国民法典》第三百七十条规定，居住权期限届满或者居住权人死亡的，居住权消灭。居住权消灭的，应当及时办理注销登记。从法条中看出居住权消灭包括以下几种情形：(1) 居住权期限届满；(2) 居住权人死亡；(3) 其他原因。具体到本案中，享有居住权的权利人在居住权届满或者严重妨害其他享有居住权人的权益时，人民法院可在查明案情后，终止其居住权，判令其搬离设立居住权的房屋。贺某宏在与王某离婚后，暂住于王某之母所有房屋期间，因其与王某之间的矛盾尖锐且时常迁怒于王某民，致使王某民无法正常生活。2001年12月27日起施行《最高人民法院关于适用〈中华人民共和国婚姻法〉若干问题的解释（一）》第二十七条第三款规定，“离婚时，一方以个人财产中的住房对生活困难者进行帮助的形式，可以是房屋的居住权或者房屋的所有权”。1993年11月3日实施的《最高人民法院关于人民法院审理离婚案件处理财产分割问题的若干具体意见》第十四条规定，“婚姻存续期间居住的房屋属于一方所有，另一方以离婚后无房居住为由，要求暂住的，经查实可据情予以支持，但一般不超过两年”。现贺某宏与其女儿王甲居住在王某民所建房屋已近2年，王某民作为房屋所有权人要求贺某宏迁出，合情合理合法，故对王某民诉讼请求依法予以支持。

近年来，随着离婚率持续攀升，如何保障离婚妇女的居住权成为无法回避的问题，《中华人民共和国民法典》中设定具有扶助、关怀性质的居住权制度，有效兼顾商品房购买的稳定性和房屋租赁的灵活性，有利于克服传统二元化房屋供应体系的弊端，为今后相关案件的审理提供了法律依据。从《中华人民共和国民法典》第三百六十六条至第三百七十一条这6个条文规定来看，我国的居住权作为新类型的用益物权，既沿袭为达到赡养、抚养或扶养目的的传统法律制度基础，体现了家庭成员间互助的性质，又拓展到社会整体低收入群体的住房保障，还凸显了房屋价值利用多元化的功能，具有鲜明的时代特征。

编写人：陕西省合阳县人民法院　梁永平　郝晶

24

占有保护制度并不审查占有是否存在本权

——李某弟诉某娱乐公司排除妨害案

【案件基本信息】

1. 裁判书字号

北京市昌平区人民法院（2019）京 0114 民初 13349 号民事判决书

2. 案由：排除妨害纠纷

3. 当事人

原告：李某弟

被告：某娱乐公司

【基本案情】

2010 年 11 月底，李某弟从于某处承租了位于昌平区十三陵镇涧头村南小区的院落及房屋、设备、设施。合同到期后，于某与李某弟又签订了一份新租赁协议。某娱乐公司称于某为其公司法定代表人，认可其签订租赁协议系职务行为。新租赁协议到期后双方未办理涉案院落及房屋、设备、设施的交接手续，仍然由李某弟占有使用。其间，李某弟与某娱乐公司未再续签协议，也未再正常交纳租金。2016 年底，原出租人宋某亮通知李某弟应与其签订租赁合同，否则无法再使用上述院落及房屋，李某弟将该情况反馈给某娱乐公司后，某娱乐公司未解决与宋某亮之间的纠纷。2017 年 8 月 25 日，李某弟与宋某亮签订一份《房屋租赁合同》，并通知了于某，之后将所租赁的上述院落内的房屋分租给其他租户。2018 年 11 月和 2019 年 3 月 7 日，某娱乐公司先后两次强行侵占房屋，并于 2019 年 3 月 7 日将上述院落中第一排东数第二间和第三间房屋收回。李某弟认为，其与作为涉案院落的合法管理者签订了租赁协议，权益和财产应当受到法律的保护，故以某娱乐公司侵权为由诉至法院，主张某娱乐公司返还上述两间房屋、不得阻止其收取上述院落内房屋租金并赔偿相关损失。

【案件焦点】

1. 李某弟是否为涉案院落内房屋的占有人；2. 某娱乐公司是否对李某弟占有的房屋实施了侵占行为；3. 若某娱乐公司对李某弟占有的房屋实施了侵占行为，是否应承担相应的法律责任。

【法院裁判要旨】

北京市昌平区人民法院经审理认为：占有保护制度旨在维持或者恢复占有的事实状态，而不论占有人是否存在本权或者基于何种本权形成占有，占有本身并不一定反映产权关系，占有制度所保护的也仅仅是占有的事实状态，而非通过确认、保护占有而对占有物进行权属判断。虽然李某弟和某娱乐公司关于租赁协议所涉及的标的物范围存有争议，但双方均承认李某弟的占有事实，应当认定李某弟为实际占有人。故某娱乐公司将院落内东数第三间房屋收回的行为，导致原占有人李某弟丧失对该间房屋的占有，构成侵占，李某弟作为原占有人有权要求某娱乐公司返还原物；某娱乐公司妨害李某弟收取涉案院落内其他房屋租户租金的行为，妨害了占有人李某弟管理占有物并获得相应的占有利益，使得李某弟对占有物事实上的控制与支配不能完全实现，构成对李某弟实施占有的妨害，李某弟作为占有人有权要求某娱乐公司排除妨害。

但由于李某弟主张返还的房屋已不存在，丧失了返还原物的现实基础和妨害行为持续存在的前提，故对李某弟主张返还原物及排除妨害的诉讼请求，法院不予支持。具体的损失金额李某弟也未提供相应的证据予以证明，亦不宜判决支持该部分损失。

北京市昌平区人民法院依照《中华人民共和国物权法》第二百四十五条及《中华人民共和国民事诉讼法》第一百五十二条之规定，判决如下：

驳回李某弟的全部诉讼请求。

【法官后语】

本案反映的问题实质是占有保护主体资格认定问题。依据《中华人民共和民法典》（以下简称《民法典》）第四百六十二条规定[①]，“占有人有权请求返还原物……占有人有权依法请求损害赔偿”。对此应当认为，占有保护的主体为原占有人，但并不要求是本权人，主要理由有：

一、占有保护请求权旨在维护和平秩序、禁止私力救济以及维护占有本权的作用

占有保护请求的运作机理是不问占有背后有无本权存在，直接对占有事实提供法律保护，意在回复或维持占有的事实状态，进而维护物上的社会和平秩序。占有保护仅和事实上的物之支配相联系，在于维护法律秩序，与占有人是否有权占有无关。《民法典》第四百六十二条体现了设立占有制度的目的及占有保护的事实，而不是权利，体现了占有保护不问权源的原则。[②]

实践中，由于当事人对占有制度的宗旨理解不清，易发生妨害占有的行为，引起占有人提起排除妨害之诉。法院仅审查原占有人占有的事实状态，即不会审查原占有人是基于何种权利维持其占有的事实状态，妨害占有人常以其为占有物的权利人进行抗辩，但是该抗辩并非此类案件的审查重点，因此无法得到支持。

二、请求权的主体应为原占有人

原占有人是指侵占发生前对物享有事实上管领力的占有人。无论原占有人是有权占有还是无权占有，占有人系善意还是恶意，均享有占有物返还请求权，即使对物享有本权，也不能行使此项请求权。

本案中，李某弟为涉案房屋原占有人，即有权申请占有保护，不论其占有的权源为何。

---

① 本条沿袭了《中华人民共和国物权法》第二百四十五条，条文内容一致。

② 最高人民法院物权法研究小组编著：《〈中华人民共和国物权法〉条文理解与适用》，人民法院出版社2007年版，第711页。

三、本权人有合理维权途径

权利人的抗辩在占有制度下得不到支持并非切断了权利人维护权利的途径，相反，为权利人指明了维护权利的方向。即权利人可根据其自身的本权提起相关诉讼或者根据双方之间的法律关系另案提起诉讼以维护自己的权利。

本案裁判结果，既体现了占有制度保护的宗旨，又为当事人维护自身权利指明了合法途径，而非通过本权抗辩为自身侵害占有寻找法律上的依据。

编写人：北京市昌平区人民法院　张传京

（四）财产损害赔偿纠纷

25

业主与物业公司均应对室内公共管道尽到维护义务

——苗某诉张某娟、某能源科技公司财产损害赔偿案

【案件基本信息】

1. 裁判书字号

北京市第一中级人民法院（2020）京 01 民终 6304 号民事判决书

2. 案由：财产损害赔偿纠纷

3. 当事人

原告（被上诉人）：苗某

被告（上诉人）：张某娟、某能源科技公司

【基本案情】

涉案房屋登记在苗某和王某梅名下并由其共同居住使用。张某娟为涉案房

屋楼上房屋业主。某能源科技公司为涉案小区供暖服务提供商。2018 年 11 月 15 日，苗某所居住涉案房屋房顶出现洇水，某能源科技公司入户检修后发现系楼上积水导致涉案房屋漏水。经联系，张某娟于当日返回。某能源科技公司现场认定张某娟家暖气穿墙立管破裂导致漏水，要求拆除该立管，张某娟未同意，后离开现场，导致漏水状况持续至第二天。某能源科技公司当日对涉案房屋区域进行了停暖处理，后更改管线绕过张某娟家后恢复全楼供暖。后经张某娟申请，某能源科技公司对张某娟家房屋内暖气管道进行了开凿维修，切割取出穿墙立管，更换新的管道。某能源科技公司试水后又发现张某娟家二层散热片下方有漏水孔。张某娟主张该漏水孔系某能源科技公司安装过程中造成，并不是此次漏水的原因。经法庭当庭询问和双方陈述，三方均认可漏水原因仅有可能是张某娟家一层与二层之间的穿墙立管漏水或二层散热片漏水，不存在其他漏水原因。

【案件焦点】

1. 如何界定业主自用设施和公用设施之间的界限；2. 业主家内部公用设施的维护义务应由谁承担。

【法院裁判要旨】

北京市昌平区人民法院经审理认为：在无法进行鉴定的前提下，法院依据现有证据和双方陈述，认为在不存在其他漏水原因情况下，张某娟家内一层与二层之间的暖气穿墙立管漏水和二层散热片漏水均无法排除合理怀疑，故依法认定一层与二层之间的暖气穿墙立管漏水和二层散热片漏水均为张某娟家漏水原因。区分共用供暖设备和自用供暖设备，应当主要考虑其使用功能上的作用。穿墙立管虽安装在张某娟室内，但从其功能上分析，穿墙立管应当是为了连通和保障全楼的供暖设备，应属于全楼供暖主管道的一部分，因该管道维修会导致全楼该组供暖设备停暖，故张某娟家一层与二层之间暖气穿墙立管应为共用供暖设备。某能源科技公司为该小区供暖公司，故应由其负责共用供暖设备的更换和维护，某能源科技公司未定期巡查发现隐患并设法排除。现共用供暖设备即穿墙立管漏水，造成苗某家大面积洇水，对苗某的损失应由某能源科技公司按照其过错程度承担赔偿责任。张某娟并未积极妥善协助某能源科技公司在事发第一时间对穿墙立管进行维护维修，导致房屋漏水严重致使楼下业主房屋内设施大面积受损，故张某娟应对损失扩大部分承担赔偿责任。最后，张某娟家一层与二层之间的暖气穿墙立管因装修被石膏板包裹，客观上造成某能源科技公司定期检查和维护的困难，且某能源科技公司在事发第一时间进行了抢修，故应当降低某能源科技公司的赔偿比例。法院认定，苗某因漏水导致的各项损失，应由张某娟承担80%的赔偿责任，由某能源科技公司承担20%的赔偿责任。

北京市昌平区人民法院依照《中华人民共和国侵权责任法》第六条、《中华人民共和国民事诉讼法》第六十四条第一款之规定，作出如下判决：

一、张某娟赔偿苗某各项损失共计72311.84元，于本判决生效后七日内付清；

二、某能源科技公司赔偿苗某各项损失共计18077.96元，于本判决生效后七日内付清；

三、驳回苗某的其他诉讼请求。

张某娟、某能源科技公司不服一审判决，提出上诉。北京市第一中级人民法院同意一审法院的裁判意见，判决：

驳回上诉，维持原判。

【法官后语】

新型小区公寓楼有很多是复式结构，一般分为上下两层，各种管道包括供暖管道、上下水管道、供气管道和烟道等需穿过二层楼板。但对于穿过业主家内部的该部分设施归属应当如何认定以及维修责任由谁负担，均没有明确的法律规定。现就该部分设施的认定和维护作以下分析：

一、自用设施和共用设施的区别

业主家自用设施一般指管道入户后户分表以内电器及管线（包括户分电表）、分户水表及电表前一闸阀或开关算起、卫生器具和相关的下水管道。以北京为例，目前大部分业主家并不具备分户供暖表，供暖收费大部分仍然按照面积收费。所以不能简单地以“位置区分说”来定义穿墙立管的归属，即因为穿墙立管位于业主家室内，所以穿墙立管应当属于业主自用设施。笔者认为应当采用“功能区分说”，即该设施是否具有构造上的独立性，是否具有利用上的独立性。比如，该设施的开启和停用其他业主是否受到影响，若有影响，那么影响范围的广度决定了共有人群。如果单元楼均受影响即属于单元共用设施。本案中的穿墙立管是整栋楼的供暖回水管道，它的漏水修复过程导致了整个单元一侧房屋均不能进行供暖，且物业公司为了快速恢复供暖直接采取了在涉案房屋楼下新建回水管道的做法，显然该供暖设施属于多家业主共有，不具有利用上的独立性，则该穿墙立管应属于该单元的共用设施。

自用设施的维修和维护责任和费用应由业主自行负责和承担，共有设施的维修和维护责任和费用应由全体小区业主共同负责和承担，由于物业公司是接受全体业主委托的小区共有设施的实际管理人，那么物业公司理应对该供暖设施具有维修和维护义务。

二、业主家内部的共用设施的使用和维护应当如何进行

《中华人民共和国民法典》第二百七十二条和第二百七十三条分别规定了区分所有建筑物专有部分管理和共有部分管理的义务。上述两条款存在明显差别，业主对自用设施享有占有、使用、收益和处分的权利，所以业主可以对自用设施直接更换。业主不仅对共有部分享有权利，还负有相应的注意义务和履行义务，同时业主不得以放弃权利为由，拒不履行义务。实践中，业主为了室内美观，常会对供暖、供水和供气管道进行包管处理，或者用石膏板吊顶遮挡，具有装饰效果，但是对于管道的维修维护而言，极大影响了后期的检查和更换。笔者认为，业主家内部的共用设施需要业主和物业公司承担共同的维修和维护义务。物业公司需要定期上门巡查并提供合理化建议，尽到监督和检查的义务；业主应当对管道预留检查口，方便物业公司和其自身查看管道，尽到合理的保管义务。

编写人：北京市昌平区人民法院　李戌环　赵财华

26

共有设施各业主在无法确认具体责任人时应集体补偿受害者

——高某诉郑某等财产损害赔偿案

【案件基本信息】

1. 裁判书字号

北京市顺义区人民法院（2019）京 0113 民初 2514 号民事判决书

2. 案由：财产损害赔偿纠纷

3. 当事人

原告：高某

被告：郑某、苏某帆、刘某森、王甲、王乙、康某、乔某、周某、解某元

【基本案情】

高某系北京市顺义区某小区×号楼×单元 9 楼房屋业主。郑某、乔某和周某、康某、苏某帆、王乙、解某元、王甲、刘某森分别是该楼栋 10 楼至 17 楼的业主。2017 年 7 月 12 日早晨，高某及其家人发现涉诉 902 室房屋被楼上流下来的水浸泡，便联系物业公司。后物业公司联系上述 1002 室的郑某，并到郑某家中查看，发现系郑某家卫生间地漏反水所致，经疏通后，物业公司人员离开。当日中午，高某家卫生间地漏又再次反水，联系物业公司再次查看疏通，物业公司人员通过工具疏通自该卫生间污水主管道中取出堵塞物，为类似化纤棉的一块物品，后卫生间地漏不再反水，恢复正常。高某房屋的次卧的墙体、天花板、过道的天花板、次卧的地板、一个酒柜、一个家具柜等被泡。因此事一直未解决，高某于 2019 年将郑某诉至法院请求赔偿其装修及家具损失共计 20000 元。审理中，法院依法追加了乔某等 11 楼以上的业主为本案被告。经法院向高

某释明需明确赔偿主体，高某表示其只要求郑某个人赔偿，不要求其他被告赔偿，愿意就此承担诉讼风险。

【案件焦点】

共有设施各业主都不能证明涉案下水管道由谁堵塞的情况下如何认定责任的承担。

【法院裁判要旨】

北京市顺义区人民法院经审理认为：涉诉10楼房屋卫生间地漏反水导致9楼房屋被水泡，而卫生间地漏反水系污水主管道被堵所致，事发当日疏通后排水管道恢复正常，此后未再发生堵塞，该污水主管道系9楼房屋楼上10层至17层业主共同使用，现10楼至17楼的业主均否认堵塞物与自己有关，且部分业主主张系开发商和物业公司的责任，但均缺乏充足的证据证明和相关依据，故法院参照物件损害责任承担责任的原则，确认可能导致该侵权行为的使用人即郑某、乔某、周某、康某、苏某帆、王乙、解某元、王甲、刘某森就高某的损失应当给予补偿，具体金额根据高某家实际受损情况以及修复的相关市场价格酌情确定。因高某明确表示只要求郑某个人赔偿，放弃要求其他被告承担赔偿责任，对此法院不持异议，并判定郑某在其应当承担责任的范围内给予高某相应的补偿，对于高某请求的合理部分予以支持，超出部分不予支持。

北京市顺义区人民法院依照《中华人民共和国侵权责任法》第十五条、《中华人民共和国民事诉讼法》第一百四十四条之规定，判决如下：

一、郑某给付高某补偿款1250元，于本判决生效之日起七日内执行；

二、驳回高某的其他诉讼请求。

【法官后语】

本案系上下楼住户之间因下水管道堵塞反水导致的财产损害赔偿纠纷，该类案件的核心问题在于，当不能证明涉案下水管道由谁堵塞时，损害赔偿由谁承担。分析如下：

一、相邻关系人保障公共设施正常使用的共同维护义务

相邻关系是指相邻不动产的所有人，在行使不动产的权利时，相互之间应当给予必要的便利或者必要的限制所产生的权利义务关系。相邻关系并非一种独立的权利形态，它实际上是相邻不动产的所有权人或使用权人在使用其不动产的过程中产生的一种所有权和使用权的延伸与限制，是一种法定权益。高某与被告分别系同楼9楼至17楼房屋所有权人，彼此不动产相互毗邻且房屋权属关系明确，应认定为符合相邻关系的构成条件。相邻各方，应当按照有利生产、方便生活、团结互助、公平合理的精神，正确处理截水、排水、通行、通风、采光等问题。对于共有部分，相邻各方共同使用人应当共同维护公共设施，保证公共设施的正常使用。

二、无法确认具体责任人由可能造成损害的责任人均摊补偿费用

《中华人民共和国民法典》（以下简称《民法典》）第一千一百八十六条中的“依照法律的规定”表明，该条是一个指引性条文，即只有在与其他法条相结合的情况下，才能发挥规范功能。现行法律中只有《民法典》第一千一百九十条第一款规定的“完全民事行为能力人对自己的行为暂时没有意识或者失去控制造成他人损害有过错的，应当承担侵权责任；没有过错的，根据行为人的经济状况对受害人适当补偿”以及《民法典》第一千二百五十四条第一款规定的高空抛（坠）物造成他人损害的，“经调查难以确定具体侵权人的，除能够证明自己不是侵权人的外，由可能加害的建筑物使用人给予补偿”。两种情形直接涉及“公平责任”。本案与《民法典》第一千二百五十四条第一款规定情形极其相似，但由于其并非法律明确规定的情形，因此不能准用《民法典》第一千一百八十六条的公平责任。因为“依照法律的规定”限制，在实际生活中出现的某些法律没有规定的特别案例，本文认为可以发挥《民法典》第六条公平原则的作用解决。

本案9楼住户遭受损失的原因是楼上业主共用的下水管道堵塞反水到10楼，又从10楼渗漏到9楼，至于下水管道何时堵塞，堵塞原因以及由谁造成，原被告均不能提供确实充分的证据加以证明。根据视频录像、堵塞物清理情况

等，能够确认下水管道被堵塞物堵塞乃是导致反水的唯一原因，即可以推定被告中存在不当排水的行为。虽然法律中未明确住户对下水管道有维护义务，但因上下楼住户之间相邻关系的存在，根据《民法典》施行后，其中第二百七十一条、第二百七十二条、第二百八十八条、第二百九十六条规定，则应认定不动产住户对共同使用的下水管道均负有合理使用、管理、维护、确保下水管道畅通的义务，即负有对共用下水管道的审慎使用义务及合理用水排水的注意义务。10楼卫生间反水系下水管道堵塞物所致，在10楼以上住户都无法完全排除其存在不合理使用下水管道的情况下，基于公平原则，合理确定各方的权利和义务，则确认可能导致该侵权行为的使用人即本案10楼以上住户就原告损失给予补偿。

编写人：北京市顺义区人民法院　棋其格

二、所有权纠纷

（一）侵害集体经济组织成员权益纠纷

27

集体经济组织成员资格的认定

——肖某云诉祁东县黄土铺镇某社区第二居民小组侵害集体经济组织成员权益案

【案件基本信息】

1. 裁判书字号

湖南省祁东县人民法院（2020）湘0426民初字第73号民事判决书

2. 案由：侵害集体经济组织成员权益纠纷

3. 当事人

原告：肖某云

被告：祁东县黄土铺镇某社区第二居民小组（以下简称第二小组）

【基本案情】

第二小组现有户籍人口134人。2007年，肖某云嫁至并将户口迁入第二小组，且在第二小组内承包了责任田。2018年12月，肖某云与其丈夫离婚，但其户口至今未从第二小组迁出。2019年，第二小组内的集体土地因建设需要两次被相关单位征用，其中第一次征地面积为10.3亩，第二小组获得征地补偿款金额为600000元，第二次征地面积为20亩，约定征地补偿款金额为1100000元，但用地单位至今未向第二小组支付该笔征地补偿款，而是向第二小组出具了一张1100000元的欠条并约定支付利息。同年10月，第二小组召开居民小组会议，会议通过了《黄土铺镇某社区二组组规决定》，决定中第九条规定，“男孩中途离婚者，女方不迁出户口可以，但不享受本组待遇”。会后，第二小组按122人的总人数将第一次的征地补偿款60万元和第二次征地补偿款的利息进行了分配，每人实际共分得土地补偿款6200元。第二小组以肖某云已离婚为由拒绝支付征地补偿款，肖某云遂诉至法院。

【案件焦点】

1. 肖某云是否具有第二小组的集体经济组织成员资格；2. 肖某云是否享有平等分配土地补偿费的权利。

【法院裁判要旨】

湖南省祁东县人民法院经审理认为：农民集体所有的不动产和动产，属于本集体成员集体所有，凡具有本集体经济组织成员资格的人，对本集体土地补偿费享有平等的分配权利。肖某云因婚姻关系将户口迁入第二小组后，在第二小组承包了责任田，并长期在第二小组内生活，故肖某云具有第二小组的集体经济组织成员资格，享有平等分配土地补偿费的权利。对第二小组提出根据村规民约的规定，肖某云离婚后不具有参与分配土地补偿款资格的辩解观点，法院认为，该村规民约违反了法律规定，肖某云亦未在该村规民约上签字同意，故该村规民约对肖某云不具有约束力。

湖南省祁东县人民法院依照《中华人民共和国物权法》第五十九条、第六十三条第二款，《中华人民共和国村民委员会组织法》第二十七条第二款，《最高人民法院关于审理涉及农村土地承包纠纷案件适用法律问题的解释》第二十四条规定，判决如下：

一、肖某云与第二小组居民享有同等集体经济组织成员待遇；

二、第二小组于本判决生效后十日内向肖某云支付土地补偿款5644.78元。

【法官后语】

本案反映的实质问题在于集体经济组织成员资格如何认定，本文据司法实践及农村集体经济组织日常管理工作经验，就成员资格取得的认定原则、认定标准及司法救济等问题进行探讨。

关于集体经济组织成员资格的取得方式，学理上认为，取得方式分为原始取得和加入取得两种，原始取得是指出生时，父母一方或双方具有本集体经济组织成员资格。加入取得是指原非本集体经济组织成员，但基于一定法律关系嗣后取得本集体经济组织成员资格。

根据《中共中央　国务院关于稳步推进农村集体产权制度改革的意见》确定的集体经济成员身份认定应当遵循以下三个原则：（1）坚持村民自治原则，集体经济组织成员资格的确定事宜从本质上讲是村民自治的范畴，由村民集体决定集体经济组织成员资格认定办法或者确定人员范围。《中华人民共和国村民委员会组织法》第二十四条规定虽然没有明确规定集体经济组织成员的资格认定需要交由村民大会讨论，但是该事项涉及村民的利益，符合本条规定的精神要求。（2）统筹户籍、居住和对村集体的积累贡献等综合因素。对于已将户籍迁入该集体经济组织，但并未在该村内承包土地，其生活保障、就业渠道亦不依赖于该集体土地，应认定不具有该农村集体经济组织成员资格。（3）基于一定法律关系取得本集体经济组织成员资格，比如婚姻关系、收养关系、政策性迁移。

在司法实践中，确定农村集体经济组织成员资格一般根据以下三个标准进行综合判断和分析：（1）是否具有农村集体经济组织所在地常住户口；（2）是否在农村集体经济组织所在地长期生产、生活；（3）是否以农村集体经济组织的土地为基本生活保障，该点是界定成员资格的核心标准，以土地为基本生活保障，不仅指实际取得了承包土地，更强调的是承包土地的资格。本案中肖某云因婚姻关系将户口迁入第二小组后，在第二小组承包了责任田，并长期在第二小组内生活。肖某云取得第二小组集体经济组织成员资格的方式为加入取得，也符合审判实践中判定集体经济组织成员资格的原则。因此，肖某云的诉求具有事实和法律依据，应当得到法律支持。

综上所述，法院在处理如何认定集体经济组织成员资格的案件中，应从两个方面来把握，一是从形式上判断其是否取得集体经济组织成员资格，若属于因出生在该集体经济组织而原始取得或因婚姻、收养以及国防建设或者其他政策性迁入而加入取得的，则可初步认定其具有该集体经济组织成员的资格，反之若不属于原始取得或加入取得的方式，则可认定其不具有该集体经济组织成员的资格；二是在确定当事人符合形式上具有集体经济组织成员资格的情况下，还须从当事人的实际情况出发，以当事人户口登记状况、生产生活状况以及农村土地对当事人的基本生活保障功能这三个因素来进行综合认定，若当事人同时满足户籍在集体经济组织内，且长期生活居住在该集体经济组织并以其在集体经济组织内承包的土地作为基本生活来源的，就应当认定其具有集体经济组织成员资格，若当事人不能同时满足上述三个因素的话，则必须满足上述三个因素中的两个因素，且应当以当事人的生产生活状况及农村土地对当事人的基本生活保障功能这两个因素作为主要判断因素，即当事人如果户籍在集体经济组织内，且长期生活居住在该集体经济组织或者以其在集体经济组织内承包的土地作为主要生活来源的，则可以认定其具有成员资格，若当事人户籍不在集体经济组织内，但只要满足长期生活居住在集体经济组织内并以其在集体经济组织内承包的土地作为主要生活来源这两个因素，亦可以认定其具有集体经济组织成员资格。

编写人：湖南省祁东县人民法院　罗国军

（二）建筑物区分所有权纠纷

28

建筑物共有区域收益与维修改造责任的认定

——某大厦业主委员会诉某物业公司建筑物区分所有权案

【案件基本信息】

1. 裁判书字号

北京市第一中级人民法院（2020）京01民终1541号民事判决书

2. 案由：建筑物区分所有权纠纷

3. 当事人

原告（上诉人）：某大厦业主委员会

被告（上诉人）：某物业公司

第三人：某邮政分公司

【基本案情】

某大厦于2016年以书面征求意见形式召开首次业主大会通过管理规约、业主大会议事规则，并选举产生业主委员会；后于2018年对以上事项进行变更。其中，管理规约对某物业公司的管理方式、内容、标准、费用以及禁止性事项进行了规定。

2017年4月，涉案大厦业主大会临时会议决议授权某大厦业主委员会：按业主专有面积占建筑物总面积比例分配公共收益；委托物业服务企业以对外出租方式经营物业共用部分，审查批准受托企业与承租人签订的租赁合同并实施合同履行监督；在物业共用部分租赁合同标的25%～30%范围内向受托物业服务企业支付管理成本、企业利润、税费及其他费用。

2017年8月，某大厦业主委员会向某物业公司发函，约定由某物业公司代为履行与某邮政分公司的租赁合同（将某大厦一层东北侧租赁给某邮政分公司，年租金45万元），某物业公司按当年租赁费用总额的25%取得管理成本、企业利润、税费及其他费用；委托终止后，除支付某大厦业主委员会运行费用外余额按业主专有部分面积平均分配。2017年11月，某大厦变更物业服务企业，双方就涉案租金分配产生争议。

【案件焦点】

1. 在没有明确授权的情况下，业主委员会是否具有民事主体资格；2. 共有区域维修支出该如何计算。

【法院裁判要旨】

北京市石景山区人民法院经审理认为：业主大会是业主的自治组织，是基于业主的建筑物区分所有权的行使所产生的，应为非法人组织性质，业主委员会作为业主大会的执行机构，系依法产生且有效存续（已备案）。在民事诉讼中，非法人组织可确定一人或数人代表该组织从事民事活动。某大厦业主委员会的授权范围为对共有部分进行出租、获得收益及支付管理费用等事项，对提起诉讼确无明确授权，但其提起诉讼的目的在于获得租金收益，系授权范围内。换言之，如果以业主大会作为原告提起诉讼，其参加诉讼亦应选举部分代表参加，而某大厦业主委员会作为其选举出的常设机构，与业主大会代表具有一致性。因此其有权代表业主要求某物业公司返还共有区域的收益。

对于建筑物共有部分的收益分配，除某大厦业主委员会向某物业公司的发文已经明确对于已经收取的租赁费45万元可在扣除25%的管理成本、企业利润、税费及其他费用和某大厦业主委员会运行费用以外，剩余部分按业主专有面积平均分配。之后，某大厦业主委员会亦向全体业主发出通知，称纳入分配的公共收益可用于抵扣供暖、物业服务费和其他费用。因此某物业公司要求扣除部分业主已经交纳的物业费、电费等具有事实依据，对该项答辩意见予以认可，但对于某物业公司要求扣除维修改造费用，由于没有明确证据证明该费用纳入成本，不予支持。

北京市石景山区人民法院依照《中华人民共和国物权法》第七十条、第七十六条，《最高人民法院关于审理建筑物区分所有权纠纷案件具体应用法律若干问题的解释》第七条之规定，判决如下：

一、某物业公司于本判决生效后十日内向某大厦业主委员会返还公共收益277469.07元；

二、某物业公司于本判决生效后十日内向某大厦业主委员会赔偿利息损失（以45万元为本金，自2019年2月1日起计算至实际给付之日止，按照中国人民银行同期同类贷款利率的标准计算）；

三、驳回原告某大厦业主委员会的其他诉讼请求。

某大厦业主委员会及某物业公司均不服一审判决，提出上诉。二审法院同意一审法院的裁判意见，判决：

驳回上诉，维持原判。

【法官后语】

将建筑物共有部分变更为经营性场所，涉及场所使用、合同签署、收益分配、区域维护及改造等各个方面，《中华人民共和国民法典》（以下简称《民法典》）第二百八十三条规定，建筑物共有部分及其附属设施的费用分摊、收益分配等事项，有约定的，按照约定；没有约定或者约定不明的，按照业主专有部分面积所占比例确定。

首先，约定优先原则。除非针对某特定的共有部分使用协议，根据《民法典》第二百七十八条第一款第八项经过业主大会的决议，或者根据该条第一款第二项，符合管理规约的规定。在这两种情形下，业主对共有部分的收入依法进行了共同决定，可适用本条约定优先的原则。否则，对于未按上述两种情形进行的约定，均不应视为符合本条约定优先原则中的“约定”。

其次，无约定，应主要用于补充维修基金。无《民法典》第二百七十八条规定的约定，结合《最高人民法院关于审理建筑物区分所有权纠纷案件具体应用法律若干问题的解释》第十四条第二款与《物业管理条例》第五十四条来看，不论是合法利用共有部分产生的收入，还是擅自使用产生的收入，应主要用于补充维修资金。目的在于维护业主利益的一致性。经营性收入用于补充维修资金，可以有效解决维修基金不足的难题。《民法典》第二百八十一条对于建筑物及其附属设施维修资金的使用范围作了更加明确的规定，细化了维修资金的使用范围，维修资金的主要目的在于维护业主利益，而共有区域维修改造变更为经营性场所的最终目的除此之外，还提供相应资产的增值效益。改造成经营性场所的共有区域，其维修改造费用应按照以下规则进行处理。

1. 不属于业主管理权范围的维修改造费用，根据《住宅专项维修资金管理办法》第二十五条的规定，应由相关行为人承担维修改造费用，例如应当由建设单位或者施工单位承担的共有部位的维修费用；应当由相关单位承担的供水、供电、供气、供热、通信、有线电视等管线和设施设备的维修费用；因人为损坏住宅共用部位、共用设施设备所需的修复费用；根据物业服务合同约定，应当由物业服务企业承担的维修费用。

2. 属于业主管理权范围的共有区域维修改造费用，应区分具体修缮部位、所有权归属等方面，有约定的从其约定，无约定的以业主专有部分面积所占比例为原则，确定具体承担维修改造费用的业主范围。根据《住宅专项维修资金管理办法》第二十条的规定，共有区域的基础柱、梁等，由所有权人按比例承担；住宅之间或住宅与非住宅之间共用区域的维修和更新、改造费用，由相关业主按照各自拥有物业建筑面积的比例承担。

本案中，某大厦业主委员会与某物业公司对于收益分配进行了约定：“某物业公司按当年租赁费用总额的25%取得管理成本、企业利润、税费及其他费用”，但双方并没有对维修改造成本费用如何扣除作出约定，一审和二审法院均认为在无明确证据支撑下，物业服务机构不得自行决定将该区域的改造费用作为成本予以扣除。主要考虑到某大厦业主委员会与某物业公司已经就管理费用进行约定，改造维修费用属于大额支出，其不属于管理成本，属于业主共有和共同管理的重大事项，同时维修改造行为可能会对有利害关系的业主造成损害，应在改造维修之前征求某大厦业主委员会（或业主大会）同意。

建筑物共有区域的收益分配及费用承担是较为常见的实践问题，细化该类案件的审判思路一方面可在各地出台物业管理相关规定的同时，为业主行使共有权、共同管理权提供规范化思路；另一方面也为司法审判中纠纷的解决提供统一的裁判尺度。

编写人：北京市石景山区人民法院　李田田

29

未纳入公摊且属人防工程的小区地下车位权利的归属

——某房地产公司诉某小区业主委员会车位案

【案件基本信息】

1. 裁判书字号

云南省大理白族自治州中级人民法院（2020）云 29 民终 253 号民事判决书

2. 案由：车位纠纷

3. 当事人

原告（被上诉人）：某房地产公司

被告（上诉人）：某小区业主委员会

【基本案情】

某房地产公司于 2013 年依法注册成立，其开发建设的某县某小区于 2017 年 10 月 26 日竣工验收合格，截至案件起诉前已入住 190 多户但均没有办理房产证。小区建设有地下室，地下规划车位有 47 个，规划设计图纸上的地下室含人防工程和非人防工程两部分，并分别标注建筑面积。经现场勘查地下室为一个整体，人防工程和非人防工程之间并无明显界限。

某县房地产交易中心的测绘报告书显示，该房屋共有面积中不包含地下车位。某房地产公司按套销售房屋，商品房总价款已包含套内建筑面积及分摊的共有建筑面积的价格。商品房购销合同中约定“该商品房的产权登记面积包括套内建筑面积和分摊的共有建筑面积。产权登记以产权登记机关确定为准”。2017年9月1日，某县住房和城乡建设局与某房地产公司签订的《人防工程维护和安全管理责任书》中明确某房地产公司按有关规定与使用人签订《人民防空工程平时使用合同》，并报该局备案，如果该人防工程由某房地产公司自己使用，则需按人防工程维护管理规定做好日常维护工作。人民防空工程是国防工程的组成部分，不得出售、转让。人防地下室车位禁止出售。某房地产公司认为其享有对地下停车位的所有权、管理权，对其安装车位锁准备进行管理，但小区业主认为地下停车位属小区业主共有，于是砸坏车位锁，双方产生纠纷。某县住房和城乡建设局明确人防工程区域内的车库及停车位，某房地产公司使用需报住建局备案同意，人防工程区域外属小区规划用于停放汽车的车位、车库，由某房地产公司与小区业主协商约定。某房地产公司向某县公安局城镇派出所控告某小区地下车库车位锁被故意毁损，城镇派出所经审查认为没有犯罪事实，不予立案，某房地产公司不服申请复议并复核，均被维持。

【案件焦点】

1. 如何认定某小区地下47个规划停车位的权利归属；2. 某房地产公司对该小区地下车位是否有权对外转让、租赁。

【法院裁判要旨】

云南省南涧彝族自治县人民法院经审理认为：某小区地下车位并未纳入公摊面积，故某房地产公司销售给业主的房屋并不包含地下车库中非人防工程区域内的车位。根据《中华人民共和国人民防空法》第五条“国家对人民防空设施建设按照有关规定给予优惠。国家鼓励、支持企业事业组织、社会团体和个人，通过多种途径，投资进行人民防空工程建设；人民防空工程平时由投资者使用管理，收益归投资者所有”之规定，该案中的人民防空工程系某房地产公司投资建设，故在平时对于该小区人民防空工程区域内的车位，由某房地产公司使用管理，收益归某房地产公司所有。鉴于某小区地下室人防工程和非人防工程之间并无明显界限，整个地下室作为一个整体，无法区分人防车位和非人防车位，根据《中华人民共和国人民防空法》关于人防工程属国家所有的规定，结合小区地下车库非人防区域内的车位由某房地产公司享有所有权和小区住户众多，人防区域和非人防区域一共只有 47 个车位的实际以及某县住房和城乡建设局与某房地产公司签订的《人防工程维护和安全管理责任书》，某房地产公司享有小区地下室停车位的管理权、使用权、收益权，但不得出售和转让。某小区业主委员会认为房屋出售后，人防工程应作为公建设施归全体成员业主所有的辩称，无证据证明开发商将人防工程建设投资成本摊入房屋销售价格中，开发商销售房屋并不必然导致人防工程投资者转移，故对某小区业主委员会的辩解不予采信。

云南省南涧彝族自治县人民法院依照《中华人民共和国物权法》第七十四条、《中华人民共和国人民防空法》第五条、《中华人民共和国民事诉讼法》第六十四条第一款和《最高人民法院关于适用〈中华人民共和国民事诉讼法〉的解释》第九十条之规定，判决如下：

一、某房地产公司享有某县某小区地下车库 47 个规划车位的使用权、管理权和收益权；

二、驳回某房地产公司的其他诉讼请求。

某小区业主委员会不服一审判决，提起上诉。云南省大理白族自治州中级人民法院同意一审法院裁判意见，判决：

驳回上诉，维持原判。

【法官后语】

利用小区人防空间为小区业主设置停车位，有利于缓解“停车难”问题。但因法律规定不明确，以及小区业主权利意识增强，导致近年来关于人防车位所有权、收益权的争论不断。本案的核心问题为未纳入公摊且属人防工程的小区地下车位的权利归属以及能否转让租赁地下车位。

对于车位的权利归属问题。该小区地下47个规划停车位，分为人防车位和非人防车位两种。对于人防车位，《中华人民共和国民法典》第二百五十四条(原《中华人民共和国物权法》第五十二条)规定，国防资产属于国家所有。人防车位用于国防目的，应属国家所有。根据《中华人民共和国人民防空法》第二十六条规定，国家鼓励平时利用人民防空工程为经济建设和人民生活服务。平时利用人民防空工程，不得影响其防空效能。人防车位由国家所有，但应遵循“谁投资、谁受益”的原则分配其使用、管理及收益权能，具体应以“建设成本是否已经列入小区商品房建设成本”“面积分摊有无实际摊入小区业主的分摊面积”为界定标准。某小区业主委员会辩解，根据《关于规范防空地下室易地建设收费的规定》《商品住宅价格管理暂行办法》《城市居住区规划设计规范》的相应规定，房屋出售后，人防工程应作为公建设施归全体成员业主所有。因上述规定是在规范开发商确定房屋销售价格，即开发商所销售的房屋计价依据，但该案无证据证明开发商将人防工程建设投资成本摊入房屋销售价格中，开发商销售房屋并不必然导致人防工程投资者转移，故对被告的辩解不予采信。综上，人防车位属国家所有，人防车位的投资人为某房地产公司，某房地产公司享有管理权和收益权，非人防车位由某房地产公司享有所有权。

对于某房地产公司是否可以转让、租赁地下车位问题。人防车位属国家所有，某房地产公司作为投资人对人防车位享有管理权和收益权，但不得出售和转让。对于非人防车位，根据在案证据，地下车位并未纳入公摊面积，因此，某房地产公司销售给业主的房屋并不包含地下车库中非人防工程区域内的车位。虽然小区地下室设计规划图纸上人防区域和非人防区域有区分，但从现场实际状况来看，人防工程和非人防工程之间并无明显界限，整个地下室就是一个整体，无法隔离开来，也就是说，人防车位和非人防车位是无法区分的。根据相关法律规定，地下室首先要满足人防需要，故整个地下室就只能视为一个人防工程设施来进行管理。结合该小区住户众多，人防区域和非人防区域一共只有47个车位，某县住房和城乡建设局与某房地产公司签订的《人防工程维护和安全管理责任书》明确的内容，判决某房地产公司享有某小区地下车库47个规划车位的使用权、管理权和收益权，但没有出售和转让权。

商品房住宅小区内因停车位供需关系紧张产生的冲突日益增多，成为小区矛盾的焦点。车位问题事关百姓民生，处理好该问题，能有效保护人民群众合法权益，维护社会秩序，促进社会安定和谐。

编写人：云南省南涧彝族自治县人民法院　杨瑞敏

30

非小区业主能否取得小区车位使用权

——房某平诉某物业公司撤销权案

【案件基本信息】

1. 裁判书字号

江苏省无锡市惠山区人民法院（2020）苏0206民初926号民事判决书

2. 案由：撤销权纠纷

3. 当事人

原告：房某平

被告：某物业公司

第三人：某置地公司、陆某玉

【基本案情】

某置地公司是某小区的开发商。2016年1月25日，某置地公司与房某平签订《车位永久使用协议》，将小区地下车库78号、79号车位使用权转让给房某平，使用期限从2016年1月25日起，截止日期与某小区商品房使用期限相同，每个车位永久使用费为38800元，两个车位共计77600元，房某平向某置地公司支付了该款。房某平并非某小区业主，在某小区并无房产。

某物业公司是某小区的物业公司，因某置地公司结欠某物业公司债务，某置地公司将地下车库车位交给某物业公司销售（包括案涉78号、79号两个车位），销售回款用来冲抵其结欠某物业公司的债务。

2017年12月19日，某物业公司与小区业主陆某玉签订《地下车库使用权转让协议》，某物业公司将小区地下车库78号、79号车位使用权转让给陆某玉使用，每个车位的使用权转让费为35000元，两个车位共计70000元，陆某玉向某物业公司支付了该款。

【案件焦点】

小区车位使用权能否转让给非小区业主。

【法院裁判要旨】

江苏省无锡市惠山区人民法院经审理认为：某置地公司同意并委托某物业公司转让某小区地下车位使用权，转让款用来冲抵某置地公司结欠某物业公司的欠款，某物业公司将78号、79号车位使用权转让给陆某玉，有合法授权。《中华人民共和国物权法》第七十四条第一款规定，建筑区划内，规划用于停放汽车的车位、车库应当首先满足业主的需要。陆某玉系某小区业主，居住在某小区，并向物业公司交纳了物业管理费和车位管理费，占有了案涉车位，房某平并非该小区业主，未交纳车位管理费，也未有证据证明其占有车位。某置地公司违反《中华人民共和国物权法》第七十四条第一款的规定，将建筑区划内的车位使用权出让给小区业主以外的人，某置地公司与房某平签订的《车位永久使用协议》因违反《中华人民共和国物权法》该条款的强制性规定，属无效协议。

《中华人民共和国合同法》第五十四条规定，因重大误解订立的合同或在订立合同时显失公平的，当事人一方有权请求人民法院或者仲裁机构变更或者撤销；一方以欺诈、胁迫的手段或者乘人之危，使对方在违背真实意思的情况下订立的合同，受损害方有权请求人民法院或者仲裁机构变更或者撤销。房某平要求撤销某物业公司与陆某玉签订的《地下车库使用权转让协议》，不符合上述法律规定的情形。

综上，房某平不能取得 78 号、79 号地下车位的使用权。对于《车位永久使用协议》无效产生的相应损失，房某平可另行主张权利。

江苏省无锡市惠山区人民法院依照《中华人民共和国物权法》第七十四条第一款、《中华人民共和国合同法》第五十二条第五项之规定，判决如下：

驳回房某平的诉讼请求。

【法官后语】

《中华人民共和国民法典》（以下简称《民法典》）第二百七十六条规定继承了原《中华人民共和国物权法》（以下简称《物权法》）第七十四条第一款“建筑区划内，规划用于停放汽车的车位、车库应当首先满足业主的需要”的规定。本案反映的问题实质是《民法典》第二百七十六条规定是属于效力强制性规范，还是属于授权性规范。对此应当认为，上述法条是属于效力强制性规范，因此开发商将小区车位使用权出卖非小区业主的行为无效，即非小区业主不能取得小区车位使用权。

对上述《民法典》第二百七十六条的理解存在两种不同的观点。部分观点认为属于效力强制性规范，效力强制性规范主要适用于三个领域：第一，规范私法自治及其行使的要件规范，如行为能力、意思表示生效的要件规范；第二，保障交易稳定、保护第三人之信赖的规范；第三，为避免产生严重的不公平后果或为满足社会要求而对私法自治予以限制的规范。《民法典》第二百七十六条是为满足本小区业主停车需求、方便业主生活而对非业主购买车位的限制性规范。该观点认为，本案中房某平不是小区业主，某置地公司和其签订的《车位永久使用协议》因违反效力强制性规范，车位处分行为应直接认定无效。相反观点认为，《民法典》第二百七十六条属于授权性规范，即授予主体可以自行抉择做或者不做某种行为的规范。该观点认为，本案当事人违反“首先满足业主的需要”处分车位，该行为并非绝对无效，属可撤销行为。停车需要没有得到满足的业主享有撤销权，该撤销权需在 1 年的除斥期间内行使，法院不能依职权认定该行为无效，且不应直接认定处分行为无效。

笔者认为，《民法典》第二百七十六条属于效力强制性规范。首先，如果开发商违反“首先满足业主的需要”将车位使用权转让给业主以外的第三人，利益受损的实际上是停车需求未获满足的不特定业主，其调整的是社会公共利益；其次，授权性规范的法律用语有“可以”“方可”“有权”，《民法典》第二百七十六条中使用了“应当”的字样，该表述方式更符合效力强制性规范对所调整内容的表述；最后，授权性规范中的撤销权，其作为形成权，需要有法律的明确规定，《民法典》第二百七十六条并没有明确规定违反“首先满足业主的需要”的法律后果，因此不能将该条理解为授权性规范。

《民法典》第二百七十六条实际上属于“为避免产生严重的不公平后果或为满足社会要求而对私法自治予以限制”的规范，属于效力性强制性规范，违反该条款，损害了业主依法享有的权益，违反该规定的车位处分行为应为无效。因停车系居民生活的基本需要，车位作为建筑物的附属设施，与居民的居住权息息相关，如果放任建设单位任意处分规划车位，将损害广大业主的停车权益，导致极大的不公平。开发商违反该规定转让车位使用权，权益受侵害的业主请求认定该行为无效的，应予支持。故本案中开发商某置地公司将车位使用权转让给非小区业主房某平，转让行为无效，房某平要求撤销某物业公司与第三人陆某玉签订的《地下车库使用权转让协议》，由某物业公司和陆某玉向其返还某小区地下车库78号、79号车位的诉讼请求不能得到支持。至于房某平与某置地公司签订的《车位永久使用协议》因被认定无效导致房某平产生的相应损失，房某平可另行主张权利。

编写人：江苏省无锡市惠山区人民法院　张凌彦

（三）业主撤销权纠纷

31

小区业主大会或者业主委员会选举中出现的争议，不属于人民法院受理民事诉讼的范围

——谢某见、丁某煌诉某小区业主委员会业主撤销权案

【案件基本信息】

1. 裁判书字号

广西壮族自治区南宁市中级人民法院（2020）桂01民终15454号民事裁定书

2. 案由：业主撤销权纠纷

3. 当事人

原告（上诉人）：谢某见、丁某煌

被告（被上诉人）：某小区业主委员会

【基本案情】

谢某见、丁某煌系某小区的业主，某小区业主委员会于2019年9月10日经选举成立。谢某见、丁某煌认为某小区业主委员会在投票选举过程中恶意操作，程序违法，主要表现在以下五个方面：（1）选举投票数实际未达到面积过半及人数过半，存在票数造假；（2）在业主不知情且未授权的情况下，以业主名字及身份进行投票；（3）未核实投票人是否为小区真实业主；（4）唱票及验票程序未公正进行；（5）以威胁、利诱等手段要求业主投票。谢某见、丁某煌

认为上述投票过程违法，导致业主委员会成立违法，不符合业主的真实意愿。

【案件焦点】

小区业主大会或者业主委员会选举中出现的争议是否属于民事争议，人民法院是否应当受理。

【法院裁判要旨】

广西壮族自治区南宁市江南区人民法院经审查认为：首先，谢某见、丁某煌请求撤销小区业主大会成立业主委员会的决议及小区业主大会表决通过《小区业主大会议事规则》的决定，但该小区业主大会的上述决议和决定，并不必然侵害谢某见、丁某煌的特定利益。其次，《物业管理条例》第十条、第十六条第一款、第十九条第二款分别规定，同一个物业管理区域内的业主，应当在物业所在地的区、县人民政府房地产行政主管部门或者街道办事处、乡镇人民政府的指导下成立业主大会，并选举产生业主委员会。业主委员会应当自选举产生之日起 30 日内，向物业所在地的区、县人民政府房地产行政主管部门和街道办事处、乡镇人民政府备案。业主大会、业主委员会作出的决定违反法律、法规的，物业所在地的区、县人民政府房地产行政主管部门或者街道办事处、乡镇人民政府，应当责令限期改正或者撤销其决定，并通告全体业主。谢某见、丁某煌主张某小区业主委员会选举及成立过程中存在恶意操作、程序违法的问题，系小区业主大会或者业主委员会选举中出现的争议，双方因此发生的纠纷不属于人民法院受理民事诉讼的范围，应当由物业所在地的区、县人民政府房地产行政主管部门或者街道办事处、乡镇人民政府处理。因此，对谢某见、丁某煌的起诉，应予以驳回。

广西壮族自治区南宁市江南区人民法院依照《中华人民共和国民事诉讼法》第一百一十九条第四项、第一百五十四条第一款第三项，《最高人民法院关于适用〈中华人民共和国民事诉讼法〉的解释》第二百零八条第三款之规定，裁定如下：

驳回谢某见、丁某煌的起诉。

谢某见、丁某煌不服一审裁定，提起上诉。广西壮族自治区南宁市中级人民法院认为：《中华人民共和国物权法》第七十八条第二款规定，业主大会或者业主委员会作出的决定侵害业主合法权益的，受侵害的业主可以请求人民法院予以撤销。根据该规定，业主请求法院撤销业主大会或者业主委员会的决定，必须满足以下条件：（1）业主大会或者业主委员会的决定违法。（2）业主大会或者业主委员会的决定侵害了业主合法权益，而且该权益应当是具体的归属于某特定业主的利益。（3）行使撤销权的业主只能是权益受侵害的业主。谢某见、丁某煌请求撤销小区业主大会成立业主委员会的决议，请求撤销某小区业主大会表决通过《小区业主大会议事规则》的决定。某小区业主大会的上述决议和决定，并不必然侵害谢某见、丁某煌的特定利益。因此，谢某见、丁某煌的起诉不符合《中华人民共和国物权法》第七十八条第二款的规定。因此，谢某见、丁某煌在本案中请求的事项不属于人民法院受理民事诉讼的范围，原审法院驳回起诉的裁定正确，应予维持。依照《中华人民共和国民事诉讼法》第一百七十条第一款第一项、第一百七十一条规定，裁定如下：

驳回上诉，维持原裁定。

【法官后语】

业主撤销权纠纷是一种新型民事纠纷。业主撤销权是一种形成权，但其必须以诉讼方式行使，依照法律规定向人民法院提起撤销业主大会或者业主委员会决定的诉讼，最终由法院判决生效。业主撤销权的行使受一年除斥期间限制，且该期间不适用中止、中断或延长。人民法院在审理业主撤销权纠纷时有以下几个问题值得注意：

一、提起业主撤销权之诉的主体

《中华人民共和国民法典》第二百八十条第二款规定继承了原《中华人民共和国物权法》第七十八条第二款规定，行使撤销权的业主只能是因业主大会或者业主委员会的决定违法，导致权益受侵害的业主。《物业管理条例》第六条规定，业主是享有建筑物区分所有权的人。具体而言，法律意义上的业主包括以下五种情况：（1）依法办理所有权登记的建筑物专有部分所有权人；（2）与开发商签订《商品房买卖合同》且已经合法占有建筑物专有部分，但尚未办理所有权登记的人；(3) 因人民法院、仲裁委员会的法律文书或者政府的征收决定取得建筑物专有部分的所有权人；(4) 因继承或者受遗赠取得建筑物专有部分的所有权人；(5) 因合法建造房屋的事实行为取得建筑物专有部分的所有权人。但房屋的使用权人能否享有业主的物业管理权利，法律尚无明文规定。从理论上讲，物业管理权利涉及物业共用部分、共用设施的使用、管理及其费用分担、收益分享等，这些应当属于业主的权利，不应由房屋使用人享有。因此，人民法院在受理业主撤销权诉讼时，要审查业主身份，房屋承租人或者其他物业使用人而无权提起业主撤销权之诉。

二、业主撤销权之诉的被告及诉讼请求范围

根据《中华人民共和国民法典》第二百八十条第二款之规定，业主撤销权之诉的被告仅限于业主大会或者业主委员会。而诉讼请求的范围应当限于撤销业主大会或者业主委员会作出的物业管理方面的决定。实践中，无论撤销对象为业主大会决议还是业主委员会决议，业主撤销权之诉一般以业主委员会为被告。因为业主委员会作为业主大会的执行机构，在业主起诉业主委员会撤销业主大会决议的情况下，应当由业主委员会代表业主大会参与诉讼，相应的诉讼后果由全体业主承担。上述案例中，谢某见、丁某煌所提诉讼请求系小区业主大会或者业主委员会选举中出现的争议，不属于业主撤销权纠纷的诉讼请求范围，故应驳回起诉。业主大会或者业主委员会作出的超出物业管理方面的决定，业主是否有权请求予以撤销？由于此种决定为《物业管理条例》第十九条规定所禁止，如果该决定导致业主权益受损，业主申请法院撤销的，人民法院可以判决撤销。

三、小区业主大会或者业主委员会选举中出现争议的解决路径

对于小区业主大会或者业主委员会选举中出现的争议，业主提出异议向人民法院起诉的，不属于民事争议，人民法院不予受理。但根据《物业管理条例》第十条及第十九条第二款之规定，房地产行政主管部门或者街道办事处对业主大会的成立、业主委员会的选举事宜，负有指导的职责，若业主对业主委

员会选举中的事宜有异议，应当向房地产行政主管部门或者街道办事处申请解决，在业主大会、业主委员会作出的决定违反法律、法规的情形下，房地产行政主管部门或者街道办事处有权责令限期改正或者撤销其决定。因此，小区业主大会或者业主委员会选举中产生的纠纷是政府相关部门的主管范围。如果业主对选举中的事宜有异议，应当向有关行政主管部门申请解决。

编写人：广西壮族自治区南宁市江南区人民法院　黄友双

32

物业管理委员会议事规则的司法认定

——朱某刚等诉甲小区一、二期物业管理委员会业主撤销权案

【案件基本信息】

1. 裁判书字号

江苏省无锡市惠山区人民法院（2019）苏0206民初5929号民事判决书

2. 案由：业主撤销权纠纷

3. 当事人

原告：朱某刚、黄某宇、姜某桥（以下称朱某刚等）

被告：甲小区一、二期物业管理委员会

【基本案情】

朱某刚等为甲小区一、二期业主。2017年5月27日、2018年8月15日，惠南社区居民委员会与甲小区一、二期首次业主大会筹备组发布公告，表示因业主代表报名人数过少、业主委员会候选人报名人数未达到要求等原因，无法继续进行业主大会、业主委员会选举程序，故组建业主委员会工作到此结束。2018年11月13日，甲小区一、二期成立绿地物管会，并于2019年4月8日向

无锡市某区住房和城乡建设局备案。

2018 年 12 月 24 日，绿地物管会公告召开首次业主大会，会议内容审议表决《业主大会议事规则》《管理规约》等事项，要求受委托人代不能出席业主参加大会时需出示《业主委托书》。该次业主大会通过摆设投票点等方式进行投票。相应表决票抬头为“甲小区一、二期首次业主大会表决票”，表决内容为《业主大会议事规则》《管理规约》等事项，备注说明，“1. 以上表决事项已公示在小区内……5. 业主委托非家庭成员的其他人投票的，应出具业主书面授权委托书、房产证等有关书面证明；6. 选票应经业主本人签字或受托人签字”。

2019 年 4 月 2 日，绿地物管会发布公告，表示通过采取书面征求意见方式，首次业主大会表决通过《业主大会议事规则（草案）》《管理规约》等事项。《业主大会议事规则（草案）》中载明了关于首次业主大会组织召开、准备工作、投票工作等事项并明确了表决规则。

审理过程中，绿地物管会向法庭提供了首次业主大会表决票共计 1458 张，经清点核对并随机抽选一定比例选票核实，根据双方确认的业主总户数以及绿地物管会发布公告中相应通过票数的计算方式，有效同意票数不足总户数 50% 比例。

【案件焦点】

1. 物业管理委员会所作决定能否撤销；2. 物业管理委员会的议事规则如何确定。

【法院裁判要旨】

江苏省无锡市惠山区人民法院经审理认为：业主大会或者业主委员会作出的决定侵害业主合法权益的，受侵害的业主可以请求人民法院予以撤销。该合法权益应理解为业主在程序上享有的合法权利和在实体上享有的合法权利两部分。物管会代行业主大会或者业主委员会职责期间，街道办事处（镇人民政府）对能成立业主大会的，应当指导筹备工作，成立业主大会；能够选举产生业主委员会的，应当指导选举业主委员会。

甲小区一、二期成立绿地物管会，代行业主委员会和业主大会职责。首次业主大会召开前应做好业主委员会委员候选人产生办法的制定、业主委员会委员候选人名单的确定以及业主委员会选举办法等筹备工作。本案中，双方争议的“首次业主大会”表决内容中仅涉及业主大会议事规则、管理规约以及其他具体施工事项，并未对成立业主委员会的内容有所涉及。绿地物管会于 2018 年 12 月 24 日发布公告，通知召开首次业主大会，公告中亦未明确首次业主大会会议表决规则等内容，于法不符。另外，根据绿地物管会发布的召开首次业主大会的通知以及使用的表决票载明的说明事项对委托投票有明确的要求。该首次业主大会并未确定业主投票权数，根据双方确认的业主总户数以及绿地物管会发布公告中相应通过票数的计算方式，有效同意票数已不足总户数 50% 比例。据此，绿地物管会自行召开首次业主大会，会议召开过程以及表决票数确定等方面均存在程序不合法的地方，表决票数亦未超出相应比例。朱某刚等现要求撤销表决通过《业主大会议事规则》《管理规约》的决议的诉讼请求，法院予以支持。

江苏省无锡市惠山区人民法院依照《中华人民共和国物权法》第七十六条、《物业管理条例》第十二条、《江苏省物业管理条例》第二十七条之规定，判决如下：

撤销 2019 年 4 月 2 日甲小区一、二期物业管理委员会发布的《公告》中关于表决通过《业主大会议事规则》《管理规约》的决议。

【法官后语】

居住社区（住宅小区）是居民生活的主要空间，是基层社会治理的重要内容。基层自治组织议事规则事关群众生活品质，事关城市安全运行和社会稳定。物业管理委员会是在不具备成立业主大会条件，或者具备成立条件但未成立业主大会的住宅小区，经相关主管部门或者街道指导后仍不能成立的情况下，组建的一种由行政部门指导成立的住宅小区的临时自治组织。相应法规、地方性文件中对物业管理委员会的相关规定较为笼统，对其与业主委员会等其他业主组织之间的过渡程序、其自身的议事规则均未能作出相应细化，给此类案件的审理带来一定的难度。对此本文认为应参照业主大会和业主委员会的议事规则，原因在于：

物业管理委员会代行业主大会和业主委员会职责。《住房和城乡建设部等部门关于加强和改进住宅物业管理工作的通知》（建房规〔2020〕10号）第九条规定，暂不具备设立业主大会条件的，探索组建由社区居民委员会、业主代表等参加的物业管理委员会，临时代替业主委员会开展工作。既然物业管理委员会代行业主大会和业主委员会职责，那么物业管理委员会参照业主大会和业主委员会相关规定，应当依法履行职责，通过定期会议和临时会议的方式作出决定。物业管理委员会委员应当由业主、居民委员会代表等组成，会议参会委员人数和同意某项决定的委员人数均应当超过半数。

业主认为物业管理委员会作出的决定侵犯业主合法权益的，有权诉至法院请求撤销。法院在审查物业管理委员会的决定是否侵害业主权益时，不仅需要对物业管理委员会所作决定是否侵害业主实质权益进行审查，也应当对物业管理委员会所作决定是否符合法律法规所规定的程序进行审查，不受程序约束和监督的业主自治管理活动，必然会实质上损害业主的利益。现行的地方性法规中对于物业管理委员会议事规则等方面的规定往往是参照业主委员会议事规则进行的，但是对于一个在不具备成立业主大会的条件，或者业主委员会成立有困难的情况下成立的物业管理委员会，有必要对其进行更加精准的定位。物业管理委员会应当推动符合条件的物业管理区域成立业主大会、选举产生业主委员会。物业管理委员会应当依法履行职责，通过定期会议和临时会议的方式作出决定。物业管理委员会委员应当由业主、居民委员会代表等组成，会议参会委员人数和同意某项决定的委员人数均应当超过半数。

本案中，涉案物业管理区域因无法成立业主大会经政府主管部门指导成立了物业管理委员会。该物业管理委员会在履行职责期间召开了首次业主大会表决相应事项，但对于表决规则、业主投票权数等内容均未进行明确，根据其公布的计票方式及通过比例要求，相应票数比例亦不符合要求。该物业管理委员会在首次业主大会会议召开过程以及表决票数确定等方面均存在程序不合法的问题，故而对于本案业主要求撤销该首次业主大会决议的诉请，法院予以支持。

编写人：江苏省无锡市惠山区人民法院　张茹婷

33

业主撤销权案件的审查要点

——胡某诉某小区业主委员会业主撤销权案

【案件基本信息】

1. 裁判书字号

北京市海淀区人民法院（2019）京 0108 民初 47033 号民事判决书

2. 案由：业主撤销权纠纷

3. 当事人

原告：胡某

被告：某小区业主委员会

【基本案情】

胡某系某小区业主。2018 年 10 月，新一届业主委员会成立并备案，备案单载明建筑物总建筑面积 127378 平方米，业主人数为 950 人。11 月 4 日，300 余名业主向业主委员会提交关于召开临时业主大会申请书，申请召开临时业主大会以解除某物业公司对地下车库的事实服务关系。11 月 7 日，业主委员会发出通知公告，决定召开业主大会临时会议。会议议题：（1）解除某物业公司对地下停车场的事实服务关系，委托地面物业服务商对地下停车场进行停车服务；（2）授权业主委员会采取包括但不限于法律途径解决小区范围内与物业管理相关或与小区共有和共同管理权利相关的一切事务、纠纷问题。

2018年12月2日，业主委员会作出《某小区2018年业主大会临时会议决议》，表决事项一：此表决事项经专有部分占建筑物总面积过半数的业主且占总人数过半数的业主同意通过；表决事项二：此表决事项经专有部分占建筑物总面积过半数的业主且占总人数过半数的业主同意通过。

胡某以业主身份主张其权益受到侵害并要求撤销业主委员会于2018年12月2日作出的业主大会临时会议决议。

【案件焦点】

业主大会作出的决定是否侵害业主胡某之合法权益。

【法院裁判要旨】

北京市海淀区人民法院经审理认为：首先，某小区业主委员会系经业主选举产生并依法备案的，系该小区业主大会的执行机构。地下停车场存在部分产权车位，车位的管理及维护涉及小区业主的切身利益，故业主委员会有权就小区地下停车场的事宜召开业主大会临时会议并进行决议。

其次，关于申请召开临时大会的业主人数问题。从某小区业主委员会提交的证据可以看出，申请召开临时业主大会的业主人数已超过小区业主人数的20%，故此次业主大会临时会议的申请人数符合小区议事规则的约定。

再次，关于胡某主张的部分业主申请时的会议议题与临时大会实际决议的议题不符一节，经查，会议议题虽在文字表述上前后存在部分差异，但并不影响业主对临时会议议题的了解，亦未改变临时会议议题的核心内容，故不应视为对议题的变更。法院对胡某之上述主张不予支持。

最后，关于胡某主张的《某小区2018年业主大会临时会议决议》中表决人数以及表决面积数据存在虚假一节。某小区业主委员会已就上述情形作出了解释，且即便未涉及7~9号楼、小区幼儿园等业主人数及面积，仅就1~6号楼（住宅楼）的表决人数及表决面积亦已超过业主大会议事规则规定的面积过半数及人数过半数的规定。另考虑到业主大会以及业主委员会是小区业主对小区内公共事务进行民主管理的一种组织形式，在不违反法律、行政法规以及小区议事规则约定的前提下，不应对相关程序性工作进行过于严苛的实质审查，应尊重业主真实的自治意思表示，以维护广大业主的合法权益。综上，现胡某并未举证证明某小区业主委员会在 2018 年 12 月 2 日组织召开业主大会临时会议过程中存在严重违反法律、行政法规以及议事规则的情形，故要求撤销某小区业主委员会作出的决议，缺乏相应的事实及法律依据，法院对其全部诉讼请求不予支持。

北京市海淀区人民法院依据《中华人民共和国物权法》第七十八条、《中华人民共和国民事诉讼法》第六十四条第一款之规定，判决如下：

驳回胡某的全部诉讼请求。

【法官后语】

业主撤销权系形成权，其权利功能旨在通过赋予业主以诉讼方式撤销程序违法或侵犯其合法权益的业主大会或业主委员会决议，以平衡业主个人利益与业主共同体利益之间的冲突、化解矛盾。在实质上，业主撤销权是一项利益救济权。但是，业主撤销权不能被过度行使和支持，应当把握的价值取向在于既要鼓励业主自治组织的管理，又要通过业主行使撤销权促使自治管理更为规范有效。在相关司法审查和认定过程中，应以形式审查和利益衡平为原则，审慎评判涉诉决议的效力状态。对于业主撤销权纠纷案件的司法审查要点应当把握以下几点。

一、主体审查

按照《中华人民共和国民法典》有关规定，合法权益受到业主大会或者业主委员会决定侵害的业主应当作为业主撤销权纠纷的原告，业主未出席业主大会亦未对决议事项进行表决，其对自身参与权、表决权的放弃并不等同于对业主大会或者业主委员会决定的程序和内容的认同，因此对于未出席业主大会或者业主委员会的业主认为业主大会或者业主委员会决定侵害其合法权益的，也有权提起撤销权之诉。本案业主委员会主张胡某对业主大会的召集、通知、议题等事宜均知情，但自行放弃参加因此不具备提起撤销权之诉的资格，法院对其该意见不予采信。

二、对象审查

审查对象是是否业主大会或业主委员会作出的具体决议。撤销的内容必须明确且具体，即必须是已经生效的内容清晰明确的具体决议。这里需要特别指出一点，物业服务合同中的内容不是业主撤销权的形式对象，业主申请撤销的是依据物业服务合同内容作出的相关决议，如上调物业费标准。

三、期限审查

审查业主知道或应当知道相关决议作出之日起是否经过一年。此处的一年系除斥期间，不发生中止、中断、延长的效力，且只能通过诉讼的方式行使。因此，超过该一年期限的，业主即丧失提起撤销之诉的权利。

四、实质审查

在诉讼主体、对象及行使期限均符合法律规定之前提下，应当对业主大会或者业主委员会决议是否侵害业主的合法权益进行实质审查。业主的权益包括实体权益及程序权益，首先对于业主的实体权益，业主应当对其权益受到侵害承担举证责任，在未提供充分证据证明其权利受到侵害的前提下，应当对此承担举证不能的法律后果。程序审查主要包括两个方面，一是是否符合专有面积及人数的比例要求；二是征求意见过程是否合法合规。《中华人民共和国民法典》第二百七十八条明确规定了由业主共同决定的事项，应当由专有部分面积占三分之二以上且总人数占三分之二以上的业主参与表决。其中“筹集建筑物及其附属设施的维修资金”和“改建、重建建筑物及其附属设施”以及“改变共有部分的用途或者利用共有部分从事经营活动”的，应适用“特别多数决规则”，经参与表决专有部分面积及人数均超四分之三以上业主同意。而其他事项则适用“一般多数决规则”，经参与表决专有部分面积及人数均超二分之一以上业主同意。本案中，申请召开临时业主大会的业主人数已超过小区业主人数的20%，符合小区议事规则的约定，表决通过的业主人数及专有面积均符合法律以及小区议事规则对于专有面积及人数的比例要求，程序合法。

在对上述要件进行审查的同时，也要兼顾业主个人权益与小区公共利益的权衡考量。业主大会以及业主委员会是小区业主对小区内公共事务进行民主管理的一种组织形式，在不违反法律、行政法规以及小区议事规则约定的前提下，不应对相关程序性工作进行过于严苛的实质审查，应当尊重业主真实的自治意思表示，以维护广大业主的合法权益。业主大会或业主委员会有义务证明，其所作决议不仅符合法定程序，还维护了小区公共利益，对主张利益受损的个别业主而言，其所遭受的利益受损同小区公共利益相比，可认为是在合理忍受限度内。

编写人：北京市海淀区人民法院　于洁

（四）相邻关系纠纷

34

相邻通行权的保护标准为保障生产、生活所必需

——韩某锋诉王某成相邻通行案

【案件基本信息】

1. 裁判书字号

安徽省石台县人民法院（2020）皖1722民初208号民事判决书

2. 案由：相邻通行纠纷

3. 当事人

原告：韩某锋

被告：王某成

【基本案情】

2018年9月之前，韩某锋与王某成同村相邻居住。王某成住宅在前（南）

居东，韩某锋住宅在后（北）居西。紧靠王某成老宅北面墙脚有一条通向韩某锋老宅的人行通道，宽 1 米左右。2018 年 9 月，因移民搬迁，韩某锋搬出老宅，迁至丁香镇移民安置点居住，并拆除了老宅。2019 年 2 月，王某成拆老宅建新宅，在围建院墙时，因越界占道，遭韩某锋阻拦，双方形成纠纷，诉至法院。同年 8 月 13 日，经安徽省石台县人民法院调解，双方达成和解协议，韩某锋撤诉。双方在和解协议中约定，王某成在三日内整理院子里堆放的材料，把院子让给韩某锋暂时通行，并在一个月内拆除涉案通道上障碍物，恢复涉案通道原来的通行状态。2020 年 4 月，韩某锋以王某成未按和解协议履行恢复通道原来状态为由，再次诉至法院。另，王某成于 2020 年 3 月完成了院墙建设，在院墙外涉案通道原基础上，保留了一条可通向韩某锋老宅屋基的通道。经法院实地勘查，该通道窄处 1. 1 米，宽处 2. 2 米。在本案诉讼过程中，王某成对保留通道的路面又进行了简单平整。

【案件焦点】

1. 涉案原和解协议是否已经履行；2. 现有道路能否保证相邻权利人生产生活需要。

【法院裁判要旨】

安徽省石台县人民法院经审理认为：不动产的相邻权利人应当按照有利生产、方便生活、团结互助、公平合理的原则，正确处理通行等方面的相邻关系。韩某锋与王某成因相邻通行发生纠纷，经法院 2019 年 8 月 13 日主持调解，双方达成和解协议。韩某锋诉称原通道宽 1. 2 米至 1. 8 米，现经法院实地勘查，现通道宽 1. 1 米至 2. 2 米。可以认定王某成修建院墙未越界占道，涉案通道在王某成院墙修建前后宽度基本一致。王某成辩称已按和解协议履行，预留了供韩某锋通行的道路，且宽度上现通道与原通道相当，能够满足韩某锋正常通行，有证据支持，予以采信。韩某锋诉称王某成未按协议履行恢复道路原先状态，要求王某成拆除侵犯韩某锋相邻权的违章建筑，理由不充分，证据不充足，不予支持。

安徽省石台县人民法院依照《最高人民法院关于适用〈中华人民共和国民事诉讼法〉的解释》第九十条规定，作出如下判决：

驳回韩某锋的全部诉讼请求。

【法官后语】

随着社会主义法治国家建设的不断推进，经济的快速发展，特别是土地使用权和经营权的不断增值，民众的产权意识不断增强，使得相邻关系中容忍义务人欲意将原本让渡于公共使用的利益私有化，或者相互关系处理不当，因而产生相邻通行纠纷。现行法律法规仅是对相邻关系进行了比较原则性的规定，正确审理相邻通行关系案件，需要厘清此类案件经常会遇到的争议焦点，明确相关法律法规的规定或者习惯。

首先，需要对不动产相邻权利人进行界定，明确享有相邻权主体，以明确相邻通行纠纷诉讼主体资格。相邻的不动产不仅仅指土地，也包括土地附着物，因此相邻土地权利人之间的相邻关系的内容是非常丰富的。不动产的相邻关系不仅包括相互毗邻的权利人之间的关系，也包括因行使权利而构成的相邻，如通行、排水、用水等。相邻的不动产权利人，包括不动产的所有人，也包括不动产的用益物权人。

其次，形成相邻通行关系需要具备一定的条件。相邻权是法律直接规定的权利，对不动产权利人设置了一个“社会性义务”，对权利人行使权利加以一定的限制，因此赋予相邻权利人的权利也是最基本的权利。是否应当享有相邻通行权利需要满足以下条件：（1）不动产与公共交通网络无适宜的联络，其中包括不通公共道路的袋地与通行较为困难或者费用较高的准袋地，本案中韩某锋所有的不动产（异地搬迁已拆除）即为不通公共道路的袋地；（2）确实需要有从相邻不动产通行的必要，本案中通行道路只有案涉的一条小路；（3）与公共道路无适宜的联络并非因相邻不动产通行权利人自身原因所致。

最后，对相邻通行权利人的诉请如何进行处理。相邻权涉及的范围很广，诉求也多种多样，因此法律法规无法一一作出具体规定。《中华人民共和国民法典》规定了在法律、法规没有具体规定的情况下可以按照当地习惯进行处理，但不得违反公序良俗。笔者认为，处理相邻通行纠纷应当坚持一个原则，即保障基本的生产、生活，不突破原有状态的原则。因法律保障相邻权利人的通行权是最基本的权利，除此之外，如其还想获取内容更多、标准更高的需求则需与所有权人进行协商，通过约定获取地役权。因此司法实践中往往仅支持相邻通行权利人生产、生活所必需的最基本的诉求或者恢复到历史上已经形成的原始状态。另外，如果恢复到原始状态成本过高，同时现有状态已经和原有状态大致相当，可以满足相邻权利人基本生产、生活需要，则也可以认定已经保证了相邻权利人的通行权。

编写人：安徽省石台县人民法院　陈建业

35

相邻关系中共同通道应考虑共同使用的便利性

——黄某生等诉马某强、莫某港相邻关系案

【案件基本信息】

1. 裁判书字号

广西壮族自治区崇左市中级人民法院（2020）桂14民终939号民事判决书

2. 案由：相邻关系纠纷

3. 当事人

原告（上诉人）：黄某生、邓某林、罗某强、罗某生、李某花

被告（被上诉人）：马某强、莫某港

【基本案情】

黄某生、邓某林、李某花、罗某生、罗某强五人（以下称黄某生等五人）的房屋相邻，呈坐南朝北分布，五户门前有一条通道，经过莫某港、马某强房

屋后面通往县道。2018年，岭浪乡政府在该路面铺设一条水泥硬化道路。2019年，马某强、莫某港两户为了保持通往地下室的道路畅通，组织人员施工，将该水泥路旁边的泥土往下挖，形成一个与现有路面有落差的凹槽；同时为了防止水流灌进地下室，马某强、莫某港沿着路基东侧建起一扇挡土墙。经测量，现有水泥路面宽2.4米，争议路面长约9.6米，被挖空的凹槽宽约1.95米，挡土墙宽大约0.25米，超出水泥路面高度大约0.17米，入口处形成的落差约0.5米。该讼争的通道是黄某生等五人的历史通道。

【案件焦点】

1. 讼争的通道是否是黄某生等五人的历史通道；2. 马某强、莫某港将诉争通道（靠其房屋一面）往下挖深形成高低不等的路面，是否妨碍了黄某生等五人的相邻通行权。

【法院裁判要旨】

广西壮族自治区宁明县人民法院经审理认为：不动产的相邻权利人应当按照有利生产、方便生活、团结互助、公平合理的原则，正确处理相邻关系。同时，当事人对自己提出的诉讼请求所依据的事实或者反驳对方诉讼请求所依据的事实，应当提供证据加以证明。当事人未能提供证据或者证据不足以证明其事实主张的，由负有举证证明责任的当事人承担不利的后果。黄某生等五人要求恢复原状，未能提供该路段被挖之前的具体长度与宽度，现有水泥路面的宽度为2.4米，应推定岭浪乡政府对于该路面的最终实施方案就是该宽度。同时马某强、莫某港为了保持其地下室的顺利通行，将水泥路旁边的泥土路往下挖亦情有可原，且没有破坏现有水泥路。黄某生等五人与马某强、莫某港共用一条通道，该通道是黄某生等五人出门的唯一通道，但马某强、莫某港也需通过该路段去往其地下室，故应充分考虑双方对该通道的通行需求比例，故对于黄某生的诉讼请求，不予全部支持。庭审过程当中，莫某港、马某强表示愿意将其挖掉的部分沿着现有路基恢复0.45米，保持路面宽度2.85米，同时拆除超出路面的部分，保持用于维持黄某生等五人的通行，法院予以准许。

广西壮族自治区宁明县人民法院依照《中华人民共和国物权法》第八十四条,《中华人民共和国民事诉讼法》第六十四条、第一百四十四条、第一百五十七条,《最高人民法院关于适用〈中华人民共和国民事诉讼法〉的解释》第九十条的规定,判决如下:

一、马某强、莫某港于本判决生效之日起三十日内将争议路面宽度恢复至2.85米的宽度;

二、驳回黄某生等五人的其他诉讼请求。

黄某生等五人不服一审判决,提起上诉。广西壮族自治区崇左市中级人民法院同意一审法院的裁判意见,判决:

驳回上诉,维持原判。

【法官后语】

相邻关系是指相互毗邻的两个以上不动产所有人、用益物权人或占有人,在用水、排水、通行、通风、采光等方面根据法律规定产生的权利义务关系。在本质上,相邻关系是相邻不动产的权利人行使其权利的一种延伸或限制。给对方提供必要便利的不动产权利人是权利受限制的一方,取得必要便利的不动产权利人是权利得以延伸的一方,这种延伸是行使所有权和使用权所必需的。《中华人民共和国民法典》(以下简称《民法典》)第二百八十八条规定了不动产相邻关系的处理原则,为我们在审理此类案件时明确了处理依据。下文结合该案浅析处理相邻纠纷案件时如何适用“有利生产、方便生活、团结互助、公平合理”原则进行裁判。

一、不动产相邻关系处理原则的立法意义

“有利生产、方便生活”不仅是法律赋予公民的基本权利,也是社会发展的必然态势,是人类实现美好生活的必然前提。“团结互助”原则也是法律通过法条指引人们规范自己的行为、保障社会平稳发展的直接体现。“公平合理”不仅是处理相邻关系的原则,也是我国民法用于调整法律关系的基本原则。民事主体应当坚持社会主义核心价值观,以社会正义、公平的观念指导自己的行为,法院也应当以公平、正义为追求行使审判权。

二、不动产相邻关系的处理原则在处理相邻关系中的适用规则

在相邻关系案件的处理之中，应当审查“相邻权利”的请求是否具有“必要性”。“相邻权利”本质上是不动产权利人之间可以占有或利用的资源，法律允许人们开发利用这种资源从而让生活变得更美好，但这种资源是有限的，所以生产、生活的“便利”不能无限扩张，必须要在法律规定的范围内行使。结合该案来看，涉案共用通道为原告通往大路的唯一通道，其在道路现只有2.4米宽度的情况下，因新的需求，请求将道路扩宽，方便其出行和生产，属于必要的权利要求，也符合随着社会发展人们对生活条件需要有所提高的规律。

在相邻关系案件的处理之中，应当考虑法律规范的“指引性”。相邻关系绝大部分都是“邻里”之间产生的，是“熟人”关系，俗话说“远亲不如近邻”，这就更加体现出团结互助在调整相邻关系之中的重要性。我们在处理相邻关系中不能只考虑通过一案解一事之争，更要力争做到通过一案领一方之风，宣传中华民族美好品德之风。

在相邻关系案件的处理中，应当确保对双方都具“公平性”。“有利生产、方便生活”必须是适用于纠纷双方，当双方对自己所主张的“相邻权利”都出现必要的需求时，我们要做的是寻求双方利益最大化的方案进行处理，不能以一方之便或一方之不便作为判定标准。例如，该案原告诉请将道路扩宽至4米以便车辆和人员进出，被告也辩称需要足够宽的道路前往自家的地下室，且双方对道路的需求不相同，这时候就出现了两个“相邻权利”的争夺。本案考虑到被告是日用百货的个体经营户，需要出入地下室搬运货品，因此综合双方的需求，将原告使用的道路扩宽至2.85米，提高了原告的出行便利，也保证了剩余的道路宽度足够被告使用三轮车等小型拉货车辆的通行，体现了法律的公平性。

三、适用不动产相邻关系的处理原则在处理相邻关系中应当注意的问题

我们在处理相当部分的相邻关系案件时发现，“相邻权利”的延伸不仅只涉及相邻的不动产权利人，还伴随着向集体利益或国家利益的延伸。例如占用集体土地新建房屋、围墙等现象而引起的相邻纠纷，此时，我们不能简单地适

用“有利生产、方便生活、团结互助、公平合理”原则来处理，还要结合地方发展规划以及相关的法律、法规来进行判断，在维护个人合法权益的同时，也要为地方有序发展提供有力保障，保护集体和国家利益不受损害，避免法院的一纸裁判成为“乱搭乱建、随心所欲”发展壮大的帮手。

编写人：广西壮族自治区宁明县人民法院　黄润威

36

土地界限清楚的侵权案件应属民事诉讼受案范围

——杨某廷诉唐某斌相邻关系案

【案件基本信息】

1. 裁判书字号

广西壮族自治区贺州市中级人民法院（2020）桂11民终779号民事裁定书

2. 案由：相邻关系纠纷

3. 当事人

原告（上诉人）：杨某廷

被告（被上诉人）：唐某斌

【基本案情】

杨某廷与唐某斌相继与案外人唐某龙互换了唐某龙承包经营的一块田地。2010年10月18日，唐某龙与唐某斌签订互换田地协议时，注明争议地留2.3米宽的通道。2011年1月22日，唐某龙与杨某廷签订互换一丘水田的协议书，协议书由唐某斌执笔书写并作为在场人在协议书上签字。唐某龙换给杨某廷的水田地名叫屋面前，东面与杨某春隔界，南面与唐某斌隔界，西面与杨某宏隔界，北面与杨某富隔界。当年，杨某廷在唐某龙换给的土地南面建起小厨房，东面、西面和北面建起水泥砖围墙。2014年春，杨某廷一家人外出打工，唐某斌在杨某廷所建小厨房东面的11.05平方米土地上搭起水泥板，用于堆放垃圾，引发双方纠纷。为此杨某廷起诉，要求唐某斌将侵占其厨房旁边土地11.05平方米的水泥板拆除，恢复原状，并赔偿破坏杨某廷砌的围墙人工费1200元、材料费400元，合计1600元。

【案件焦点】

本案纠纷是土地权属争议还是土地侵权纠纷。

【法院裁判要旨】

广西壮族自治区富川瑶族自治县人民法院经审理认为：杨某廷、唐某斌讼争的土地原为案外人唐某龙承包的水田。唐某龙与唐某斌签订互换田地协议时，注明争议地留2.3米宽作为通道。唐某龙与杨某廷签订互换田地协议时，未注明争议土地留作通道，而是简单标注南邻唐某斌。杨某廷主张对讼争地享有使用权，并用水泥砖砌墙围住不允许唐某斌通行，唐某斌将围墙推倒，因而引发本案纠纷。唐某龙证实争议地是留作通道，方便杨某廷、唐某斌通行的事实。因本案涉及土地使用权及城乡规划的法律关系问题，依据《中华人民共和国土地管理法》第十四条“土地所有权和使用权争议，由当事人协商解决；协商不成的，由人民政府处理……”和《中华人民共和国城乡规划法》第六十五条“在乡、村庄规划区内未依法取得乡村建设规划许可证或者未按照乡村建设规划许可证的规定进行建设的，由乡、镇人民政府责令停止建设、限期改正；逾期不改正的，可以拆除”的规定，本案讼争土地使用权不清及是否允许在争议的土地上建围墙是政府行政职能，不属于人民法院民事处理范畴。

广西壮族自治区富川瑶族自治县人民法院依照《中华人民共和国民事诉讼法》第一百二十四条第一款第三项、第一百五十四条第一款第三项的规定，裁定如下：

驳回杨某廷的起诉。

杨某廷不服一审裁定，提起上诉。广西壮族自治区贺州市中级人民法院经审理认为：根据《中华人民共和国民事诉讼法》的规定，起诉必须符合四个条件，杨某廷与唐某斌讼争的土地原为案外人唐某龙承包的水田，案外人唐某龙先后与唐某斌和杨某廷互换田地。杨某廷与本案有直接利害关系，且在一审起诉时有明确的被告、具体诉讼请求及事实和理由，诉请的内容是恢复原状及赔偿损失，诉请属于人民法院受理的民事诉讼的范围，一审法院也有管辖权。故，一审法院认定杨某廷、唐某斌对案涉土地使用权有争议且是否允许在争议土地上建围墙是政府职能，不属于人民法院民事处理范畴，裁定驳回杨某廷的起诉实属不当，应予以纠正。

广西壮族自治区贺州市中级人民法院依照《中华人民共和国民事诉讼法》第一百七十一条、《最高人民法院关于适用〈中华人民共和国民事诉讼法〉的解释》第三百三十二条规定，裁定如下：

一、撤销一审民事裁定；

二、本案指令广西壮族自治区富川瑶族自治县人民法院审理。

【法官后语】

本案原告以相邻关系纠纷提起诉讼，是否支持其诉求，审理的关键在于确定争议土地权属是否清楚，并进一步确定本案是属于人民法院受理民事诉讼的范围还是属于人民政府的职能。争议的性质属于土地权属争议则应由人民政府确权，属于人民政府的职能，土地侵权纠纷则属民事诉讼的范围由人民法院受理。土地权属争议是指因土地的所有权和使用权不明确而产生的争议，根据《中华人民共和国土地管理法》的规定，处理土地权属是人民政府的一项法定职责，未经政府处理的土地权属争议案件，人民法院不予受理。土地侵权纠纷则是在土地权属明确的情况下，因侵犯他人土地权利而产生的纠纷，对土地侵权纠纷可直接向人民法院提起民事诉讼。2003 年施行的《土地权属争议调查处理办法》明确规定，土地侵权案件不属于土地权属争议调处的范围。对于土地界限清晰、四至界限明确的应不属于土地权属不清，使用权有争议的情形，原告据此起诉的侵权行为应属人民法院受理的民事诉讼范围。原国土资源部在《关于土地登记发证后提出的争议能否按权属争议处理问题的复函》（国土资厅函〔2007〕60 号）中对土地权属争议进行了更加明确的界定，认为土地权属争议是指土地登记前，土地权利利害关系人因土地所有权和使用权的归属而发生的争议；土地登记发证后已经明确了土地的所有权和使用权，土地登记发证后提出的争议不属于土地权属争议。

本案中，唐某龙将自己承包经营的水田先后与唐某斌、杨某廷签订协议进行互换，协议书上明确了互换土地的地名及四至界限。双方争议的水田作为承包经营地其界限明确，权属清楚，在互换协议上也明确标明四至界限位置，所以本案争议的土地应是界限清楚、权属明确的。杨某廷主张其对讼争土地享有使用权，主张恢复原状和损坏赔偿实属土地侵权纠纷，属于人民法院受理的民事诉讼范围，且讼争的土地在一审法院的辖区，一审法院具有管辖权，故本案应当由法院进行审理。

司法实践中，土地侵权案件中被告方会以存在土地权属争议进行抗辩，但并非存在土地所有权和使用权的实质性争议。这类案件的显著特点是：一方面，当事人的诉求是排除妨害、恢复原状和侵权损害赔偿，并非土地确权，案件的性质是给付之诉而不是确认之诉；另一方面，确认土地权属是证明侵权存在的前提，人民法院必须查明土地权属，才能确认权利主体以及侵权行为是否存在。所以审理土地侵权案件的第一步就是确认权属关系。不能因认定土地侵权需以确认土地权属为前提，就以人民法院对土地权属没有直接审查权为由裁定驳回起诉。否则，会导致土地侵权案件转化为土地确权案件，交由行政机关先行处理，提高物权保护的难度和成本，不利于物权保护。对于此类案件，人民法院虽不能直接审查确认土地权属，但可以审查土地所有权、使用权争议是否存在。这也符合《土地权属争议调查处理办法》的规定和精神。法院一旦审查认为土地所有权和使用权没有争议，则应按土地侵权之诉进行审理。

编写人：广西壮族自治区贺州市中级人民法院　王凯祥

（五）共有纠纷

37

共有人按约定支付赔偿款属于对共有物的管理

——臧甲诉臧乙等共有案

【案件基本信息】

1. 裁判书字号

北京市第二中级人民法院（2020）京02民再152号民事判决书

2. 案由：共有纠纷

3. 当事人

原告（被上诉人）：臧甲

被告（上诉人）：臧乙、臧丙、臧丁、臧戊、臧己、陈甲、陈乙、李甲、李乙、李丙

【基本案情】

A房屋为本案原被告按份共有。2009年3月5日，杨某依据其签署的《房屋租赁协议书》开始承租A房屋用于经营。约定租期五年，前三年每年租金为18万元。在《房屋租赁协议书》首部载明出租方是臧乙，落款处有臧甲和臧乙的签名。

租期中，杨某将第一年租金打入臧甲的账户后，臧甲将其分配给其他出租人，其他出租人对此并无异议，杨某正常使用房屋。在第二年杨某交纳租金前，出租人对谁有权收取租金发生争议，为此，臧乙等以房屋租赁合同纠纷为由起

诉杨某，要求杨某给付房租及违约金。2010年5月15日、2011年2月15日，藏乙等人先后到杨某店里催要房租，发生过冲突，2011年2月15日，杨某找到臧甲要求退租，并向臧甲提出赔偿违约金、装修损失等共计18万元。臧甲给付杨某137500元。杨某于当日夜间搬离出租房屋，将房屋钥匙交给臧甲。(2014)西民再初字第26号民事判决驳回了臧乙等的诉讼请求。

藏甲要求藏乙等人按份额支付其应承担的数额。

【案件焦点】

1. 臧甲是否为本案的适格主体；2. 臧甲是否有权代表其他共有人对外赔偿；3. 臧乙等共有人是否应共同承担向杨某的赔付责任。4. 臧甲赔偿给杨某款项是否具有真实性、合理性。

【法院裁判要旨】

北京市西城区人民法院经审理认为：1. 关于臧甲是否为本案的适格主体。法律规定，共有人偿还因行使管理义务而产生的合理债务，超过自己应当承担份额的，可依法向其他共有人追偿。本案为共有纠纷，臧甲的诉求亦为其因管理共有房屋产生的损失，臧甲为本案的适格主体。

2. 关于臧甲是否有权代表其他共有人对外赔偿。《中华人民共和国物权法》第九十六条规定，共有人按照约定管理共有的不动产或者动产；没有约定或者约定不明确的，各共有人都有管理的权利和义务。本案中，共有人对诉争房屋管理职责无明确约定，因此臧甲作为房屋共有人，有权对房屋行使管理职责。臧甲参与了与杨某就租赁房屋进行的谈判、签订合同、分配租金等事项。在涉案房屋租赁合同的签订和履行过程中，臧甲是以相当于共有房产代表人的身份实施了具体的管理职责，因此当房屋租赁发生争议时，基于管理职责，臧甲享有与杨某协商解决争议的权利和义务。

3. 关于臧乙等人是否应共同承担向杨某的赔付责任。在杨某履行了交纳租金的义务后，臧乙等人到杨某店里讨要租金，影响到杨某的正常经营，为此杨某找到臧甲要求赔偿其经济损失并将涉案房屋交还。由此可见，造成涉案房屋租赁协议无法正常履行的原因是臧乙等人造成的，故臧乙等房屋共有人应共同承担向杨某的赔付责任。

4. 关于臧甲赔偿给杨某款项是否具有真实性、合理性。另案生效判决（2014）西民再初字第26号查明，臧甲给付杨某137500元之事实客观存在。该金额包括1个月的租金，20%的违约金及部分因装修产生的财产损失，臧甲对杨某的赔付行为具有合理性。

北京市西城区人民法院依据《中华人民共和国物权法》第九十六条、第一百零二条，《中华人民共和国民事诉讼法》第一百四十四条之规定，判决如下：

一、自本判决生效之日起十日内，臧乙、臧丙、臧丁、臧戊、臧己分别给付臧甲17187.5元；

二、陈甲、陈乙给付臧甲17187.5元；

三、李甲、李乙、李丙给付臧甲17187.5元。

臧乙、臧丙、臧丁、臧戊、臧己、陈甲、陈乙、李甲、李乙、李丙不服一审判决，提出上诉。北京市第二中级人民法院同意一审法院的裁判意见，判决驳回上诉，维持原判。

【法官后语】

本案反映的问题实质是按份共有人共同承担的债务的认定标准。对此应当认为，按份共有人管理共有物支付的必要管理费用为共有人的共同债务，按份共有人对外清偿后，有权向其他按份共有人追偿。主要理由有：

一、赔付行为属于管理行为

有观点认为，臧甲的赔付行为属于处分行为。因臧甲并不是唯一有权管理涉案房屋的共有人，为了保护各共有人的利益，臧甲无法证明赔付行为经过了三分之二以上共有人同意，因此臧甲的赔付行为是个人处分行为，无权要求其他共有人承担份额内的赔付责任。

笔者认为，臧甲的赔付行为是管理行为。上述观点对共有物“管理”概念的理解没有到位，共有物的“管理”是一个外延宽泛的概念，是为了使共有物发挥社会的、经济的作用而对共有物所为的一系列活动。对共有物的管理既是共有人的权利，也是义务。本案中臧甲对诉争房屋有权行使管理的职责，当因房屋租赁发生争议时，有权基于管理职责与杨某解决争议。具体而言，臧甲的赔付行为是履行租赁合同约定义务的行为。杨某履行了交纳租金的义务后，臧乙等多次到杨某店里讨要租金，导致杨某无法正常经营，租赁合同的目的不能实现，杨某有权解除合同，并有权向任一共有人主张违约金和财产损失费用。因合同约定产生的债务，所有共有人均应承担赔付责任。这种偿还债务的赔付责任并不需要经过三分之二以上共有人的同意，这是共有人与杨某签订租赁合同已约定的违约责任。臧甲向杨某支付违约金及赔偿金的行为是履行租赁合同所约定的合同义务。义务的履行无需经共有人多数表决。不能因为共有人之间对于赔付的金额及赔付方式无法达成一致而免除这种义务。

二、共有人支付必要管理费用，就超出应当承担的份额有权向其他共有人追偿

《中华人民共和国民法典》第三百零七条规定，“因共有的不动产或者动产产生的债权债务，在对外关系上，共有人享有连带债权、承担连带债务……偿还债务超过自己应当承担份额的按份共有人，有权向其他共有人追偿”。按份共有关系中，除共有人另有约定外，每位共有人的份额是确定的，承担的义务和权利也是与其份额一致的。因此，支付的必要管理费用超出其应承担的份额时，共有人可以向其他共有人请求偿还。

臧甲因解决争议所赔付的违约金及赔偿金符合租赁合同约定，其偿还的金额在合理范围内。针对超过臧甲应当承担的份额，臧甲有权向其他共有人追偿。

及时合理地履行法定或约定的赔付义务对于其他共有人的权益实质是一种保护，能防止因共有物产生的债务扩大化。本案支持臧甲要求其他共有人共同承担赔付款项的诉求，是对共有人的追偿权的保护，有利于鼓励共有人在合法合理的范围内积极履行管理职责。

编写人：北京市西城区人民法院　刘珍　陈施斯

38

分割已确定财产价值和共有比例的共有物时不宜再考虑被分割财产价值变动等因素

——徐某明诉徐甲共有物分割案

【案件基本信息】

1. 裁判书字号

北京市第一中级人民法院（2020）京01民终3650号民事判决书

2. 案由：共有物分割纠纷

3. 当事人

原告（被上诉人）：徐某明

被告（上诉人）：徐甲

【基本案情】

徐某明与徐甲于2004年登记结婚，双方婚后于2005年贷款购买了案涉房屋，登记在徐某明名下。2016年，徐某明与徐甲协议离婚，并签订离婚协议书，协议明确财产分割内容：存款由各自处理，案涉房屋变卖后各占50%。双方离婚后，徐某明诉至法院要求确认案涉房屋的所有权，北京市海淀区人民法院于2019年5月作出（2019）京0108民初28073号民事判决书，判决徐某明名下案涉房屋由徐某明、徐甲按份共有，双方各占50%的份额。现徐某明要求对共有物进行分割。审理中，经徐某明申请，北京市海淀区人民法院委托某房地产土地评估公司进行评估，某房地产土地评估公司于2019年12月19日作出《房地产司法鉴定估价报告》，确定案涉房屋于价值时点2019年12月5日在现状条件下的市场价值为602.1万元。徐某明交纳鉴定费1.7万元。对于房屋的分割问题，徐某明主张，现此房还有贷款及债务未偿还，并提交了相应银行明细和票据。徐某明表示房屋归其所有，由其向徐甲支付房屋折价款，双方共担款项自愿由其个人先行偿还，在其向徐甲支付的房屋折价款中予以扣除。

【案件焦点】

确定徐甲、徐某明取得分割案涉房屋应取得的价值时是否考虑房屋价值变动的因素以及房屋所负债务的负担。

【法院裁判要旨】

北京市海淀区人民法院经审理认为：案涉房屋系徐某明、徐甲在婚姻存续期间购买，此房屋为双方共有，各占一半的份额，现徐某明要求法院对共有物进行分割，法院予以支持。案涉房屋以徐某明名字购买，房屋贷款未还清，且尚有使用房屋产生的债务，对于徐某明的主张，法院考虑到房屋的使用情况及双方的支付能力，将房屋判归徐某明所有为宜，由徐某明向徐甲支付相应的房屋折价款。对于支付的款项，法院参考鉴定的市场价值、偿还贷款的情况及使用房屋产生的债务情况酌情确定。徐某明自愿承担使用房屋产生的债务，法院不持异议，本案一并予以处理。

北京市海淀区人民法院依据《中华人民共和国民事诉讼法》第一百四十四条，《中华人民共和国物权法》第九十九条、第一百条之规定，作出如下判决：

一、徐某明名下案涉房屋归徐某明所有，贷款由徐某明自行偿还；

二、徐某明给付徐甲房屋折价款260万元。

徐甲不服一审法院判决，提起上诉。北京市第一中级人民法院经审理认为：经一审法院委托评估，确定诉争房屋市场价值为602.1万元，应依据该报告的结论确定该房屋的价值。如前所述，徐某明、徐甲各占该房屋50%的份额，二人各自应得份额对应的价值为301.05万元。徐甲虽认为案涉房屋评估价值偏低，但并未提供证据否定前述评估报告确定的房屋价值，其该主张缺乏事实依据。根据已查明的事实，案涉房屋《房屋所有权证》登记的房屋所有权人为徐某明，该房屋所涉贷款由徐某明偿还，一审法院综合考虑本案因素，判令案涉房屋由徐某明所有并无不当，徐某明应向徐甲支付案涉房屋折价款 301.05 万元。

北京市第一中级人民法院依照《中华人民共和国物权法》第九十九条、第一百条规定，作出如下判决：

一、撤销一审民事判决；

二、案涉房屋由徐某明所有；

三、徐某明给付徐甲 301.05 万元；

四、驳回徐某明的其他诉讼请求。

【法官后语】

商品房屋的价格波动幅度较大，且购置房屋时通常涉及房屋贷款等因素，因此当事人在分割不动产时往往主张考虑房屋价格涨跌、贷款偿还负担等因素对财产总额和分割比例进行调整。但是，在共有物的价值和分割的比例均已经确定的情况下，人民法院不宜再对当事人应分得财产的数额进行调整。具体原因为：

首先，在确定不动产价值时，已经综合考虑了房屋价值的波动问题，房地产估价机构对房屋的价值评估并非仅仅按照评估时房屋的市价进行认定，还会考虑房屋所在区位、相似地段一定周期内房地产市场价格变动的因素、房屋折旧情况等，因此，评估时点的房屋价值是通过综合考量多种因素确定的，能够准确反映出被评估房屋在评估时点的市场价值。法院在没有充分证据证明分割财产时价值较评估时点的市场价值发生较大变化的，对房屋价值不宜调整。

其次，法院酌定共有人应得分割财产的数额，实质为变更已经确定的财产分割比例。确定共有人对财产份额的比例，有约定从约定，无约定，则应按照法律的规定确定分割比例，上述约定或者法定的比例，均体现为已确定的分割共有物的份额，除有证据予以否定外，不应再次对分割比例进行认定。

最后，共有物分割是共有人对共有物份额的划分，属于物权纠纷项下的争议，而共有物上负担的债权债务，与确定共有物的物权份额并无直接关联，在共有物分割后，一方当事人依据对方交付分割共有物对应的价款而产生债权后，共有物上债权债务方产生与交付价款债权抵销或减少的债权债务纠纷，因此，在共有人的诉讼请求为分割共有物的情况下，该共有物上是否负担债务，不应影响共有人分割财产的份额和数额。

就本案而言，生效判决已经认定徐某明与徐甲各占需分割的不动产50%的份额，一审诉讼期间，房地产评估机构对于房屋价值作出了评估意见，且徐某明诉讼请求为对案涉房屋进行分割，一审法院综合案涉房屋所有权登记、贷款主体等情况，判令房屋由徐某明所有以及徐某明向徐甲支付折价价款并无不当，但在房屋价款和份额比例已经确定的情况下再行调整房屋价值以及徐某明、徐甲各自应得财产的数额不当，该处理方式考虑了案涉房屋上物业费等债务以及房屋贷款负担等情况，超出了本案处理争议的范畴。

需要说明的是，夫妻双方离婚后对共有不动产进行分割，易与离婚后财产分割纠纷混淆。离婚后财产分割纠纷中，如当事人对包括房屋、动产、现金、有价证券以及共同债务一并要求分割的，可考虑上述因素对夫妻各自应得财产予以调整，并未超出分割夫妻财产的范围，但本案仅涉及对房屋的分割，未涉及其他财产或债权债务，因此不宜一并处理。

编写人：北京市第一中级人民法院　徐硕

39

共有人对分割共有物无法达成一致意见时，应以认定份额为主要方式在判决中直接认定共有物归一方所有

——郑某诉张某成、某运输公司合伙协议案

【案件基本信息】

1. 裁判书字号

河南省平顶山市中级人民法院（2020）豫04民终1784号民事判决书

2. 案由：合伙协议纠纷

3. 当事人

原告（被上诉人）：郑某

被告（上诉人）：张某成

被告：某运输公司

【基本案情】

2017 年 3 月，郑某与张某成口头约定双方共同出资购买大货车，用于合伙经营车辆运输业务，并约定利润分配的方式为郑某分 40%、张某成分 60%，但未订立书面的合伙协议，之后双方购买了牵引主车及挂车，裸车价款为 532400 元，由郑某出资 100000 元，张某成和郑某向某运输公司借得 100000 元无息借款，又共同贷款 309000 元，剩余费用为张某成所出。车辆登记并挂靠在某运输公司名下营运，目前该车辆的按揭贷款已偿还完毕。自 2017 年 4 月至 12 月，该车由郑某经营运输业务，随后该车由张某成经营运输业务，现该车已停止运输业务。二人各自经营运输业务期间的收入、支出均各自掌握，双方均没有对经营运输业务期间的收支情况进行过清算。张某成认为其为案涉车辆实际所有人，郑某认为实际车主是郑某和张某成。现郑某要求解除合伙关系并进行结算，故引起诉讼。

【案件焦点】

张某成与郑某的合伙关系是否应当予以解除，若应当解除，合伙共有物应如何分割。

【法院裁判要旨】

河南省平顶山市新华区人民法院经审理认为：个人合伙具有较强的人合性特征，郑某主张要求解除合伙关系，郑某与张某成双方丧失了信任基础，合伙关系也就名存实亡，故对郑某要求解除合伙关系的诉讼请求予以支持。郑某主张要求张某成向其退回 100000 元合伙购车款并支付合伙财产，法院认为郑某的购车款在双方合伙购买车辆后已转变为合伙财产，要求张某成退还此款没有事实及法律依据，故不予支持。双方的合伙财产，除了货车外，还有通过该货车所得的收益部分，但庭审中，双方提交的证据材料均被对方不予认可，故双方的收益法院无法认定。经评估鉴定货车的现有价值，总价格为263700元。庭审中，郑某自述利润分配的方式为郑某分40%、张某成分60%，张某成未持异议。案涉车辆目前实际归张某成所持有，基于车辆的性质无法直接分割，故法院认定张某成向郑某支付车辆评估价格的40%，作为对双方合伙财产的结算。

河南省平顶山市新华区人民法院依照《中华人民共和国民法通则》第三十条、第三十二条，《中华人民共和国民事诉讼法》第六十四条之规定，判决如下：

一、解除郑某与张某成关于挂货车的合伙关系；

二、挂货车归张某成所有；

三、张某成于本判决生效之日起十日内向郑某支付挂货车折价费105480元；

四、张某成于本判决生效之日起十日内向郑某支付鉴定费7800元；

五、驳回郑某的其他诉讼请求。

张某成不服一审判决，提起上诉。河南省平顶山市中级人民法院经审理认为：合伙经营积累的财产，归合伙人共有。现在郑某与张某成均认可的合伙共同财产是涉案货车，该车应归二人共有。虽然对该车评估了现有价值，但该车无法直接分割且已经停止运输，郑某与张某成均表示不愿要该车，且该车的评估价值与实际变现的价值并不完全一致，故一审将该车直接认定归张某成所有，由张某成以车辆评估价值为基数按照40%的比例支付郑某合伙财产不当。根据本案的实际情况，法院酌定郑某与张某成共同在本判决生效后一个半月内将该车处理变现，变现后的款项按照郑某40%、张某成60%的比例进行分配，逾期造成的损失由怠于履行者承担。

河南省平顶山市中级人民法院依照《中华人民共和国民事诉讼法》第一百七十条第一款第二项规定，判决如下：

一、维持一审民事判决第一项、第四项、第五项；

二、撤销一审民事判决第二项、第三项。

【法官后语】

分割共有物时应当考虑共有人的意愿及共有物的性质，以最为公平合理的方式分割，对难以分割或者因分割会减损共有物价值的，应以认定份额为主要方式，慎重在判决中直接认定共有物归一方所有。

一、共有人请求分割共有物的，应当审查是否符合分割条件

共有包括按份共有和共同共有。《中华人民共和国民法典》（以下简称《民法典》）第三百零三条继承原《中华人民共和国物权法》（以下简称《物权法》）第九十九条的规定，据此，共有人能否请求分割共有物应当遵循以下规则：（1）应尊重共有人的约定，共有人约定不得分割的，存在重大理由需要分割时才可以请求分割；（2）共有人没有约定或约定不明时，按份共有人可以随时请求分割，共同共有人在基础丧失或有重大理由需要分割时才可以请求分割。对“重大理由”如何把握和理解，应当根据具体案情并参照合同解除的条件进行判断。比如出现了不可抗力事件，部分共有人难以实现对共有财产的使用目的；部分共有人严重违约，侵害其他共有人的合法权益，共有信赖基础丧失；出现某一共有人主体丧失等法定事由；共有人存在严重经济危机需要分割共有物等。本案中，张某成与郑某之间为按份共有，双方没有不得分割共有物的约定，且双方同意散伙，按照法律规定可以随时请求分割共有物。

二、尊重当事人意思自治

以鼓励共有人协商确定分割方案为必要程序，应根据共有人的意愿及共有物的性质，尽量促成共有人达成分割方案。共有人之间均存在特殊关系，或亲情，或友情。《民法典》第三百零四条第一款延续了《物权法》第一百条第一款的规定，“共有人可以协商确定分割方式……”据此，在分割共有物时，应考虑共有人之间的特殊关系，鼓励共有人协商一致确定分割方案。若共有人不能自行协商一致，应充分了解共有人的意愿，比如何人想获得金钱，何人想获得共有物所有权，共有物对何人更有用处，何人具有相应的财力能够向对方支

付折价款等，也应充分了解共有物的性质，比如是否为可分物，目前是否能够正常使用，价值几何等，提出方案，平衡各方利益，尽量促成共有人之间形成一致的分割方案。

三、无法形成一致的分割方案时，应以认定份额为主要方式，慎重在判决中直接认定共有物归一方所有

在共有人的信任基础已经丧失的情况下，分割共有物时，锱铢必较。分割共有物时经常出现两种情形，共有人争夺共有物和共有人争夺变现价款。共有物系共有人所共有，任何一方均有权获得共有物的所有权，在共有人之间未协商一致的情况下，法院直接认定共有物归一方所有，极易引发其他共有人的不满。比如房屋，共有人大概率会争夺所有权，无论法院判定哪一位共有人享有所有权，对其他共有人而言均是不公平的，若再因获得房屋所有权的共有人无资金向其他共有人支付折价款，对其他共有人而言则更为不公，最终不仅不能定分止争，且会激化矛盾，更会增加执行难度。对于可以分割且不会因分割减损价值的共有物，不能形成一致意见时，应直接按份额对实物予以分割；对难以分割或因分割减损价值的共有物，原则上应以认定份额为主要方式，并判决共有人对变现价款按份额予以分配，慎重在判决中直接认定共有物归一方所有。

本案中，二审经询问得知张某成不愿意接受共有挂车，并考虑到挂车已经停运较长时间，随着时间的推移，不可避免地会存在贬值的情况，评估的价值并不一定就是挂车实际能够变现的价值，不能当然地认为张某成占有份额较多就将挂车的所有权分配给张某成，由张某成支付郑某挂车折价费。因为这种分割方式对于张某成来说显然是不公平的，也不能从根本上解决二人之间的矛盾。故二审充分考虑张某成的上诉意见及挂车目前状况，改判张某成和郑某限期将挂车处理变现，变现后的款项按照合伙份额进行分配，也符合《民法典》关于共有物分割方式的规定。

编写人：河南省平顶山市中级人民法院　王光辉　朱斐斐

40

工亡赔偿金分割民事案件案由应如何认定，该赔偿金如何分割

——罗某飞、葛某诉何某凤共有物分割案

【案件基本信息】

1. 裁判书字号

广西壮族自治区宾阳县人民法院（2020）桂0126民初1278号民事判决书

2. 案由：共有物分割纠纷

3. 当事人

原告：罗某飞、葛某

被告：何某凤

【基本案情】

2020年2月5日，死者葛某鹏因工伤死亡。何某凤、葛某鹏、罗某飞、葛某系共同生活家庭成员。事故发生后，以赔偿单位为甲方，以罗某飞、葛某、何某凤为乙方，达成工亡赔付协议书，协议约定甲方向乙方一次性支付各项赔偿金共计1200000元，扣除乙方自担的相关费用20000元后，工亡赔偿金为1180000元。协议签订后，甲方将1180000元汇入何某凤的银行账户中。何某凤收到该赔偿款后，罗某飞从何某凤处领取了其预支的丧葬费用16500元，何某凤从该赔偿款中支配并领取的款项有：（1）领取6215元用于归还其家庭尚欠的肥料款项；（2）领取47988元用于归还死者个人债务以及家庭债务；（3）领取5055.83元用于支付何某凤就医检查治疗疾病的费用。上述赔偿款由何某凤支配，罗某飞、葛某要求按其份额分配该赔偿款，遂诉至法院。

【案件焦点】

涉案赔偿款应如何分割。

【法院裁判要旨】

广西壮族自治区宾阳县人民法院经审理认为：关于本案案由如何确定的问题。法院在立案时，立案庭初步审查后，确定本案案由为继承纠纷。从本案查明的事实来看，双方当事人讼争的系因工亡赔偿金分割而引发的纠纷。工亡赔偿金即为工亡职工的近亲属的财产，其原则上为死者近亲属共同共有。不能简单地参照《中华人民共和国继承法》规定，将工亡赔偿金进行平均分配。因此，本案案由确定为共有物分割纠纷更为适宜。

关于本案工亡赔偿金如何分割问题。根据《工伤保险条例》相关规定，工亡赔偿金包括丧葬补助金、供养亲属抚恤金、一次性工亡补助金。本案死者因工死亡后，获得的工亡赔偿金为 1200000 元，扣除 20000 元相关费用后，尚有 1180000 元。对该款的分割，应依据工亡赔偿金各构成部分的性质进行分配，本案丧葬补助金按照相关标准为 36774 元，扣除罗某飞已领取的 16500 元，余下丧葬补助金 20274 元，罗某飞同意由何某凤支配所有，法院予以确认。本案死者生前供养的亲属有葛某、何某凤两人，故供养亲属抚恤金由葛某、何某凤两人享有分配。由于死者亲属与赔偿单位在协商赔偿时没有按照工伤保险条例的有关规定计算出供养亲属抚恤金各自的份额，所以葛某与何某凤就抚恤金标准达成合意，各得供养亲属抚恤金 181431 元，法院予以确认。一次性工亡补助金具有人身属性和人员的特定性。根据一次性工亡补助金的性质。其不属于工亡职工的遗产范围，不能简单地依据继承法的规定进行处理。而应按照与死者生活联系的紧密程度，综合考虑死者父母和子女的年龄、劳动能力、收入状况、受教育状况等因素确定分配份额。本案有权参与分配该补助金的近亲属为死者的妻子罗某飞、女儿葛某、母亲何某凤。何某凤提出其女儿葛某芳也有权参与死者死亡赔偿金的分配，虽然葛某芳系死者近亲属，但其系完全民事行为能力人，没有丧失劳动能力，不属于死者供养的亲属，亦非第一顺序继承人和“赔偿权利人”，故该项主张不予支持。由于死者亲属与赔偿单位在协商赔偿时没有按照《工伤保险条例》规定计算确定本案一次性工亡补助金的数额，故上述1180000元工亡赔偿金中，扣除丧葬补助金和供养亲属抚恤金，余款780364元作为一次性工亡补助金进行分割。死者的妻子罗某飞、女儿葛某、母亲何某凤与死者生活联系的紧密程度相当，而罗某飞系肢体三级残疾人，葛某未满1周岁，何某凤还有其女儿葛某芳赡养，从这些因素考虑，本案一次性工亡补助金可以适当多分给罗某飞、葛某，但罗某飞、葛某主张与何某凤平均分割，法院予以确认。另外，对于上述赔偿款项，双方同意扣除用于归还死者生前尚欠的债务及家庭债务等合理费用共计54203元，对双方有争议且没有证据证明的8205.83元不予扣除。因此，对于本案一次性工亡补助金780364元，扣除54203元后，余款726161元，由罗某飞、葛某、何某凤平均分配，每人各得242053.67元。

综上所述，本案的工亡赔偿金1180000元，葛某获得供养亲属抚恤金181431元，何某凤获得供养亲属抚恤金181431元；罗某飞获得丧葬补助金16500元（已领取），何某凤获得丧葬补助金20274元；罗某飞、葛某和何某凤各获得一次性工亡补助金242053.67元。

广西壮族自治区宾阳县人民法院依照《中华人民共和国物权法》第一百条第一款、《工伤保险条例》第三十七条的规定，判决如下：

一、被告何某凤于本案判决发生法律效力之日起十日内支付原告葛某供养亲属抚恤金181431元；

二、被告何某凤于本案判决发生法律效力之日起十日内分别支付原告罗某飞、葛某一次性工亡补助金242053.67元；

三、驳回原告罗某飞、葛某的其他诉讼请求。

【法官后语】

本案是一起典型的工亡赔偿金分配纠纷。审判实务中，此类案件的审理难度在于：一是确定案由以及案件性质；二是确定涉案工亡赔偿金的各类款项金额；三是确定共有金额以及划分各共有人分配份额。尤其注意，不应将死者的工亡赔偿金视为死者的遗产，进而将共有人范围等同于继承人范围。

一、关于涉案工亡赔偿金各类款项金额的确定

实务中，此类案件中赔偿单位与死者家属所达成的协议往往并不规范，甚至过于笼统，并未将工亡赔偿金所包含的丧葬补助金、供养亲属抚恤金、一次性工亡补助金的金额以及计算方式在协议中明确规定，法庭可根据以下标准进行确定。

1. 丧葬补助金应参照《工伤保险条例》的标准进行计算，扣除实际发生的丧葬费用后的剩余金额由共有人参与分配。

2. 关于供养亲属抚恤金，根据《工伤保险条例》的有关规定可知，抚恤金是按月发给工亡职工生前供养的亲属的生活补助金。即应按照该抚恤金的性质确定本案死者应供养的亲属范围。在划定范围后，供养亲属抚恤金的计算标准应按照《工伤保险条例》的相关规定进行计算。而本案中，死者亲属与赔偿单位没有约定此抚恤金的范围和份额，所以其既可以参照《工伤保险条例》规定的标准计算，也可以由被供养亲属共同协商确定标准进行计算。

3. 关于一次性工亡补助金，根据《工伤保险条例》，一次性工亡补助金标准为上一年度全国城镇居民人均可支配收入的20倍。本案中，由于赔偿单位和死者家属并未按照此标准计算，故将本案当事人从单位获得的工亡赔偿金在扣除丧葬补助金、供养亲属抚恤金后的余额作为一次性工亡补助金进行分割。

二、关于共有金额以及各共有人分配份额的确定

根据《工伤保险条例》的规定，一次性工亡补助金属于工亡职工的近亲属领取的保险待遇，其具有人身属性和权利主体的特定性。一次性工亡补助金支付后，即为工亡职工的近亲属的财产。本案中，实际应分配的共有金额为一次性工亡补助金扣除死者生前尚欠的债务及家庭债务等合理费用后的余额。该余额不是工亡职工生前依法所得的财产，故其死亡后，该余额不属于工亡职工的遗产范围，不能简单地依据继承法的规定进行处理。首先应确定享有分配权利的近亲属，不能简单地认为死者法定继承人等于同权利主体。因死者与配偶、父母、子女之间存在法定的扶养关系，根据《工伤保险条例》和《因工死亡职工供养亲属范围规定》的相关规定，一般情况下，参与分配的人员系死者的配

偶、父母、子女，但也包括由死亡职工生前提供主要生活来源、无劳动能力的其他亲属。应按照与死者生活联系的紧密程度，综合考虑死者父母的年龄、劳动能力、收入状况、有无其他子女，配偶的年龄、劳动能力、抚养子女的能力，子女的年龄、生活来源、受教育状况等因素确定分配份额。而并非完全平均分配。

三、关于本案的参考价值

本案具有特殊性，案件的审判方法对于司法实践有一定的参考意义。审理过程中，法官首先需综合考虑分配分割，尽量引导双方达成合意，因为案件双方并非赔偿单位与死者家属，而是各共有人。即在审理中对于各项金额的认定上，可以由当事人协商标准。其次，本案具有家事案件的色彩，因为参与分配工亡赔偿金的人员一般为死者近亲属，彼此是家庭成员关系，工亡赔偿金要合理分配，才能定分止争，化解纠纷，发挥出工亡赔偿金的应有效用，进而促进家庭和谐与社会稳定。

编写人：广西壮族自治区宾阳县人民法院　董全

41

债权人代位析产诉讼应明确是否存在共有财产及共有财产范围

——张某诉金某、王某债权人代位析产案

【案件基本信息】

1. 裁判书字号

北京市第三中级人民法院（2021）京 03 民终 14756 号民事裁定书

2. 案由：债权人代位析产纠纷

3. 当事人

原告（上诉人）：张某

被告（被上诉人）：金某、王某

【基本案情】

张某为另案生效判决的申请执行人，对王某享有 8000 万元本息债权，王某未履行判决义务。张某起诉王某与金某，称王某与金某系同居关系，育有一女，二人同居期间先后购买位于北京市朝阳区某路 1702 号房屋（以下简称 1702 号房屋）和位于北京市朝阳区某路 076 车位、077 车位（以下简称涉诉车位）及位于北京市朝阳区某街 1102 号房屋（以下简称 1102 号房屋），购买上述房屋及车位的资金均来源于王某，张某作为执行申请人，有权代位提起析产诉讼，要求法院确认王某对上述两套房屋和涉诉车位享有 50%的份额。

案件审理过程中，张某提供了王某两个银行账户的对账单，证明王某的账户在 2007 年至 2010 年多次发生大额支取，最多的一次金额为 1200 万元。张某主张王某将上述款项全部交给金某用于购房。王某与金某则表示，二人确曾交往但未同居，亦无共同财产，2003 年已分手；涉诉房屋和车位是金某在二人分手后自行出资购买，与王某无关。金某提供自己的银行账户对账单，证明部分购房款是通过其个人账户支付的，其有能力支付购房款。

【案件焦点】

1. 张某的债权人代位析产请求权是否成立；2. 涉诉房屋及车位是否属于同居关系中的共有财产。

【法院裁判要旨】

北京市朝阳区人民法院经审理认为：张某提供的证据不足以证明王某和金某存在同居关系并共同购置房产，应承担举证不力的责任。同居关系析产纠纷诉讼的诉讼主体应是同居的双方当事人或是其权利继承人。张某无权提出同居关系析产纠纷诉讼。张某主张自己对王某享有债权，可代位王某向金某提出同居关系析产诉讼。代位权的权利人代位行使的是债务人对第三方的到期债权，而同居关系析产纠纷诉讼分割的是同居双方共有财产的物权，二者权利客体的性质并不相同。

北京市朝阳区人民法院依照《中华人民共和国民法典》第三百零三条、第五百三十五条，《中华人民共和国民事诉讼法》第六十四条之规定，判决如下：

驳回张某的全部诉讼请求。

张某不服一审判决，提出上诉。北京市第三中级人民法院经审理认为：首先，同居关系的双方具有共同生活的一般状态，具有长期、稳定、共同生活的目的，对外要具有一定的公开性。同居是一个过程，不是一个事件，无法仅依据单一、可识别的事件或行为判断同居关系，现有证据无法证明王某、金某之间存在同居关系。其次，王某应对涉诉房屋和车位系王某、金某共同劳动、经营或者管理所得的财产承担举证证明的责任，结合王某、金某非婚生子女出生时间和涉诉房屋及车位的购买时间，现有证据无法证明涉诉房屋及车位系王某、金某共同财产。再次，涉诉房屋和车位购买时，王某的债权尚未确立，现有证据亦不能证明金某从事购房行为时存在恶意并有害于张某债权的实现。最后，申请执行人提起债权人代位析产之诉需满足以下情形：（1）执行案件尚处于强制执行程序进行中；（2）析产对象为被执行人与他人共有财产；（3）执行法院对此财产已经采取查封、扣押、冻结等执行措施，并已通知共有人。本案中，现有证据不能证明相关执行法院已经对涉诉房屋和车位采取强制执行措施。

北京市第三中级人民法院依照《中华人民共和国民事诉讼法》第一百七十条第一款第一项之规定，作出如下判决：

驳回上诉，维持原判。

【法官后语】

《最高人民法院关于人民法院民事执行中查封、扣押、冻结财产的规定》（2020 修正，以下简称《查封、扣押、冻结财产的规定》）第十二条规定："对被执行人与其他人共有的财产，人民法院可以查封、扣押、冻结，并及时通知共有人。共有人协议分割共有财产，并经债权人认可的，人民法院可以认定有效。查封、扣押、冻结的效力及于协议分割后被执行人享有份额内的财产；对其他共有人享有份额内的财产的查封、扣押、冻结，人民法院应当裁定予以解除。共有人提起析产诉讼或者申请执行人代位提起析产诉讼的，人民法院应当准许。诉讼期间中止对该财产的执行。”《民事案件案由规定》（2020）在共有纠纷中新增了债权人代位析产纠纷的案由。上述规定作为债权人代位析产权行使的实体法依据，为申请执行人代位被执行人提起析产诉讼扫清了障碍。实际上，2005年的《查封、扣押、冻结财产的规定》就已经明确了债权人可提起代位析产诉讼。但多年过去，我国有关债权人代位析产制度的规定仍然停留在司法解释中，没有相关的配套制度。司法实务界对债权人代位析产制度的理解不完整、不统一，并未真正重视债权人代位析产制度的作用。通过在中国裁判文书网搜索“债权人代位析产纠纷”，仅检索出1002篇相关裁判文书，其中判决书113篇。可以说，债权人代位析产制度在司法实践中并未真正发挥其应有的作用。我们认为，在处理债权人代位析产纠纷时应当注意以下几个问题。

一、厘清债权人代位析产权和债权人代位权的关系

规定在《查封、扣押、冻结财产的规定》中的债权人代位析产诉讼本质上是一种涉执行诉讼，其目的是防止被执行人借共有关系之名行规避执行之实。在债权人代位析产诉讼中，被执行人除与他人共有的财产外，并无其他财产可供执行，且共有人拒绝析产致使债权人的债权难以实现。此时，申请执行人可以提起诉讼，请求分割被执行人与共有人之间的共有财产。

债权人代位权的实体法依据是《中华人民共和国民法典》（以下简称《民法典》）第五百三十五条，因债务人怠于行使其债权或者与该债权有关的从权利，影响债权人到期债权实现的，债权人可以向人民法院请求以自己的名义代位行使债务人对相对人的权利，但是该权利专属于债务人自身的除外。债权人代位权成立的要件有五：一是债权人对债务人存在合法有效的到期债权，二是债务人对次债务人存在合法有效的到期债权，三是债务人的怠于行使权利影响债权人债权的实现，四是债务人怠于行使与其债权有关的从权利，五是代位标

的为非专属于债务人自身的权利。[①]

债权人代位析产权和债权人代位权的法律构建目的具有一致性，均为保障债权人债权实现。作为特殊的法定权能，两种制度设计都突破了单一法律关系下的债权相对性，直接解决多重法律关系中的权利义务。在债权人代位析产权或债权人代位权依法成立的情况下，法律授权债权人以自己的名义向相对人行使债务人的共有权或债权。

债权人代位析产权和债权人代位权最显著的区别有二：一是两项权利行使阶段不同。债权人代位析产权旨在确定共有财产中被执行人的共有份额，诉讼仅适用于共有财产的执行。而债权人代位权适用范围更广，不以进入执行阶段为必要条件。二是两项代位权的客体范围不同。在债权人代位析产诉讼中，债权人代位行使的是债务人对共有财产的物权（共有权）。而在债权人代位诉讼中，债权人代位行使的是债务人对次债务人享有的合法有效的到期债权。

二、厘清债权人代位析产权和债权人撤销权的关系

《民法典》第五百三十八条规定了债务人无偿处分时的债权人撤销权行使，即债务人以放弃其债权、放弃债权担保、无偿转让财产等方式无偿处分财产权益，或者恶意延长其到期债权的履行期限，影响债权人债权实现的，债权人可以请求人民法院撤销债务人的行为。《民法典》第五百三十九条规定了以不合理价格交易时的债权人撤销权行使，即债务人以明显不合理的低价转让财产、以明显不合理的高价受让他人财产或者为他人的债务提供担保，影响债权人的债权实现，债务人的相对人知道或者应当知道该情形的，债权人可以请求人民法院撤销债务人的行为。

债权人撤销权与债权人代位权是保障债权人实现债权的两项重要制度，债权人撤销权设立的目的在于防止债务人的诈害行为导致其责任财产减少。与债权人代位权一样，债权人撤销权和债权人代位析产权在诉讼阶段、代位权客体等方面存在差异。在实践中，可能出现债务人的某一行为引发债权人撤销权和

---

① 最高人民法院民法典贯彻实施工作领导小组主编：《中华人民共和国民法典合同编理解与适用（一）》，人民法院出版社2020年版，第499~503页。

债权人代位析产权同时发生的情况，例如债务人无偿转让或以明显不合理的低价转让财产的一部分，就该转让财产形成债务人与受让人的共有关系，或是债务人以明显不合理的高价受让他人财产的一部分，就该受让财产形成债务人与转让人的共有关系。此时，针对债务人的转让或受让财产行为，债权人可以行使撤销权，进入执行程序后，就共有关系中债务人的共有份额，债权人可以行使代位析产权。

三、债权人代位析产诉讼的审理首先要明确共有财产范围

债权人代位析产诉讼中债权人代位行使的是债务人基于共有权产生的共有物分割请求权。债权人要行使代位析产权，必须以债务人与案外人就特定标的物享有共有权为前提，否则，代位析产诉讼无法成立。因此，在债权人代位析产诉讼中，首先应明确代位行使的债务人共有权是否成立，即债务人是否为案涉财产的共有人。

一般来说，共有关系有以下几种类型：家庭共有、夫妻共有、同居共有、继承人共同继承、合伙共有等。具体到本案，应首先确定案涉房屋和车位是否属于金某和王某同居期间的共有财产。在司法实践中，要查清财产是否为共有，一是看产权登记，二是看具体出资。从本案的表面证据上看，案涉房屋和车位均登记在金某名下，且金某提供了自己的银行账户对账单，证明部分购房款是通过其个人账户支付的，与王某无关。张某称金某和王某育有一女，系同居关系。在同居关系中，同居期间所得财产，除有证据证明为当事人一方所有的以外，按一般共有处理。因此，如果金某和王某的同居关系成立，即便案涉房屋和车位仅登记在金某名下，只要没有证据证明为金某一方所有，上述财产就需要按共有进行处理。本案中张某需要对金某和王某的同居关系成立进行举证，方能确认王某对案涉房屋和车位享有共有权。而同居关系具有长期、稳定、共同生活的目的，是过程，而非事件，难以依据单一、可识别的事件或行为判断，因此第三人想要证明他人同居关系成立在举证责任上具有一定的难度。

确认债务人对案涉财产享有共有权后，应进一步确认共有人的共有财产份额，此时应适用《民法典》第三百零八条规定，“共有人对共有的不动产或者

动产没有约定为按份共有或者共同共有，或者约定不明确的，除共有人具有家庭关系等外，视为按份共有”，以及第三百零九条规定，“按份共有人对共有的不动产或者动产享有的份额，没有约定或者约定不明确的，按照出资额确定；不能确定出资额的，视为等额享有”。

四、债权人代位析产诉讼的审理应注意的其他问题

债权人代位析产诉讼规定在《查封、扣押、冻结财产的规定》中，除申请执行人启动执行程序，被执行人无其他财产可供执行，共有人拒绝析产之外，司法实务界普遍认为债权人提起代位析产诉讼还应当具备一个条件，即，执行法院对此财产已经采取查封、扣押、冻结等执行措施。笔者认为，这一要求是否应当作为债权人提起代位析产之诉的前提条件有待商榷。在部分共有关系中，例如夫妻共有、家庭共有、继承人共同继承中，共有关系是明显的、易查的，法院在处理申请执行人有关执行申请时可以依据产权登记等情况对共有财产进行查封、扣押、冻结。但在另一些较为隐秘的共有关系中，例如同居共有、隐名合伙共有，法院仅凭申请执行人的执行申请是难以直接判定，并采取执行措施的。这种情况下，需要先行确认是否存在共有关系，而申请执行人并非共有关系当事人，其债权人的身份是否足以使其作为直接利害关系人提起同居关系析产之诉、共有权确认之诉尚有疑问。此时，若要求以案涉共有财产被查封作为提起代位析产诉讼的前提，债权人的权益保护就会陷入僵局。

此外，在审理债权人代位析产诉讼时，应当做好债权人和其他共有人的利益平衡。对于被执行人与其他共有人共有房屋，析产后不应当影响其他共有人居住生存权益。《查封、扣押、冻结财产的规定》第四条规定：“对被执行人及其所扶养家属生活所必需的居住房屋，人民法院可以查封，但不得拍卖、变卖或者抵债。”该法条体现的正是对被执行人及其所扶养家属居住生存权益的保护，这种保护在司法实践中得以体现，当共有人及利害关系人对共有份额分割所作的认定持有异议时，可以依法提起执行异议之诉。最高人民法院在（2019）最高法民申5507号民事裁定中认为，对案外人生存权益的保护应当优于对一般债权人信赖利益的保护。该案被执行人夫妻双方仅有案涉一处房产，

与其未成年子女长期在案涉房产中居住生活，将该房产拍卖执行，将影响案外人的生存权益，被执行人配偶对案涉房产享有的民事权益，足以排除法院的强制执行。应当认为，对于居住生存利益的保障及于扶养家属之外的其他共有人。

编写人：北京市第三中级人民法院　张印龙　潘园园

三、用益物权纠纷

（一）土地承包经营权纠纷

42

依法成立的土地经营权流转合同，承包方不得单方解除

——曹某成等诉占某周土地承包经营权互换案

【案件基本信息】

1. 裁判书字号

广东省茂名市中级人民法院（2019）粤09民终1745号民事判决书

2. 案由：土地承包经营权互换纠纷

3. 当事人

原告（上诉人）：曹某成、张某娟、曹某生、曹某珍

被告（被上诉人）：占某周

【基本案情】

曹某成、张某娟、曹某生与占某周均是高州市云潭镇新圩村委会某村村民，曹某成、张某娟是夫妻关系，曹某成、曹某生、曹某珍（女）是曹某业的子女，曹某珍于1992年结婚入户于云潭镇新农村委会且取得了应有的土地承包

权。曹某业于2019年5月14日去世。

2003年1月10日，曹某业与占某周在高州市某司法所工作人员吴某喜的见证下签订《对田合约》，并加盖高州市某司法所的印章，没有署日期。《对田合约》签订后，曹某业与占某周交换责任田并耕作至今，占某周将该责任田的土地经营权变更其名下，并于2004年领取该责任田的土地承包经营权证。曹某业将对换所得陈坑垌责任田出租给电站使用，并收取租金至纠纷前。曹某成等人认为《对田合约》没有实际履行，占某周一直占用其的责任田使用，没有按《对田合约》的约定将其位于陈坑垌责任田对换给其使用，占某周的行为是违约行为。曹某成等人诉至法院，请求法院确认《对田合约》无效，后变更诉讼请求，请求判令解除曹某业与占某周签订的《对田合约》，并判令占某周返还位于门口垌的责任田0.33亩，协助曹某成等人将该0.33亩的土地承包经营权变更登记到其名下。

另，根据曹某成等人和占某周双方的土地承包经营权登记表的登记情况，曹某业的土地承包经营权证内没有登记对换陈坑垌的责任水田0.45亩，占某周的土地承包经营权证内登记有对换圩头垌的责任水田0.45亩。占某周称圩头垌即是门口垌，曹某成等人承认占某周承包经营权证所载的圩头垌0.45亩责任水田实际上是曹某业位于门口垌的0.45亩责任水田。

【案件焦点】

1. 曹某业与占某周签订的《对田合约》是否有效；2.《对田合约》是否全部履行、是否应解除。

【法院裁判要旨】

广东省高州市人民法院经审理认为：根据《中华人民共和国农村土地承包法》第三条、第三十二条、第四十条，《中华人民共和国合同法》第四十九条的规定，曹某成、张某娟、曹某生对诉争的土地享有平等的处分权。曹某珍在2002年之前已外嫁并迁出户口，且在夫家取得了相应的土地承包权，因此，曹某珍无权就诉讼案主张权利。曹某业与占某周于2003年签订《对田合约》时，曹某业为户主。因此，曹某业签订《对田合约》的行为可视为其家庭成员间对诉争土地使用所作的一种安排。占某周有理由相信签订的《对田合约》是曹某业家庭成员的共同意见，曹某业对换诉争土地的行为构成表见代理，该对换诉争土地的《对田合约》应当视为双方当事人的真实意思表示，没有违反法律、行政法规的强制性规定，是合法有效的协议，对各方当事人具有法律约束力。曹某成、张某娟、曹某生不得以不知情诉争农田已经互换等为由对抗占某周。

双方签订的《对田合约》已经实际履行，双方对换土地后各自使用、管理、处分对换而来的土地至今。理由有：（1）占某周经营对换而来的土地至今，且已在2004年领取土地承包经营权证；（2）曹某成、张某娟、曹某生的父亲曹某业处分对换而来的土地给电站使用并收租至2013年，有电站及某村的证明佐证；（3）曹某业及曹某成、张某娟、曹某生在2014年才提出异议。曹某成、张某娟、曹某生和占某周未能提供充足的证据证实涉案的《对田合约》具有《中华人民共和国合同法》第五十二条合同无效的情形，该协议应认定为有效，且已经履行完毕，占某周不必向曹某成、张某娟、曹某生返还位于门口垌的0.33亩责任田。因此，对曹某成、张某娟、曹某生的诉讼请求不予支持。

广东省高州市人民法院依照《中华人民共和国农村土地承包法》第三条、第三十二条、第四十条；《中华人民共和国合同法》第四十九条、第五十二条；《中华人民共和国民事诉讼法》第二百零七条第一款的规定，作出如下判决：

驳回原告曹某成、张某娟、曹某珍、曹某生的诉讼请求。

曹某成、张某娟、曹某珍、曹某生不服一审判决，提起上诉。广东省茂名市中级人民法院认同一审法院的裁判意见，判决：

驳回上诉，维持原判。

【法官后语】

土地承包经营权是农村生产关系的重要组成部分，是农民群众受到宪法保障的基本权利，土地承包关系是否稳定直接关系到广大农民的切身利益，依法保护农民土地承包经营权，对维护农村土地承包关系的长期稳定有积极的意义。根据《中华人民共和国农村土地承包法》第三条第二款“农村土地承包采取农村集体经济组织内部的家庭承包方式……”和第十六条第一款“家庭承包的承包方是本集体经济组织的农户”的规定，农村承包地采取家庭承包方式，土地承包经营权的承包方是农户，而非集体成员个人。承包合同上签字的农户代表人所进行的处分，对全体家庭成员具有约束力，其处分行为有效。其他家庭成员处分的，由于家庭成员之间具有亲属关系的特殊性，一般应当认定构成表见代理，该处分有效。但有证据表明相对人知道或应当知道行为人无权处分的除外。土地承包经营权互换是同一集体经济组织的承包方之间就属于同一经济集体经济组织的土地承包经营权的互换，互换后，当事人可以要求办理农村土地承包经营权证变更登记手续。土地承包经营权互换合同依法成立即生效，除明确约定互换期限的合同或当事人另行约定外，互换行为的效力应当及于整个剩余承包期间。承包方之间对不属于同一集体经济组织的土地承包经营权进行互换，应当认定无效。但互换系不改变土地承包经营权权属的互换耕种除外。依法成立的土地经营权流转合同，具有法律效力，当事人均应履行约定的义务，不得单方擅自解除。除非存在合同约定或法定的事由之时，可解除土地经营权流转合同。根据《中华人民共和国农村土地承包法》第四十二条规定了承包方可以单方解除土地经营权流转合同的情形，其中受让方的严重违约行为，包括擅自改变土地农业用途、弃耕抛荒连续两年以上、给土地造成严重损害或者严重破坏土地生态环境、其他严重违约行为。《关于引导农村土地经营权有序流转发展农业适度规模经营的意见》指出，土地经营权流转不得改变土地用途、不得破坏农业综合生产能力和农业生态环境。本条规定强调了这些严重违约行为发生时，应以受让方的违约行为导致合同目的不能实现为前提，承包方才可以行使单方解除权。判决解除合同应当根据合同目标和违约形态，结合违约部分的价值整个合同金额的比例、违约部分对合同目标实现的影响程度、时间因素对合同目标的影响程度以及违约后果、损害能否得到修补等因素综合判断。同时解除权也应当在合理期限内行使。

就本案而言，曹某业作为户主与占某周签订的互换土地协议，是以户代表对承包地所进行的处分，对全体家庭成员具有约束力，其处分行为有效。土地互换后，占某周办理农村土地承包经营权证变更登记手续。曹某业虽没有办理变更土地承包经营权证，但曹某业将土地出租，对田合约履行完毕并互换使用了10多年，在占某周不存在其他严重违约行为的情况下，曹某生、曹某成、张某娟、曹某珍请求解除对田合约，不应得到支持。

近年来城市近郊因涉及修建公路等其他建设问题，不论耕地还是宅基地都已经较为稀缺，经济意识催生了更多矛盾，本案就是其中的典型代表。交易或流转的状态达到一定程度的稳定后，不应再被打破。否则，有违诚实信用原则，也将造成社会成本的浪费。本案裁判后，原被告互换土地的效果将得以维持，一方面，能够鼓励当地农村土体承包经营权合法流转；另一方面，也可以促使当事人能合法、合理地发挥主观能动性利用土地创造更大的价值，实现诚实信用原则对市场交易活动的指引，实现民法典既鼓励、维护交易，追求社会资源的优化配置，又坚持公平、正义的价值追求。

编写人：广东省茂名市中级人民法院　李艳

43

确定违约损害赔偿数额应遵循可预见性规则和减损规则

——韩某明诉某村委会农村土地承包合同案

【案件基本信息】

1. 裁判书字号

北京市第三中级人民法院（2020）京03民终3987号民事判决书

2. 案由：农村土地承包合同纠纷

3. 当事人

原告（被上诉人）：韩某明

被告（上诉人）：某村委会

【基本案情】

2003年1月1日，某村委会与韩某明签订《承租土地合同》，约定将位于某村东沟南侧13.5亩土地租给韩某明用于建活水养鱼池；承租土地每亩300元，每年一付；合同期限为20年，自2003年1月1日至2023年1月1日。合同签订后，韩某明建设了鱼池等，经营鲟鱼养殖，并履行了合同约定的义务。

2016年6月16日，某村委会向韩某明送达《终止合同的决定》，载明因自然环境变化，地表水位下降，原《承租土地合同》中约定的水源供给条件已经丧失。经某村委会研究、村民代表讨论同意，决定终止合同。限韩某明于十五日内将承租土地内全部养殖物自行转移。同年7月1日，某村委会在韩某明承包鱼池的东大门外挖了深坑，后在鱼池的北墙外挖了长距离深沟。

某资产评估公司对涉案资产价值进行评估，评估值为2911800元，对经营渔场一年经营期的鲟鱼价值及未来五年半经营期的鲟鱼价值进行评估，评估值分别为2273600元和6107300元，合计8380900元。

【案件焦点】

1. 合同未约定具体违约损害赔偿数额或计算方式的情况下，韩某明当年经营期的鲟鱼直接损失及合同未到期的预期经营损失如何计算；2. 涉案评估报告能否采信。

【法院裁判要旨】

北京市平谷区人民法院经审理认为：因某村委会违约，致使韩某明难以继续经营，某村委会应承担违约责任。韩某明要求某村委会赔偿其当年经营期的鲟鱼直接损失及合同未到期的预期经营损失，于法有据，法院予以支持，具体金额参照评估报告结论确定。

北京市平谷区人民法院依照《中华人民共和国合同法》第八条、第九十七条、第一百零七条规定，判决如下：

一、某村委会于本判决生效后三十日内赔偿原告韩某明鲟鱼损失及合同未到期的经营鲟鱼的收益损失 8380900 元；

二、韩某明于本判决生效后三十日内将其承租的某村东沟南侧土地腾退返还某村委会；

三、驳回原告韩某明的其他诉讼请求。

某村委会不服一审判决，提出上诉。北京市第三中级人民法院经审理认为：第一，关于确定违约损害赔偿数额应遵循违约损害赔偿的可预见性规则和减损规则。某村委会订约时所能预见的仅是一般农村池塘养鱼的鱼类产量、销售收入等情况，鲟鱼这种特殊鱼类养殖数量和收益金额均超出了某村委会的预见范围。韩某明在涉案鱼池不能养鱼后，未积极寻求其他经营场所和机会，只是依靠损害赔偿弥补后续损失有悖诚信原则。第二，关于涉案评估报告能否采信。涉案评估报告以书籍和网站的理论数据作为核算基数，得出的鲟鱼年产量与韩某明主动申报、有权机关批准的年产量相差极大，且韩某明陈述前后不一，涉案渔场无任何财务资料留存严重有悖常理，故该评估报告证明力高度存疑，对其结论不予采信。第三，关于具体赔偿数额。依据可预见性规则，参照韩某明在有权机关报批的鲟鱼年产量等信息，酌定鲟鱼年产量为 60 吨。依据减损规则，参考韩某明所称从养渔场建造到销售获利需要 1 年半到 2 年周期的陈述，再加上当年直接损失，酌予支持其 3 年半经营期的收益损失。

北京市第三中级人民法院依照《中华人民共和国合同法》第六十条、第一百零七条、第一百一十三条第一款、第一百一十九条，《中华人民共和国民事诉讼法》第一百七十条第一款第二项之规定，判决如下：

一、维持一审民事判决第二项；

二、撤销一审民事判决第一项、第三项；

三、某村委会于本判决生效后十日内赔偿韩某明损失共计 294 万元；

四、驳回韩某明的其他诉讼请求。

【法官后语】

赔偿损失是违约责任的主要承担方式，但是对于违约损害赔偿数额如何确定，司法实践中认定标准不一。本案裁判认为，应当根据有关法律规定，遵循违约损害赔偿的可预见性规则和减损规则，根据案件具体情况，采用合理核算方法，确定具体赔偿金额。

一、可预见性规则

《中华人民共和国民法典》第五百八十四条确立了可预见性规则，违约方仅对其在订约时能够预见到的损失对守约方承担赔偿责任，对其不可预见的损失不承担赔偿责任。违约损害赔偿制度的根本目的在于限制因违约产生的赔偿责任的无限扩大，保护守约方的利益，同时还要兼顾社会公平，故法律将这种赔偿限制在当事人能够预见的合理范围内。在具体适用这一规则时，需注意预见主体应为违约方、预见时间是在订立合同时等基本要件，除此之外还应当坚持判断的客观标准，以一般理性人标准为原则，要结合个案主体身份特殊性、合同性质、合同对价等诸多因素综合考量违约方在订约时可以预见的损失范围。

二、减损规则

《中华人民共和国民法典》第五百九十一条规定，当事人一方违约后，对方应当采取适当措施防止损失的扩大；没有采取适当措施致使损失扩大的，不得就扩大的损失要求赔偿。违约方主张减损规则，法院应从以下四个方面审查其主张是否成立，违约方的违约行为导致了损害的发生：受损害方对损害的发生没有过错；受损害方未采取合理措施造成了损失扩大的后果；受损害方对损失的扩大有过失；扩大的损失与受损害方未及时采取合理的、适当的措施之间存在因果关系。

就本案而言，关于涉案评估报告能否采信问题，适用鉴定评估报告时也应当遵循违约损害赔偿的可预见性规则和减损规则，结合案件其他事实及证据对鉴定评估结论作出认定。一般情况下，评估机构应当参照涉案企业历年的财务资料、收支明细、税务缴纳等有关情况核算产量。但本案中的评估报告仅采用书籍和网站上的理论数据作为产量核算基数，并非基于客观事实，所得出的产量与当事人主动申报、有权机关批准的产量相差极大，故本案对该评估结论未予采信。

司法实践中，确定具体赔偿数额主要有合同约定法、类比参照法、估算裁量法三种核定方法。本案中，由于涉案合同并未约定违约赔偿的具体数额，也未约定违约赔偿的具体方法，故无法采用合同约定法；如果采用类比参照法，那么就应该以涉案渔场既往年份的收益状况作为参照，来推断其往后年份可能的预期收益，但是韩某明一方明确表示渔场没有既往年份的收益资料，故该方法亦无法使用；此种情况下，本案最终采用估算裁量法核定具体赔偿数额。

利益引发的农村土地承包合同违约现象屡见不鲜，法院判决引领社会价值，法官应遵循违约损害赔偿的可预见性规则和减损规则，客观理性地看待鉴定评估结论，合理确定违约损害赔偿数额，让违约失信者付出应有代价，从而引领诚实守信、履约践诺的良好社会风尚。

编写人：北京市平谷区人民法院　刘东遥

44

农村土地承包经营权由承包户内成员共同共有不可分割

——卢某明诉卢某和、郎某莲土地承包经营权确认案

【案件基本信息】

1. 裁判书字号

北京市第一中级人民法院（2020）京 01 民终 362 号民事判决书

2. 案由：土地承包经营权确认纠纷

3. 当事人

原告（被上诉人）：卢某明

被告（上诉人）：卢某和、郎某莲

【基本案情】

郎某莲与卢某和原系夫妻关系，均系再婚，婚后未生育子女。卢某明、卢某峰系卢某和之子，卢某峰系居民户口，1998 年已迁出张山营村。

2004 年 1 月 1 日，卢某和作为家庭代表与张山营经合社签订《土地承包合同书》，取得粮田桃花地 0.27 亩、张相公地 3.5 亩、张相公地 1.8 亩，及果园四坡上 0.56 亩、四坡上 0.04 亩、场上 0.9 亩、自留地 0.3 亩土地承包经营权。2013 年 4 月 3 日，卢某和与卢某明签订《土地划分协议》，内容为："经卢某和与卢某明父子协商，变电站东张相公地 2.1 亩归卢某明所有，公路北水塔东北果树地、寺坡果树地归卢某和所有……"

2016 年 7 月 4 日，卢某和与郎某莲协议离婚，《离婚协议书》载明："……二、婚姻存续期间共同财产的处理……财产划分如下：北房、自留地 2 分 1 块、小驴车一套。财产划分如下：北房 5 米×9 米、四坡子 1 亩。小驴车一套、自留地归男方所有。东房 2 间 3.17 米×6 米，后院 21 米×9 米场上果园 2 亩，归女方所有……" 2019 年 4 月 4 日，卢某明诉至北京市延庆区人民法院，要求确认卢某明对卢某和作为家庭代表签订的土地承包合同项下土地张相公地 2.1 亩享有三分之一份额，果园地场上 0.9 亩享有二分之一份额，自留地 0.3 亩享有二分之一份额。卢某明、郎某莲、卢某和均认可张相公地 3.5 亩中的 1.4 亩已经给卢某山经营，履行多年。桃花地 0.27 亩、张相公地 1.8 亩已经流转。

【案件焦点】

农户内的家庭成员共同享有承包地上的土地承包经营权是否可分割。

【法院裁判要旨】

北京市延庆区人民法院经审理认为：农村集体经济组织成员有权依法承包由本集体经济组织发包的农村土地。家庭承包的承包方是本集体经济组织的农户，农户内家庭成员依法平等享有承包土地的各项权益。卢某和代表家庭与村集体签订《土地承包合同书》并获得了粮田及果园的承包经营权，该承包经营权应由其家庭成员共同享有。2013 年 4 月 3 日卢某和与卢某明签订《土地划分协议》，2016年7月4日卢某和与郎某莲签订《离婚协议书》，上述两份协议中土地归属的约定因涉及损害他人的土地承包经营权，相关约定不能作为本案认定各方当事人所享有土地承包经营权的依据。卢某和《土地承包合同书》项下的家庭成员包括卢某和、郎某莲、卢某明、樊某涛（卢某明前妻）四人。卢某明、卢某和、郎某莲均认为张相公地为其三人所有，果园场上0.9亩、果园自留地0.3亩为卢某和、卢某明二人所有，系认识错误，予以纠正。关于果园四坡上0.56亩、四坡上0.04亩卢某明不主张权利，法院不予处理。

北京市延庆区人民法院依照《中华人民共和国农村土地承包法》第三条、第十六条、第三十一条之规定，判决如下：

一、确认卢某明对卢某和与张山营经合社于2004年1月1日签订的《土地承包合同书》项下的张相公地2.1亩、果园场上0.9亩、自留地0.3亩在承包期限内享有四分之一的土地承包经营权；

二、驳回卢某明的其余诉讼请求。

卢某和、郎某莲不服一审判决，提出上诉。北京市第一中级人民法院经审理认为：一方面，根据《中华人民共和国农村土地承包法》第十六条第一款之规定，家庭承包的承包方是本集体经济组织的农户，而不是户内的成员。卢某和代表家庭与村集体签订《土地承包合同书》之后，其家庭即成为涉案土地的承包方，并按照《土地承包合同书》的约定，以家庭为单位享有权利，承担义务。此后，即使家庭内部人数因结婚、出生、去世等原因有所变化，承包经营仍然是以户为单位。也就是说，涉案土地的最小承包单元就是农户，而不是农户内的家庭成员。家庭内部成员在承包合同有效期内依法平等享有承包土地的各项权益，但不是按份共有，不存在份额。因此，卢某明无权就涉案家庭承包地确认份额。

另一方面，土地承包经营权确认纠纷是对土地承包经营权是否成立以及其归属和内容所发生的争议，其争议的双方当事人应为家庭承包土地的发包方和承包方，或者是不同的承包方，而不是承包方内部的家庭成员之间。因此，卢某明的请求也不属于土地承包经营权确认纠纷的范围。

北京市第一中级人民法院依照《中华人民共和国农村土地承包法》第十六条第一款、《中华人民共和国民事诉讼法》第一百七十条第一款第二项规定，作出如下判决：

一、撤销一审民事判决；

二、驳回卢某明的诉讼请求。

【法官后语】

本案系土地承包经营权确认纠纷，农户内的家庭成员要求确认其在承包地中所享有的具体份额，此类纠纷在司法实践中存在较大争议，其核心争议点是农户内的家庭成员共同享有承包地上的土地承包经营权是否可分割，依据《中华人民共和国农村土地承包法》第十六条的规定，集体土地最小承包单元就是农户，而不是农户内的家庭成员，因此农村土地承包经营权属于家庭成员共同共有，不可分割。具体评述如下：

一、土地承包经营权的准共有特性

土地承包经营权是我国农村经济体制改革的产物。土地承包经营权的用益物权性质已经在法律上被确认。土地承包经营权的承包方通常为"户"，"户"是一个集合概念，通常"户"包括多个家庭成员，"表面上看，农户乃是家庭承包经营合同的当事人，从而取得权利主体地位，但在法律关系上，成为承包人的是农户的所有家庭成员，而非农户自身"。[①] 这也就意味着农户的所有成员都是土地承包经营权的权利主体，所有家庭成员都对承包的土地享有使用、收益的权利。多个权利主体共同对某物享有所有权，权利主体之间属于《中华人民共和国民法典》物权编中的共有关系。若多个权利主体共同对所有权以外的财产权享有权利，则是准共有。[②]

二、土地承包经营权不可分割

一般情况下，集体经济组织的个体成员是作为承包方农户的家庭成员并通

---

① 朱庆育：《民法总论》，北京大学出版社 2013 年版，第 464 页。

② 崔建远：《物权法》，中国人民大学出版社 2011 年版，第 244 页。

过承包方农户来享有土地承包经营权的，也就是说，集体经济组织个体成员的土地承包经营权是存在于其家庭成员身份所在的农户中的，不能分割。

家庭成员共同享有土地承包经营权，是多个权利主体共同享有土地承包经营权的准共有。至于该准共有属于按份共有还是共同共有，有学者认为，“每个农户成员承包土地的数量是相同的，从而每个农户成员在享有土地承包经营权上是有确定份额的，这就决定了农户成员之间对土地承包经营权具有一种按份共有的性质”。① 但笔者认为此准共有因成员间的共同家庭关系而属于准共同共有，不分份额。

具体到本案中，一审法院与二审法院对此持完全相反的意见，也代表着司法实践中两种不同的观点，虽然一审、二审法院都认可家庭承包的承包方是本集体经济组织的农户，农户内家庭成员依法平等享有承包土地的各项权益，但是一审法院认为家庭成员按份共有承包地上的土地承包经营权，所以在判决中确认卢某明享有四分之一的土地承包经营权，二审法院则明确家庭内部成员在承包合同有效期内依法平等享有承包土地的各项权益，但不是按份共有，不存在份额。笔者赞同二审法院判决结论，表面上一审、二审法院均认同家庭承包的承包方是农户，但按照一审法院的判决结论面临着法理和实践的双重障碍。

在法理层面上，以家庭承包方式承包土地的土地承包经营权的主体是农户，而农户是以血缘（也包拟制血亲）和婚姻关系为基础，以家庭主要成员居住生活在同一集体经济组织为特征，依照承包合同从事农业经营收入为主要生活来源的组织体，给“户”中成员划分土地经营权份额实际上违背了《中华人民共和国农村土地承包法》确立家庭承包方式的初衷。

在司法实践层面上，本案中若确认卢某明在承包地中所占份额，其依据法院判决要求分配其所在“户”中的承包地，法院此时如何处理？若作出分配承包地份额的判决面临着干预村集体自治权的尴尬，分配土地是村集体自治的事项，法院一般不应当干涉；但若不分配承包地份额，相当于法院判决成为一纸

① 房绍坤：《物权法用益物权编》，中国人民大学出版社2007年版，第72页，转引自张昕：《论土地承包经营权的继承》，载《合肥师范学院学报》2009年第5期。

空文没有实质效力。综合上述分析，司法实践中法院不应支持当事人分割土地承包经营权的请求，土地承包经营权是以户为单位共同享有的，户内成员可以凭借承包地维持生活所需，但彼此间不分份额，平等享有权利。

编写人：北京市第一中级人民法院　童晶晶

45

农村土地承包经营权流转合同中本集体组织成员优先权行使条件与限制

——王某武诉付某东土地承包经营权案

【案件基本信息】

1. 裁判书字号

湖北省襄阳市中级人民法院（2021）鄂 06 民终 1118 号民事判决书

2. 案由：土地承包经营权纠纷

3. 当事人

原告（上诉人）：王某武

被告（被上诉人）：付某东

第三人（被上诉人）：某村委会、范某

【基本案情】

1998 年 8 月 24 日，甲方某村委会与乙方某村三组签订《山林使用权有偿转让合同书》（以下简称合同书），主要约定由乙方部分村民经有偿转让取得 30 年（自 1998 年起至 2028 年止）的山林使用权。合同书附表载明某村三组村民王某武的承包范围（即涉案山林范围）。1998 年 9 月 14 日，湖北省某市公证处出具《公证书》证明合同书符合相关法律规定。

2011年1月21日，王某武与付某东（非某村村民）经过发包人同意，签订了《山林转换协议》，协议约定经双方协商自愿将某村各自承包的山林进行交换。

【案件焦点】

王某武与付某东签订的《山林转换协议》是否侵犯了集体经济组织成员的优先权，协议是否有效。

【法院裁判要旨】

湖北省枣阳市人民法院经审理认为：王某武与付某东签订的《山林转换协议》属双方真实意思表示，其内容不违反法律法规强制性规定，属有效合同，合同双方应当按照合同约定履行义务。根据《中华人民共和国农村土地承包法》第三十七条、第三十八条、第四十条之规定，王某武与付某东双方之间系互换方式的土地流转，其签订了书面合同，经过了发包方某村委会的同意，且双方签订互换协议至今已有10余年，生产、生活相对稳定，双方之间的土地流转不违反法律法规的相关规定，流转方式合理合法，予以认可。王某武主张《山林转换协议》违反了《中华人民共和国农村土地承包法》第三十三条第一款第五项“在同等条件下，本集体经济组织成员享有优先权”之规定，应确认协议无效的诉讼请求。根据《最高人民法院关于审理涉及农村土地承包纠纷案件适用法律问题的解释》第十一条之规定，王某武、付某东双方于2011年1月21日签订《山林转换协议》后，两个月内某村村民未提出主张优先权，故王某武与付某东之间土地流转不违反法律法规强制性规定，合同有效。故王某武的诉讼请求，不予支持。

湖北省枣阳市人民法院依据《中华人民共和国民法总则》第一百九十六条，《中华人民共和国农村土地承包法》第三十七条、第三十八条、第四十条，《中华人民共和国民事诉讼法》第六十四条、第一百一十九条，《最高人民法院关于审理涉及农村土地承包纠纷案件适用法律问题的解释》第十一条规定，判决如下：

驳回王某武的诉讼请求。

王某武不服一审判决，提起上诉。湖北省襄阳市中级人民法院经审理认为：王某武与付某东于2011年1月21日签订的《山林转换协议》，有某村委会在证明单位处签字并加盖公章，双方也实际履行了协议约定内容，程序上和实体上均符合土地承包法的规定，应当认定双方签订的合同不违反法律法规的强制性规定，合法有效，双方应予谨守。优先权行使与否应该由合同之外的其他集体经济组织成员提出主张，王某武就案涉合同而言，其无权主张。相应地，王某武退还山林、赔偿损失的诉讼请求，亦无事实依据，不予支持。综上所述，王某武的上诉请求不能成立，应予驳回；一审判决认定事实清楚，适用法律正确，应予维持。

湖北省襄阳市中级人民法院依照《中华人民共和国民事诉讼法》第一百七十条第一款第一项规定，判决如下：

驳回上诉，维持原判。

【法官后语】

法律赋予本集体经济组织成员优先权的目的在于维护集体经济组织成员的生存权利，充分发挥农村土地的社会保障功能。根据《中华人民共和国农村土地承包法》（2018修正）第三十八条规定，土地承包经营权流转应当遵循“在同等条件下，本集体经济组织成员优先”原则。该条款一方面说明优先权是法律赋予本集体经济组织成员的权利，侵犯本集体经济组织成员优先权的土地承包经营权流转行为无效。另一方面也说明法律并未禁止将土地承包经营权流转给本集体经济组织成员以外的人。在这种情况下，法律仅赋予本集体经济组织成员以优先权。同时根据《最高人民法院关于审理涉及农村土地承包纠纷案件适用法律问题的解释》第十一条，这种优先权也存在一定的限制条件和例外情形。

一、优先权行使的条件

1. 原土地承包经营权人准备将土地承包经营权流转给本集体经济组织成员以外的人。将土地承包经营权流转给本集体经济组织的成员，则无优先权问题。

2. 享有优先权的主体是本集体经济组织的成员，且本集体经济组织的成员要主张行使优先权。

3. 本集体经济组织的成员只有在同等条件下才享有优先权。同等条件，并不要求合同内容完全一样，而是指流转价款、流转期限等主要内容相同，其余的合同条款并不要求完全一样。在审判实践中，要重点把握价款和期限这两项内容。

二、优先权行使的例外

1. 在书面公示的合理期限内未提出优先权主张的，本集体经济组织成员丧失优先权。土地承包经营权人在流转经营权时有义务通过书面公示的方式通知本集体经济组织的成员。书面公示的地点一般应选在村委会办公所在地，以便让成员普遍知晓。此外，要给予成员一个合理的期限，以便让其决定是否行使优先权。至于期限是否合理，要根据具体情况决定，我国法律及司法解释没有作出具体规定，审判时应该根据案件的具体情况决定。如果某成员在知晓某户要流转土地承包经营权后，在合理期限内提出优先权主张的，其权利应该得到保护。相反，则本集体经济组织成员的优先权丧失。

2. 未经书面公示，在本集体经济组织以外的人开始使用承包地块两个月内未提出优先权主张的，本集体经济组织成员丧失优先权。在本集体经济组织以外的人已经实际使用承包地块后，本集体经济组织成员就应该知晓该情况。如果在长达两个月的时间内都没有人提出优先权主张，那么表明本集体经济组织成员已经放弃行使优先权，默许了本集体经济组织以外的人对该地块进行承包经营。

综上，法院在判断是否侵犯了本集体经济组织成员的优先权时，应当首先审查是否系本集体经济组织的成员提出优先权主张。其次审查行使优先权的条件是否具备、是否存在例外情形。即如果土地承包经营权流转之前进行了书面公示，则要审查本集体经济组织的成员是否在书面公示的合理期限内提出优先权主张，提出的流转期限、流转价款等是否相同；如果土地承包经营权流转之前没有经过书面公示，则要审查本集体经济组织以外的人是否已经实际使用该承包地块，实际使用期限是否已经超过两个月。

具体到本案，在案涉林地的土地承包经营权互换过程中以及互换后，并没有本集体经济组织的成员对该地块的土地承包经营权流转主张优先权。同时，虽然案涉互换协议签订时未进行书面公示，但截至目前，互换协议已签订10年之久，付某东亦对案涉山林进行了一定程度的经营管理。本集体经济组织成员的优先权已然丧失，故并不存在侵犯本集体经济组织成员优先权的情形，案涉林地互换协议有效。

编写人：湖北省枣阳市人民法院　欧阳亚男　李蓓蓓

46

迁出户口并在夫家承包土地的外嫁女不享有原承包地征地补偿费

——肖某翠诉肖某周承包地征收补偿费用分配案

【案件基本信息】

1. 裁判书字号

云南省昭通市中级人民法院（2019）云06民终2148号民事判决书

2. 案由：承包地征收补偿费用分配纠纷

3. 当事人

原告（上诉人）：肖某翠

被告（被上诉人）：肖某周

【基本案情】

肖某周、肖某翠系兄妹关系，第一轮土地承包到户时，肖某翠在甲社承包有土地。肖某翠与尹某兵结婚后，将户口从甲社迁入乙社，为尹某兵户的家庭成员。2016年，某水库建设，肖某周获得征地补偿费61992.96元。2018年，肖某周办理了农村土地承包经营权证，该证书内载明的家庭成员没有肖某翠。

【案件焦点】

肖某翠是否有权主张分得涉案征收补偿款。

【法院裁判要旨】

云南省鲁甸县人民法院经审理认为：土地承包经营权与财产所有权有本质的区别，土地承包经营权常常因身份的改变、户籍的迁出迁入发生变化。肖某翠在第一轮土地承包时承包有土地，不表示其永远享有该土地的承包经营权。在某水库建设征收土地时，肖某翠户口已迁出，成为尹某兵户的家庭成员，根据《中华人民共和国农村土地承包法》第五条第一款“农村集体经济组织成员有权依法承包由本集体经济组织发包的农村土地”的规定，肖某翠不再是甲社的成员，不能再继续承包原承包的土地。对于肖某周获得的征地补偿费，根据《中华人民共和国民法总则》第五十五条“农村集体经济组织的成员，依法取得农村土地承包经营权，从事家庭承包经营的，为农村承包经营户”的规定，征地补偿费属家庭户享有。肖某翠没有提交证据证实其属于肖某周的家庭成员，应承担举证不能的法律后果。肖某翠主张按份分割土地补偿款的诉求没有证据，不予支持。

云南省鲁甸县人民法院依照《中华人民共和国民法总则》第一百一十三条、第五十五条，《中华人民共和国农村土地承包法》第五条第一款和《中华人民共和国民事诉讼法》第六十四条规定，判决如下：

驳回肖某翠的诉讼请求。

肖某翠不服一审判决，提起上诉。云南省昭通市中级人民法院经审理认为：承包农村集体经济组织土地的前提是须具有本集体经济组织成员资格，而肖某翠提供身份证及常住人口登记卡证明某水库建设征收土地时，其户口不属于原村民小组，与肖某周也不属于同一家庭成员，肖某翠与乙社的尹某兵系同一户家庭成员，且肖某周提供的农村土地承包经营权证书内载明的承包方家庭成员中没有肖某翠，肖某翠提供的某水库建设占用土地补偿资金兑付花名册中也没有肖某翠的名字，加之，肖某周提供的土地使用权信息登记表又能证明肖某翠在乙社尹某兵户承包了土地的事实，原审基于案涉土地被征收时，肖某翠既不属于甲社的集体经济组织成员，也不是肖某周的家庭成员，从而认定肖某翠不是案涉土地的承包经营权人，对肖某翠主张的土地补偿款不予支持于法有据，肖某翠上诉认为肖某周冒领了其土地补偿款15498.2元构成不当得利，应予返还的理由无据，不予支持。原判认定事实清楚，适用法律正确。

云南省昭通市中级人民法院依照《中华人民共和国民事诉讼法》第一百七十条第一款第一项规定，判决如下：

驳回上诉，维持原判。

【法官后语】

本案争议焦点是肖某翠是否具有本集体经济组织成员资格。《中华人民共和国民法典》第五十五条规定："农村集体经济组织的成员，依法取得农村土地承包经营权，从事家庭承包经营的，为农村承包经营户。"可见，只有本集体经济组织成员才能依法取得农村土地承包经营权。基于该土地承包经营权，在承包地被征收时才能分得相应份额的土地补偿款。

《中华人民共和国农村土地承包法》第三十条规定："承包期内，妇女结婚，在新居住地未取得承包地的，发包方不得收回其原承包地；妇女离婚或者丧偶，仍在原居住地生活或者不在原居住地生活但在新居住地未取得承包地的，发包方不得收回其原承包地。"只要外嫁女没有迁出户籍就应认定为原集体经济组织成员，且在新居住地未取得承包地的，其在娘家的原有承包地依然由其享有，任何人不能收回，承包地被征收时，则享有土地补偿款的相应份额。本案中肖某翠已经迁户至夫家，并且在夫家所在集体经济组织以户为单位承包到了土地，故而其在原集体经济组织中的成员资格已经丧失。所以也就不能再享有娘家征地补偿费分配资格，而只能要求享有婆家的土地承包权益，包括征地补偿费的分配权。同时，肖某翠已在其他集体经济组织分到承包土地，其权益已经得到保障，不能因为原集体经济组织没有收回其原承包土地便简单认定其享有承包土地征地补偿费。

实践中，不少本村外嫁女，出嫁后并未将户口迁出本村，也可能仍在本村继续生活。外嫁女能否获得征地补偿费，实践中，各地法院裁判口径不一致。外嫁女通过诉讼维护自己的合法权益，常常受到阻碍。因此统一以户籍是否迁出作为是否有分配资格鉴别标准有利于统一裁判口径。只要户口没有迁出，那么所有人享受的权利是平等的，是享有征收、拆迁安置补偿款的，而要是户口迁出去的外嫁女，视情况而定，要是属于丧偶或离婚，将户口又迁回原集体经济组织的，那么也是享有征收、拆迁安置补偿款的。

编写人：云南省鲁甸县人民法院　叶丹

（二）居住权纠纷

47

居住权的确认之诉

——姚某慧、芦某龙诉芦某芬等用益物权确认案

【案件基本信息】

1. 裁判书字号

北京市第二中级人民法院（2020）京02民终1489号民事判决书

2. 案由：用益物权确认纠纷

3. 当事人

原告（被上诉人）：姚某慧、芦某龙

被告（上诉人）：芦某芬、芦某敏

被告：芦某云、芦某芳

【基本案情】

卢某坡（曾用名：芦某坡）与张某珍系夫妻关系，双方生育子女五人，分别为芦某敏、芦某云、芦某芳、芦某芬、芦某起。芦某起与姚某慧系夫妻关系，二人生育一子芦某龙。

1990 年，北京市某房管所与卢某坡签订《房屋租赁契约》，约定由卢某坡承租北京市西城区××路 88 号北房二间（以下简称 88 号房），芦某起、芦某芬、张某的户口原在 88 号房内，2000 年芦某芬、张某的户口迁出 88 号房。

2001 年，卢某坡（乙方）与危旧房改造工作办公室（甲方）签订《安置协议》约定：乙方居住在本危改区内 88 号房 1.5 间。乙方同意就地安置，放弃其他安置补偿方式。应安置人口为 5 人，分别为户主、之妻、之子、之儿媳、之孙。甲方就地安置乙方 2 居室 1 套，地址为××路 102 号（以下简称 102 号房）。2005 年 8 月 1 日，102 号房屋所有权登记至卢某坡名下。其后，卢某坡、张某珍死亡，子女就房屋继承发生纠纷。姚某慧与芦某龙提起诉讼，要求法院确认其二人有权居住使用 102 号房屋。

【案件焦点】

作为非产权人的拆迁被安置人，能否享有拆迁安置房屋的居住权益。

【法院裁判要旨】

北京市西城区人民法院经审理认为：依据双方当事人提交的证据，法院能够认定姚某慧、芦某龙为涉案房屋的被安置人口。现涉案房屋虽经过继承已登记在芦某起、芦某芬、芦某敏、芦某芳、芦某云名下，但其系通过继承卢某坡、张某珍的遗产而取得的涉案房屋的所有权。姚某慧、芦某龙虽未能取得涉案房屋的所有权，但 102 房屋在拆迁时系为了解决包括姚某慧、芦某龙在内的所有被安置人口的居住权益，该权益应当得到保护。因此姚某慧、芦某龙虽并非 102 房屋的所有权人，但仍有权居住使用 102 房屋。姚某慧、芦某龙的诉讼请求有事实和法律依据，法院予以支持。

北京市西城区人民法院依照《中华人民共和国民法总则》第三条、《中华人民共和国民事诉讼法》第一百四十四条、《最高人民法院关于适用〈中华人民共和国民事诉讼法〉的解释》第九十条之规定，判决如下：

确认姚某慧、芦某龙有权居住、使用102号房屋。

芦某芬、芦某敏不服一审判决，提起上诉。北京市第二中级人民法院同意一审法院裁判意见，判决：

驳回上诉，维持原判。

【法官后语】

在《中华人民共和国民法典》（以下简称《民法典》）颁布前，若一方当事人认为其有权居住登记在他人名下的房屋，只能通过提起用益物权纠纷诉讼的方式，请求法院确认其对该房屋享有居住使用的权利，而无法直接确认其对该房屋享有居住权。《民法典》在物权编中单设一章，增加规定了居住权这一新型用益物权，填补了现行法律的空白，呼应了社会需求。

但需要注意的是，《民法典》关于居住权的规定仅有六个条文，难以涵盖居住权的全部规则，留下了一些规范空白。如《民法典》第三百六十六条规定，“居住权人有权按照合同约定，对他人的住宅享有占有、使用的用益物权，以满足生活居住的需要”。第三百六十七条规定，“设立居住权，当事人应当采用书面形式订立居住权合同”。因此一般认为，若所有权人需要在房屋上为他人设立居住权，应通过所有权人与居住权人订立居住权合同的方式设立。但社会生活复杂多变，在某些情况下，当事人未能与所有权人订立居住权合同时，本文认为可以通过确认之诉，确认其对涉案房屋享有居住权。

《民法典》第二百三十四条规定，“因物权的归属、内容发生争议的，利害关系人可以请求确认权利”。笔者认为，在当事人未订立居住权合同的情形下，若当事人能够举证证明其对涉案房屋的居住权益有相应的合同或法律依据，即可以提起确认之诉，请求法院确认其对涉案房屋享有居住权。如本案中，根据双方当事人提交的证据，法院可以认定姚某慧、芦某龙为涉案房屋的被安置人口。因拆迁88号房而取得的102号房为安置房屋，该房屋即为安置被安置人使用，因此法院依法确认姚某慧、芦某龙有权居住、使用该涉案房屋。

需要注意的是，由于《民法典》未明确规定通过确认之诉取得居住权的方式，因此在后续的案件中，若出现双方当事人对居住权没有约定，一方当事人欲通过诉讼的方式请求法院确认其对涉案房屋享有居住权的情况时，笔者认为在案件的审理中还应注意以下两个问题：

第一，《民法典》第三百六十七条规定，“居住权合同一般包括下列条款：（一）当事人的姓名或者名称和住所；（二）住宅的位置；（三）居住的条件和要求；（四）居住权期限；（五）解决争议的方法”。因此为了避免后续产生纠纷，应当参考《民法典》第三百六十七条的规定，要求当事人在诉讼请求中对于居住条件、居住权期限等内容予以明确。同时，法院在判项中亦应明确住宅的位置、居住条件、居住期限等内容。

第二，居住权属于用益物权，因此设定居住权的房屋会存在所有权人丧失房屋占有、使用、收益权益的情形，为保护交易中第三人的利益，《民法典》第三百六十八条规定，“……设立居住权的，应当向登记机构申请居住权登记。居住权自登记时设立”。但若当事人通过诉讼方式请求法院确认居住权，则有可能产生双方当事人怠于履行登记义务的情况，进而导致该居住权的设立无法及时产生公示效力，对涉案房屋后续买卖、设立抵押等问题产生不良影响。因此笔者认为，在确认居住权的判决判项中可以使用“判决生效后七日内，居住权人至不动产登记部门进行登记后居住权生效”的类似表述，从而将法院判决与《民法典》第三百六十八条的规定相衔接。

编写人：北京市西城区人民法院　方晓晨　王潇

48

拆迁安置人口对安置房屋是否享有居住权

——范某凯诉范某丽占有保护案

【案件基本信息】

1. 裁判书字号

北京市第二中级人民法院（2020）京02民终11721号民事判决书

2. 案由：占有保护纠纷

3. 当事人

原告（被上诉人）：范某凯

被告（上诉人）：范某丽

【基本案情】

1989年某计算机公司姚家井区地区基建办公室与刘某英签订《安置协议书》，计算机公司在原宣武区姚家井地区进行建设，范某书原住姚家井二巷胡同10号，正式住房2间，居住面积24平方米。正式户口6人，应安置5人；安置楼建成后分给范某书2号楼4门×××号三居室一套……建设用地分户调查表记载，姚家井二巷胡同10-×号家庭成员为范某书、刘某英、范甲、范某凯、范某恒、郝某丽、范某晶。

1991年6月25日，某计算机公司姚家井区地区基建办公室出具《回楼通知书》，为范某书安置案涉房屋一套。签订拆迁协议时，拆迁房屋内户口有6人即范某书、刘某英、范某晶、郝某丽、范某凯、范某恒。

2017年8月2日，某电子技术公司根据范某恒的申请，变更案涉房屋承租人为范某丽。2019年，范某晶（另案当事人）起诉范某恒、任某芝、范某丽，请求确认对北京市西城区姚家井二巷 2 号楼 4 门×××号房屋有权居住使用。

【案件焦点】

房屋拆迁时，拆迁房屋安置人口对于安置后的房屋是否享有居住使用权。

【法院裁判要旨】

北京市西城区人民法院经审理认为：北京市建设拆迁安置办法规定，被迁户的家庭人口，以拆迁范围内的正式户口为准，并规定了家庭人口的安置政策，北京市西城区姚家井二巷 10-×号北京市建设拆迁居民周围安置协议书中拆迁房屋正式户口 6 人，范某凯系正式户口之一，曾在案涉房屋居住。史某琪证言中所述 2005 年后除范某丽父母及爷爷奶奶外无其他人居住，证人只能证明 2005 年后的居住事实，并不能否定此前范某凯居住的事实。基于范某凯系房屋拆迁安置人口并实际居住过的事实，范某凯对案涉房屋享有居住权。对于范某凯的诉讼请求，予以支持。

北京市西城区人民法院依照《中华人民共和国物权法》第三十九条，作出如下判决：

原告范某凯有权居住北京市西城区姚家井二巷 2 号楼 4 门×××号房屋。

范某丽不服一审判决，提起上诉。北京市第二中级人民法院经审理认为：刘某英与某计算机公司签订的《安置协议书》中登记正式户口 6 人，应安置 5 人。北京市公安局某派出所出具的证明显示拆迁时范某凯的户口登记在姚家井二巷胡同 10-×号房屋内（即被拆迁房屋）。《北京市建设拆迁安置办法》规定，被迁户的家庭人口，以拆迁范围内的正式户口为准；其中年满 13 周岁以上的子女和其他单身成员，可按异性分室、同性不分室的原则安置。建设用地分户调查表登记范某凯当时的年龄为 15 岁，因此范某凯的户口、年龄满足当时的北京市拆迁政策，应属于应安置 5 人中的一员。原审法院基于范某凯的被安置人的身份及曾经在案涉房屋长期居住的事实，认定范某凯对案涉房屋享有居住权，并无不当，予以维持。

北京市第二中级人民法院依照《中华人民共和国民事诉讼法》第一百七十

条第一款第一项规定，判决如下：

驳回上诉，维持原判。

【法官后语】

一、居住权来源及含义

居住权起源于罗马法。在大陆法系和英美法系国家或地区发展并完善。党的十九大报告提出，要加快建立多主体供给、多渠道保障、租购并举的住房制度，让全体人民住有所居。为落实党中央要加快建立多主体供给、多渠道保障、租购并举的住房制度，让全体人民住有所居的要求，《中华人民共和国民法典》在所有权编专门增设第十四章“居住权”，认可和保护民事主体对住房保障的灵活安排，满足特定人群的居住需求。

居住权是指以居住为目的，对他人所有的房屋及附属设施占有、使用的权利。所有权为自物权、完全物权，而居住权是他物权、限制物权，居住权以所有权为基础并由其派生。两种权利在实现方式上存有区别，同时也体现了不同的价值取向。既然居住权是对他人的房屋使用收益，利用他人房屋的居住价值，就必须对房屋进行物质形式的支配，因此，居住权是以实施他人房屋的现实占有为实现条件的。

二、居住权的性质

1. 居住权是物权。居住权是房屋所有权权能分离的结果，是房屋所有权的负担，是由所有人以外的其他居住权人享有对房屋占有、使用、收益的权利。如将居住权理解为一项债权，只是看到了设立人与居住权人之间的关系，但却忽视了房屋交由居住权人占有、使用、收益的事实，从而忽略了这一权利的物权属性。同时居住权是一种他物权，由于居住权人可以对房屋直接行使其权利，但房屋所有人并无为之有积极作为的义务，故居住权属于物权。

2. 居住权属于用益物权。一方面，就居住权在民法上的定位而言，它首先是一种用益物权。基于这种用益物权，权利人不仅能占有他人住宅，并以居住为目的使用他人住宅，还能排除他人对住宅的不法妨害。另一方面，居住权是以满足特定人的居住需要而设立的用益物权。

3. 居住权是具有人身属性的人役权。以他人的房屋为标的，虽然居住权人可以行使的是占有权、使用权和有限收益权，但在市场流通性和可继承性上受到很大限制。

三、居住权的特征

1. 居住权的主体范围限定为特定的自然人。法人或其他非法人团体（如合伙团体）不可以成为居住权主体，其主体范围具有有限性。

2. 居住权的客体为他人所有的建筑的全部或一部分，还包括其他附着物。居住权客体还应包括房屋的附属设施，比如配套的仓库等。因为这些设施与居住者的日常生活息息相关，如果不加以规定，可能会为居住者带来不便。

3. 居住权是为特定自然人的生活用房的需要而设定的权利。居住权人只能把所取得的房屋用于生活需要，对房屋的使用只能限于为居住的目的，而不能挪作他用，比如用作商业房等。双方当事人有约定和在某些特殊情况下，居住权人可以将少量的房屋予以出租以获取收益。

4. 居住权具有长期性、终身性。居住权的期限可由当事人在合同或遗嘱中确定或约定，如果没有对期限作出明确规定，则应推定居住权的期限为居住权人的终身。这是因为居住权是用来供没有房屋的人居住的，所以权利人对房屋的居住权如果没有约定的话，应当理解为与其生命共始终。

5. 居住权一般具有无偿性，居住权人无需向房屋的所有人支付对价，所以被称为“恩惠行为”。这也是由居住权的性质、本质而决定的，即使居住权人在其居住期间可能需要支付给所有人一定的费用，但它必然要低于租金，否则也就无设立之必要。

6. 居住权具有不可转让性。居住权不仅具有财产属性，同时还具有较强的人身属性，只能由特定的权利人所享有，而不可转让由他人享有或由他人继承。《中华人民共和国民法典》第三百六十九条明确规定，“居住权不得转让、继承”。

结合本案，案涉房屋依据《北京市建设拆迁安置办法》拆迁所得，拆迁时范某凯户口在拆迁房屋内，拆迁安置分配房屋时考虑到范某凯户口因素安置范某丽家庭三居室，在拆迁房屋内，其应为安置人口，结合其在房屋内曾经居住的事实，范某凯对案涉房屋享有居住权，法院作出范某凯有权居住案涉房屋的判决符合我国的相关拆迁政策。需要指出的是，随着经济的不断发展，我国的拆迁政策亦作出了调整，现在拆迁政策按照拆迁房屋面积进行安置，拆迁安置人口不再作为拆迁考量因素，此类基于拆迁政策要求确认居住权案件显现逐步减少的态势。

编写人：北京市西城区人民法院　田志鹏

49

居住权人权利范围及其行使边界的认定

——陈某诉张某、吴某占有物返还案

【案件基本信息】

1. 裁判书字号

北京市房山区人民法院（2020）京0111民初7766号民事判决书

2. 案由：占有物返还纠纷

3. 当事人

原告：陈某

被告：张某、吴某

【基本案情】

陈某明（已去世）与前妻育有一子陈某，张某与前夫育有一子吴某。2005年，陈某明与张某再婚。2009年4月19日，陈家签订《分家协议》，约定：位于北京市房山区某村西街179号院的北房五间、东厢房二间、西厢房二间（以下称涉案房屋）的房屋产权归陈某所有，其父有永久居住权，张某拥有永久居住权。

2019年，陈某以分家析产为由将陈某明兄弟姐妹及吴某、张某作为第三人诉至北京市房山区人民法院，要求确认涉案房屋归陈某所有，北京市房山区人民法院作出（2019）京0111民初21047号民事判决：涉案房屋归陈某所有。张某不服一审判决，上诉至北京市第二中级人民法院，法院作出（2020）京02民终1122号民事判决：驳回上诉，维持原判。双方确认现张某居住在涉案院落北房东数第一间及第二间，吴某居住在北房中间两间（客厅），陈某居住在北房西数第一间。院内西厢房为杂物间，东厢房为厨房，北房东侧后有厕所和洗澡间。

2020年7月24日，陈某与张某达成调解协议：确认张某对北京市房山区某村西街179号院有居住使用的权利。现陈某请求吴某腾退北京市房山区某村西街179号住处；请求张某腾退除个人合理使用范围外的北京市房山区某村西街179号其他房屋。

【案件焦点】

1. 张某对涉案院落居住使用的权利是否具有排他性；2. 吴某是否有权居住于该院落。

【法院裁判要旨】

北京市房山区人民法院经审理认为：根据《分家协议》和陈某与张某达成的调解协议可以确认张某对涉案院落有居住使用的权利。

对于第一个争议焦点，《分家协议》及生效判决已经确定涉案院落房屋所有权归陈某所有，《分家协议》内有关张某居住权利的约定的目的是对张某基本居住需要的保障，张某不得超过基本居住需要对抗所有权人陈某对房屋的占有、使用和处分。对于第二个争议焦点，吴某现已成年，其既非涉案房屋的所有权人亦非《分家协议》约定的使用权人，其居住于涉案房屋并无依据。故陈某要求吴某腾退房屋之请求，并无不当，应予支持。现陈某、张某对房屋居住使用的范围发生争议，从方便当事人生活，尊重陈某对房屋的所有权和保障张某的基本生活需要的角度出发，结合现实居住情况，法院酌情对涉案房屋的居住使用范围进行明确。

北京市房山区人民法院依照《中华人民共和国民法总则》第六条、《中华人民共和国物权法》第三十九条之规定，判决如下：

一、被告吴某于本判决生效后三十日内搬离北京市房山区某村西街179号院内其居住的房屋；

二、位于北京市房山区某村西街179号宅院内北房东数第一间由被告张某居住使用，北房其他房间由陈某居住使用，该宅院内其他房屋及生活设施由双方共用；

三、驳回陈某其他诉讼请求。

【法官后语】

本案立案及审结在《中华人民共和国民法典》（以下简称《民法典》）颁布之后、实施之前。陈家《分家协议》约定张某拥有永久居住权，该约定不具有《民法典》规定居住权的形式要件与登记要件。根据《最高人民法院关于适用〈中华人民共和国民法典〉时间效力的若干规定》第三条规定，应当认定张某为案涉住宅的居住权人。在此前提下，需要解决两个问题：其一，居住权人及其亲属的权利范围；其二，住宅所有权人与居住权人在权利行使方面的衡平。

一、居住权人及其亲属的权利范围

依据《民法典》第三百六十六条之规定，居住权人有权按照合同约定，对他人的住宅享有占有、使用的用益物权，以满足生活居住的需要。依据该条款，居住权性质为用益物权，对他人住宅享有权利，具有占有及使用两项权能。居住权人对他人住宅可以直接管理，支配住宅的全部或部分。我国居住权既沿袭为达到赡养、抚养或扶养目的的传统法律制度基础，又拓展了其社会保障属性，还凸显了房屋价值利用多元化的功能，其与房屋租赁具有本质区别。故明确居住权人的权利范围，理解“满足生活居住的需要”这一要素尤为重要。从行为目的来看，居住权人的权利范围应当限定为生活居住，设立居住权进行生产经营活动，或者进行与生活居住无关的行为，则超出了居住权的权利范围。从目标住宅来看，居住权人可以使用住宅的全部或者部分，还应当包括住宅附属设施。居住权人有权使用附属设施才能够使住宅利用达到最大化的效果。从权利边界来看，居住权人不得侵害住宅所有权人的正当权利。居住权人应当尽基本善良义务，妥善维护、管理住宅，不得对住宅造成损害，也不应当妨害住宅所有权人行使正当权利。本案中，张某以及吴某占有及使用住宅的行为，已经严重影响陈某在住宅的正常生活，对陈某的权益造成侵害，故应当对张某以及吴某的行为进行规制。

居住权人的亲属是否享有居住权？我国规定居住权的主体为自然人，排除法人及非法人组织。自然人生活居住使得居住权在具备契约性、保障性的同时，也具有伦理性。居住权人的亲属是否享有居住权是司法实践中不可回避的问题，而这一问题并未在《民法典》当中明确规定。对于这一问题，当事人可以协商，在居住权合同中载明享有目标住宅居住权的人员姓名，来划定享有居住权的人员范围。若居住权合同中并未载明上述问题，一方面应当按照约定，居住权人本人享有居住权；另一方面还应当考虑居住权人及家庭的实际情况，有限度地划定同住亲属范围。笔者建议制定司法解释，明确享有居住权的主体，围绕居住权人本人进行适度扩大解释。建议将居住权人的配偶、由其抚养的未成年人子女、赡养的老人以及提供照顾服务的保姆等，划定为居住权主体，在司法实践中还应当考虑亲属生活情况以及家庭和睦等因素。

具体到本案中，吴某不在陈家《分家协议》约定的享有居住权人员范围内，且已经成年并在某咨询公司工作，有稳定收入来源，不需要张某抚养，亦有能力赡养张某。此外，陈某为陈某明婚生子，吴某为陈某明继子，二人关系不睦，不宜共同居住，故法院判决吴某腾退房屋。

二、住宅所有权人与居住权人在权利行使方面的衡平

在涉居住权纠纷中，需要考量住宅所有权人与居住权人在权利行使方面的衡平。从住宅所有权人的角度，住宅所有权人享有占有、使用、收益、处分的完整物权，居住权人享有占有、使用权能，居住权人不得对抗住宅所有权人的四项权能。从居住权人的角度，由于居住权具有保障功能，住宅所有权人，特

别是与居住权人同住的住宅所有权人，不得妨碍居住权人对目标住宅的占有、使用。具体到实践中，住宅所有权人应当保障居住权人在目标住宅得以正常、持续地生活，可以正常使用住宅及其附属设施，应当考虑住宅实际情况以及当事人的生活习惯。

本案中，陈某主张，案涉正房西卧室和两间西厢房归张某使用，院内其他房屋归陈某使用。通过庭审承办法官了解到，陈某意将张某安置在住宅西侧，并在西侧房屋与东侧房屋之间垒墙。若照此安排，则张某不能正常使用住宅及相应设施，影响其正常生活。对此，承办法官考量住宅现有格局、当事人生活习惯以及日常生活等因素，判决北房东数第一间由被告张某居住使用，北房其他房间由原告陈某居住使用，该宅院内其他房屋及生活设施由双方共用。

编写人：北京市房山区人民法院　王俊伟　孟阳

50

居住权人排斥住宅所有权人对其居住权的非法妨碍和侵害

——陈甲、王某香诉修某兰返还原物案

【案件基本信息】

1. 裁判书字号

辽宁省东港市人民法院（2020）辽 0681 民初 3624 号民事判决书

2. 案由：返还原物纠纷

3. 当事人

原告：陈甲、王某香

被告：修某兰

【基本案情】

陈甲、王某香系夫妻关系。陈甲父亲陈某钧（曾用名陈某君）与前妻宋某春（陈甲母亲）婚后购置位于东港市某镇西街9组房屋，面积为64.80平方米，宋某春于1992年8月死亡，2008年7月，陈甲通过继承依法取得该楼房的全部产权，将该楼房的产权人变更至陈甲名下。陈某钧与修某兰于2008年7月14日登记再婚，双方于2008年7月13日签订婚约，其中第二条约定诉争楼房暂由陈某钧与修某兰居住，待陈某钧过世后立即返还给陈甲，相关人员在婚约上签字确认。陈某钧于2020年3月26日死亡，陈某钧死亡后，修某兰继续占用该楼房，修某兰每月领取补助480元，无其他经济来源，无其他可居住房屋。陈甲、王某香多次找修某兰协商，要求其尽快归还所占楼房，但修某兰均借故至今不予腾出。

【案件焦点】

修某兰对案涉房屋是否享有居住权。

【法院裁判要旨】

辽宁省东港市人民法院经审理认为：2008年7月11日，陈甲通过继受取得涉案房屋产权，并办理了产权变更登记。修某兰与陈某君于2008年7月14日登记结婚后共同生活居住在案涉房屋内，修某兰悉心照顾陈某君，履行了夫妻之间相互扶助义务。在夫妻一方死亡，另一方又无其他居住条件的情况下，因婚姻关系产生的居住权益并不因夫妻一方去世而消灭。陈甲取得案涉房屋所有权系继受取得，非原始取得，故对修某兰的居住现状应予尊重，其对物权的行使不得损害修某兰的合法权益。在修某兰无其他住房，又无固定生活来源且对案涉房屋享有合法居住权的情况下，应保障特定范围的非房屋所有权人因生存所需而居住他人房屋的权利。陈甲系房屋所有权人，修某兰享有居住的权利，由于修某兰生活困难，不具备腾房条件，为维护公序良俗和修某兰的合法居住权益，对陈甲要求修某兰立即迁出该房屋的诉请，不予支持。同时，陈甲作为案涉房屋的合法所有权人，对该房屋享有占有、使用、收益、处分的权利，若修某兰此后另有居所或者生活条件有较大改善，双方对于案涉房屋的居住权可另行协商；若协商不成，陈甲可另行主张物权权利。

辽宁省东港市人民法院依照《中华人民共和国民法通则》第七条、《最高人民法院关于适用〈中华人民共和国婚姻法〉若干问题的司法解释（一）》第二十七条、《最高人民法院关于适用〈中华人民共和国民事诉讼法〉的解释》第九十条之规定，判决如下：

驳回陈甲、王某香的诉讼请求。

【法官后语】

本案反映的问题实质是居住权与所有权发生冲突的情形下，如何保护双方的权益？对此应当认为，当居住权与所有权发生冲突时，满足一定条件下，居住权可以对抗所有权。如此处理体现了以人民为中心的发展思想，对实现“人民群众住有所居”的目标具有现实意义。

一、居住权的理解

居住权是对他人的住宅享有占有、使用的用益物权。对他人住宅占有、使用的权利，既可以是债权性使用权，也可以是物权性使用权，《中华人民共和国民法典》（以下简称《民法典》）第三百六十六条将居住权明确为一种用益物权，对保障居住权人对他人住宅居住权利的稳定性具有重要意义。对居住权的理解重在把握以下几点：

1. 居住权在法律性质上是用益物权。居住权是以满足生活居住的需要，对他人住宅的占有权、使用权。居住权人基于用益物权的排他性，既可以排除第三人对居住房屋主张物权，也可以排除住宅所有权人对其住宅的非法妨碍和侵害，旨在保障特定范围的非房屋所有权人因生存所需而居住他人房屋的权利。

2. 居住权设于他人住宅。居住权的设立对象既可以是他人住宅全部，也可以是他人部分住宅。

3. 仅限居住目的占有他人住宅。居住权设立的目的就是要解决“人有所住”的问题，因此不能用于商业经营等非基本生活居住活动。

4. 居住权主体只能是自然人。只有自然人才存在生活居住的需要。

5. 居住权设立原则上建立在居住权人与所有权人协商一致的基础上。虽然《民法典》只表明了在双方协商一致的情况下，居住权人有权按照合同约定享有居住权，但没有排除法定居住权。

二、房屋居住权与所有权的关系

所有权与居住权均属于物权范畴，所有权为绝对权、对世权、拥有排他性。《民法典》第一百一十四条第二款规定，“物权是权利人依法对特定的物享有直接支配和排他的权利，包括所有权、用益物权和担保物权”。其中，房屋所有权是所有权人对自己所有的房屋享有直接支配和排他的权利，表现为占有、使用、收益和处分四项完整的权能。居住权属于用益物权、他物权、限制物权，是在他人所有的房屋上设立的权利。据此《民法典》第三百六十六条规定，“居住权人有权按照合同约定，对他人的住宅享有占有、使用的用益物权，以满足生活居住的需要”。第三百七十条规定，“居住权期限届满或者居住权人死亡的，居住权消灭”。可见，居住权虽由所有权派生，以所有权为权源，属于“他物权”“定限物权”。居住权一经设立，便具有独立于所有权而存在的特性，居住权人对他人所有的房屋享有直接支配和排他的权利，所有权人不得随意收回其财产，不得妨碍居住权人行使合法权益。因此，当居住权与所有权发生冲突时，满足一定条件下，居住权可以对抗所有权。居住权人只对住宅享有占有、使用的权利，明确排除居住权人享有收益权，居住权原则上无偿设立，且未经所有权人允许不得转让和继承，再次体现了立法对于居住权保障弱势群体的功能定位。

三、本案所有权与居住权谁更优先

“每一已发展的法律体系，都必须经过一段由司法判决以形成法律的时期。”在《民法典》出台前，居住权一直未被我国立法所承认。但在我国现实社会中对居住权的需求是客观存在的，司法实践亟须明确法律规定指引。本案发生在《民法典》颁布前，妥善处理纠纷，对法官也是一种考验。本案陈某君与修某兰均系再婚，为了避免婚后因房产引发纷争，陈某君与修某兰再婚前签订婚约，该协议目的是排除修某兰对案涉房屋的所有权、继承权，维护陈甲的所有权。修某兰与陈某君登记结婚，并在案涉房屋居住12年，相互扶助，基于特定的家庭成员关系，修某兰对案涉房屋享有合法居住权。陈甲作为陈某君的儿子通过继受取得涉案房屋产权，并办理了产权变更登记。现婚约中夫妻一方陈某君去世，案涉房屋本应归还原告，但修某兰无其他居所，陈甲不能为修某兰提供其他居住房屋，案涉房屋系被告唯一可居住房屋，且其年纪较大，身体健康状况不好，每月只有480元补助，无其他收入来源，属于法律规定的“生活困难”，客观上确实无腾房条件。因当时我国民法中并没有规定居住权制度，为了保护弱势群体就房屋居住的基本权利，只能以公序良俗原则作为裁判依据，对陈甲的诉讼请求不予支持。

居住权制度是我国《民法典》的一大亮点，不仅为今后相关案件审理提供了法律依据，使文书说理更充分翔实，还限缩了法官自由裁量的范围。在具体案件的审理中，法官基于具体案情，洞察民情，尽力做到情理法的结合，避免作出的裁判合法不合情、合情不合理，影响法律的权威和人民法院的公信力，必要时通过法律解释等方法，实现法律逻辑推理自洽和个案公平正义的平衡。

编写人：辽宁省东港市人民法院　邹传君

51

离婚协议中约定公租房居住权的效力认定

——柳某林诉王某兰居住权案

【案件基本信息】

1. 裁判书字号

湖南省浏阳市人民法院（2021）湘0181民初5828号民事判决书

2. 案由：居住权纠纷

3. 当事人

原告：柳某林

被告：王某兰

【基本案情】

柳某林、王某兰于 2008 年 5 月 12 日登记结婚，婚后生育一女（已故）。2010 年 12 月 2 日，因王某兰符合廉租住房保障对象条件，原某市住房保障工作局（现某市住房保障服务中心）（甲方）与王某兰（乙方）签订《某市国有廉租住房租赁合同》，合同主要约定：由乙方承租甲方位于本市某廉租房一套（以下简称廉租房），计租面积 49.76 平方米，租赁期限自 2010 年 12 月 1 日起至 2011 年 12 月 1 日止有效，月租金为 84.60 元；乙方在承租期内，通过自建、购买或其他方式解决了住房问题的，应自有新的住房之日起三十日内按照“装饰装修来建去丢”的原则将廉租房无条件腾空交给甲方另行安排住房困难户，乙方不得继续居住或擅自转租、转借、转让。否则甲方有权终止合同，收回房屋并索赔损失……王某兰在合同第一页填写承租人的共同居住人情况一栏时未填写其他人登记信息。合同签订后王某兰入住廉租房。柳某林系古港农业户且有住房，不属于廉租住房保障对象，因其系王某兰的配偶，亦随王某兰居住在廉租房。2016 年 5 月 6 日，柳某林、王某兰协议离婚，协议中约定：廉租房双方均可居住，该房中的家具、家电均归女方所有。2018 年 7 月 19 日，王某兰与他人再婚，从廉租房搬走。柳某林亦回古港居住。2021 年端午节后，王某兰前往廉租房拿被子，因钥匙在柳某林处，王某兰即打电话向公安局申请安排开锁人员将房门打开，随后将门换上防盗锁，不同意柳某林居住。柳某林遂诉至法院。

王某兰自 2010 年 12 月 1 日签订合同后未再与某市住房保障服务中心续签合同，亦未缴纳租金。2021 年 7 月 5 日，王某兰向某市住房保障服务中心提交退房申请。经审查，王某兰拖欠某市住房保障服务中心租金 14223 元，符合房屋腾退条件，故某市住房保障服务中心于次日向王某兰送达《某市住房保障服务中心限期腾退公共租赁住房通知书》，限王某兰于 2021 年 7 月 20 日前自行腾退公共租赁住房并退回房屋，逾期不腾退将依法强制腾退。诉讼中，某市住房保障服务中心明确表示不申请参加诉讼。

【案件焦点】

如何认定柳某林与王某兰在离婚协议中约定双方均享有公租房居住权的效力。

【法院裁判要旨】

湖南省浏阳市人民法院经审理认为：居住权是他物权的一种。居住权人有权依据法律的规定或者合同的约定，对他人的住宅享有占有、使用的用益物权，以满足生活居住的需要。涉案房屋系国有廉租住房，所有权人是某市住房保障服务中心，原、被告均不是涉案房屋的所有权人，王某兰是基于合同的约定享有对涉案房屋的居住权，且在签订合同时，王某兰的共同居住人情况一栏并无其他人登记信息。王某兰自2010年合同签订后一直未缴纳租金，亦未按照合同约定续签，其居住期限早已届满，现王某兰已自愿退还房屋，某市住房保障服务中心亦要求王某兰限期腾退房屋，王某兰对涉案房屋的居住权已经消灭。王某兰作为居住权人，对涉案房屋仅享有占有权和使用权，无权转让和处置居住权，柳某林是因其与王某兰的婚姻关系才取得对该涉案房屋的居住权，前提是柳某林与王某兰的婚姻关系存续，故双方离婚时协议中关于柳某林对该涉案房屋享有居住权的约定应属无效，自2016年5月6日与王某兰离婚之日起，柳某林即丧失对涉案房屋的居住权。综上，柳某林要求确认其对廉租房享有居住权的诉讼请求不符合法律规定，法院不予支持。

湖南省浏阳市人民法院依照《中华人民共和国民法典》第三百二十三条、第三百六十六条、第三百六十七条、第三百七十条规定，判决如下：

驳回柳某林的诉讼请求。

【法官后语】

居住权，是指居住权人对他人所有房屋的全部或者部分及其附属设施，所享有的占有、使用之权利。该制度起源于罗马法，作为一种新型用益物权入典是《中华人民共和国民法典》（以下简称《民法典》）的重大制度创新，具有重要的社会意义和法治价值，既回应了我国养老、住房保障等社会现实问题，也为法院审理相关案件提供了法律依据。司法实践中，涉居住权纠纷主要发生在离婚、继承、赡养以及涉公产住房等社会生活领域。《民法典》以专章对居住权制度进行了系统规定，主要包括居住权的性质、设立、合同要素、限制、效力等。结合本案，具体分析如下：

1. 对《民法典》第三百六十六条的理解。该条规定："居住权人有权按照合同约定，对他人的住宅享有占有、使用的用益物权，以满足生活居住的需要。"其含义包括：(1) 居住权一般通过合同设立。居住权作为意定物权，主要设定方式为基于所有权人和居住权人双方的合同约定。居住权合同可表现为通常意义上的民事合同，也可以是在涉及婚姻等身份关系的合同中约定居住权的相关内容。根据《民法典》第三百七十一条规定，如以遗嘱方式设立居住权，可参照适用第十四章居住权的有关规定。(2) 居住权是一种特殊的用益物权。用益物权通常包括占有、使用、收益权能，但居住权人一般仅享受占有、使用的权利，其只有在例外情形下才享有收益权能，如根据《民法典》第三百六十九条规定，居住权合同约定居住权人可以出租设立居住权的住宅的，居住权人可以通过出租获得收益。(3) 居住权的功能在于"满足居住生活需要"。居住权制度旨在保障特定人群居住生活的需要，非基于居住生活需要的目的，居住权人不得使用住宅，如居住权人不得利用住宅主要用于从事经营行为等。

2. 居住权人的权利义务。(1) 居住权人在取得居住权后，即可对住宅享有相应的权利，如合理使用住宅；在居住权人与所有权人之间没有禁止性约定的情况下，居住权人有权携其家庭成员等与其同住。(2) 居住权人在享受权利的同时，也应履行相应的义务，如妥善管理住宅、合理使用其设备设施；在有偿设立居住权的情况下，应依约支付使用费；不得转让居住权等。

3. 居住权的消灭事由。居住权作为他物权，是有期限的。而设立居住权的目的是保护当事人的生活居住需求，"居住"意味着在某一处所长久地生活。

所以应注意把握居住权期限的认定标准，一般应坚持约定优先原则，未约定居住权期限，又无法通过适当规则予以填补的，可以推定居住权至居住权人死亡时消灭。如社会保障领域的居住权，若相关法律和行政法规未作出特别规定，且又无合同约定的，原则上由受保障群体终身享有。

本案中，首先，王某兰与某市住房保障服务中心签订名为房屋租赁的合同，但是基于该房屋的社会保障性质，显然与普通房屋的租赁关系不同，若将王某兰的权利解释为租赁权，不利于其居住权益的保障，故应认为王某兰的权利性质上为居住权，更符合公租房作为公共产品的保障性特征。其次，王某兰基于合同约定对公租房享有居住权，应依约履行义务。但其自合同签订后一直未缴纳租金，期满后亦未续签合同，其居住权的期限已届满。加之王某兰无正当理由连续6个月未在涉案公租房内居住，现自愿退还公租房，且某市住房保障服务中心亦要求柳某林限期腾退房屋，故王某兰对涉案房屋的居住权已消灭。最后，柳某林因系王某兰的配偶对该公租房享有居住利益，但其并未因此取得对该公租房的居住权，随着双方婚姻关系的解除，柳某林自然不再享有对公租房的居住利益。王某兰作为居住权人，其无权转让或处置居住权，其与柳某林在离婚协议中关于离婚后双方均对公租房享有居住权的约定实则是一种无权处分行为，且事后未获得某市住房保障服务中心的追认，该约定无效，柳某林已无权占有、使用涉案房屋。

编写人：湖南省浏阳市人民法院　许玉君　黄卫国　彭睿

四、担保物权纠纷

52

抵押权人未在主债权诉讼时效期间行使抵押权，应否注销抵押登记

——刘某立诉余某顺抵押合同案

【案件基本信息】

1. 裁判书字号

北京市第三中级人民法院（2020）京03民终7700号民事判决书

2. 案由：抵押合同纠纷

3. 当事人

原告（被上诉人）：刘某立

被告（上诉人）：余某顺

【基本案情】

2013年1月21日，刘某立与余某顺签订《借款抵押合同》，约定用刘某立名下位于北京市朝阳区××号房屋（以下简称涉案房屋）作为抵押，刘某立向余某顺借款150万元，借款期限为6个月，自2013年1月21日至7月20日。2013年1月21日，李某某向余某顺借款300万元，以自己名下房屋抵押担保150万元，刘某立为李某某的借款用其名下房屋抵押担保150万元。刘某立与

余某顺于2013年1月23日办理抵押登记。之后李某某未还款，余某顺、李某某和刘某立三人达成新的协议，李某某向余某顺还款200万元，余某顺解除刘某立名下涉案房屋的抵押登记，但李某某至今未向余某顺偿还200万元。刘某立请求余某顺协助刘某立办理解除涉案房屋的抵押登记手续、返还涉案房屋的房屋所有权证原件。余某顺以李某某至今未向余某顺偿还200万元为由，不同意解除刘某立名下涉案房屋的抵押登记，不同意返还房屋所有权证原件。

【案件焦点】

余某顺是否在主债权诉讼时效内行使抵押权及涉案抵押权应否注销。

【法院裁判要旨】

北京市朝阳区人民法院经审理认为：根据法律规定，有下列情形之一的，担保物权消灭：（1）主债权消灭；（2）担保物权实现；（3）债权人放弃担保物权；（4）法律规定担保物权消灭的其他情形。抵押权人应当在主债权诉讼时效期间行使抵押权，未行使的，人民法院不予保护。涉案房屋抵押担保的主债权为余某顺向李某某出借的150万元，对应借款期限为2013年1月21日至7月20日，余某顺自认在刘某立提起本案之前未行使抵押权，现刘某立于本案中要求解除涉案房屋的抵押登记，予以支持。抵押权消灭，余某顺应向刘某立返还上述房屋的所有权证。余某顺的抗辩意见，于法无据，不予支持。

北京市朝阳区人民法院依照《中华人民共和国物权法》第二百零二条之规定，判决如下：

一、被告余某顺于本判决生效之日起七日内协助原告刘某立办理涉案房屋的抵押权注销登记手续；

二、被告余某顺于本判决生效之日起七日内向原告刘某立返还涉案房屋所有权证原件（编号××）。

余某顺不服一审判决，提起上诉。北京市第三中级人民法院经审理同意一审法院裁判意见并认为，《中华人民共和国物权法》第二百零二条规定抵押权行使期间的重要目的之一在于促使抵押权人积极行使抵押权，迅速了结债权债务关系，维系社会经济秩序的稳定，在法律已经设定权利行使的期限后，抵押权人仍长期怠于行使权利时，法律对之也无特别加以保护的必要，应使抵押权消灭。在抵押权已不受法律保护的情况下，若不使该抵押权消灭，则会使抵押人无法对抵押物行使完全的所有权，使抵押人长期处于不利益的状态，对抵押人有失公平。余某顺在主债权诉讼时效期间内并未向刘某立主张行使抵押权，该抵押权消灭，刘某立起诉要求解除抵押登记，一审法院予以支持并无不当。依照《中华人民共和国民事诉讼法》第一百七十条第一款第一项规定，判决如下：

驳回上诉，维持原判。

【法官后语】

不同于债权请求权受诉讼时效约束，抵押权为物权，不受诉讼时效的制约，那么抵押权人行使抵押权是否不受任何限制，抵押权人不行使抵押权，抵押人如何保障自身权益呢？

一、抵押权行使期间的法律限制

《最高人民法院关于适用〈中华人民共和国担保法〉若干问题的解释》（现已失效，以下简称《担保法解释》）第十二条[①]规定，担保物权的行使期间为担保物权所担保的债权的诉讼时效结束后的二年。

《中华人民共和国物权法》（现已失效，以下简称《物权法》）第二百零二条规定，抵押权人应当在主债权诉讼时效期间行使抵押权，未行使的，人民法院不予保护。由此引发了抵押权行使期限性质及不予保护含义的争论。关于抵押权行使期限，第一种观点认为，抵押权系物权，不受诉讼时效限制，抵押权只存在行使期间的问题。该行使期间与主债权诉讼时效期间相同，随着主债权诉讼时效中断、中止而变化。第二种观点认为，《物权法》第一百七十七条规定担保物权消灭的四种情形，并不包括抵押权行使期间届满的情形。主债权

---

① 《担保法解释》否定了担保期间可以消灭担保物权，担保物权行使期间为主债权诉讼时效+2年。

诉讼时效届满，仅是抵押权行使期限届满，未达到法律规定的担保物权消灭事由，仅是丧失司法保护的胜诉权，抵押权并未消灭。第三种观点认为，超过时效的主债权沦为自然债务，债权丧失强制力成为自然债权，债务人获得抗辩权。关于“人民法院不予保护”的含义，也存在不同观点。一种观点认为，不予保护，是丧失胜诉权，抵押权人丧失的是抵押权受人民法院保护的权利，抵押权本身并没有消灭，抵押人因此享有了主债务人的时效抗辩权。另一种观点认为，抵押权的行使期限就是抵押权的存续期限，期间经过后抵押权从实体上消灭，即主债权诉讼时效届满，抵押权消灭。

2019 年《全国法院民商事审判工作会议纪要》（以下简称《九民纪要》）第五十九条规定采用抵押权消灭说，即抵押权人未在主债权诉讼时效期间内行使抵押权，产生的法律后果是抵押权消灭。

《中华人民共和国民法典》（以下简称《民法典》）第四百一十九条保留了《物权法》第二百零二条，规定抵押权人应在主债权诉讼时效期间行使，但未采用《九民纪要》的抵押权消灭说，对未在主债权诉讼时效期间行使抵押权的后果的争论从未停止。

二、本案的认定和适用

本案系在《九民纪要》出台后，《民法典》施行前审结，依据《最高人民法院关于适用〈中华人民共和国民法典〉时间效力的若干规定》，本案应参照《九民纪要》第五十九条，采用抵押权消灭说。

首先，刘某立用自己名下涉案房屋为案外人李某某的借款向余某顺提供抵押担保，担保金额 150 万元，借款期限自 2013 年 1 月 21 日起至 7 月 20 日止。

其次，主债权期限届满日为 2013 年 7 月 20 日，在《中华人民共和国民法总则》（现已失效）施行前，涉案主债权诉讼时效为二年，即主债权诉讼时效届满日为 2015 年 7 月 20 日，双方确认主债权诉讼时效届满前及提起本案诉讼前，余某顺并未向刘某立主张抵押权。

最后，余某顺未在 2015 年 7 月 20 日主债权诉讼时效届满前行使抵押权，刘某立主张注销涉案房屋抵押登记，应予以支持。

三、抵押权行使期限的意义

法律对抵押权的行使期间作出规定，是因为抵押权系担保物权，以担保抵押权人的债权实现为目的，保障抵押权人对抵押财产折价、拍卖或变卖价款优先受偿权。如抵押权人怠于行使抵押权，抵押权的持续存在不利于抵押财产价值的流转，若将抵押人义务长期置于不确定状态，将会极大损害抵押人的利益，故为平衡抵押人、抵押权人、债务人的利益，规定抵押权人应及时行使抵押权，尽早实现优先受偿权，发挥抵押财产的经济价值，避免权利睡眠状态。否则，主债权诉讼时效届满，抵押权人设立抵押权的目的落空。

为督促抵押权人行使权利，保护抵押人利益，抵押人和抵押权人可以对抵押权的实现条件进行约定，在约定的实现抵押权的条件成就时，抵押权人可以协议折价、拍卖、变卖或者申请法院拍卖、变卖该抵押财产价款实现抵押权，亦可通过实现担保物权非诉程序或者提起抵押权诉讼实现抵押权。

尽管《民法典》未采用抵押权消灭说，但对债权人未在主债权诉讼时效期间行使抵押权的，抵押人要求注销抵押登记的，笔者认为，依然可沿用《九民纪要》第五十九条规定的精神，支持抵押人的请求。

编写人：北京市朝阳区人民法院　马娇

53

债权人撤销权诉讼中对于抵押权的保护

——徐某兴诉陈某彪债权人撤销权案

【案件基本信息】

1. 裁判书字号

江苏省无锡市中级人民法院（2020）苏02民终2520号民事判决书

2. 案由：债权人撤销权纠纷

3. 当事人

原告（被上诉人）：徐某兴

被告：陈某彪

第三人（上诉人）：陈某 1

【基本案情】

徐某兴于 2017 年共计投资某平台 30 万元，某投资公司与陈某彪协商确认，该投资款转化为陈某彪结欠徐某兴的欠款，并另立欠条和还款方案给徐某兴。陈某彪负责偿还徐某兴投资的 30 万元投资款，某投资公司将位于安徽省绩溪县的 3 套房产过户给陈某彪。

2017 年 12 月 5 日，陈某彪、陈某萍、陈某 1、陈某 2 填写无锡市惠山区私人住宅拆迁安置申请审批表及无锡市惠山区安置房更名申请表各三份，一致要求将上述 3 套房屋产权登记至陈某 1 名下。2018 年 12 月 21 日，前述 3 套房屋产权登记至陈某 1 名下。

2018 年，徐某兴向法院起诉陈某彪合同纠纷一案（另案），要求陈某彪归还欠款 30 万元及逾期付款利息。2019 年 1 月 8 日，法院作出民事判决书，判决陈某彪归还徐某兴 30 万元并承担逾期付款利息（以 10 万元为基数，自 2018 年 11 月 1 日起至实际给付之日止；以 20 万元为基数，自 2018 年 12 月 31 日起至实际给付之日止，均按照年利率 6%计算）。

2019 年 2 月 19 日，徐某兴就（2018）苏 0206 民初 7241 号民事判决书申请执行过程中，发现陈某彪将惠山区某小区 348-301 室、391-102 室、392-302 室 3 套房屋登记至陈某 1 名下，徐某兴遂向一审法院提起债权人撤销权之诉，即本案诉讼，执行案件于 2019 年 5 月 21 日中止执行。

2019 年 1 月 31 日，胡某飞、陈某 1 与某银行无锡分行签订个人贷款借款合同，约定胡某飞、陈某 1 向其借款 75 万元等。同日，胡某飞、陈某 1 与某银行无锡分行签订个人授信最高额抵押合同，约定胡某飞、陈某 1 将 348-301 室、391-102 室、392-302 室房产作为抵押物，为二人向某银行无锡分行的 75 万元借款提供抵押担保。最高额限额为 1476400 元，并办理抵押登记。

【案件焦点】

涉案房屋在转让后设立抵押权，转让行为被撤销的，如何认定及保护该抵押权。

【法院裁判要旨】

江苏省无锡市惠山区人民法院审理认为：陈某彪将其对涉案房屋享有的所有权份额无偿转让给陈某1一事发生在徐某兴成为陈某彪的债权人之后，陈某彪又无其他可供执行的财产，其行为损害了债权人徐某兴的利益。撤销权的行使范围以债权人的债权为限。徐某兴现明确要求撤销陈某彪与陈某1之间关于无偿转让惠山区某小区348-301室房屋所有权份额的行为，根据徐某兴的债权及涉案房屋情况，对徐某兴的该项诉讼请求，应予以支持。

江苏省无锡市惠山区人民法院依照《中华人民共和国合同法》第七十四条、第七十九条，《最高人民法院关于适用〈中华人民共和国民事诉讼法〉的解释》第九十条，《中华人民共和国民事诉讼法》第一百四十四条之规定，判决如下：

一、撤销陈某彪与陈某1之间关于无偿转让惠山区某小区348-301室房屋产权份额的行为；

二、驳回徐某兴的其他诉讼请求。

陈某1不服一审判决，提起上诉。江苏省无锡市中级人民法院经审理认为：2018年12月21日，无锡市惠山区某小区348-301室、391-102室、392-302室3套安置房登记至陈某1名下后，陈某1又于2019年1月31日将前述3套房产为陈某1、胡某飞向某银行无锡分行的75万元借款提供抵押，并办理抵押登记；其中本案所涉某小区348-301室房产抵押的债权数额为643200元，即某银行无锡分行对某小区348-301室房产享有抵押权。徐某兴撤销陈某彪与陈某1之间无偿转让案涉房产份额的行为，不得损害某银行无锡分行对某小区348-301室房产的抵押权。

江苏省无锡市中级人民法院依照《中华人民共和国民事诉讼法》第一百七十条第一款第一项的规定，判决如下：

驳回上诉，维持原判。

【法官后语】

本案的主要争议焦点为债权人撤销权的认定，但在事实上，债权人实现其债权另外遇到了新的问题，即担保标的物受让人在担保标的物上设立抵押权，且法院支持债权人行使撤销权。债权人及抵押权人的权利如何进行认定，对之后的债务执行有重大影响。

从抵押权的本义来看，抵押权系为担保债务的履行，债务人或者第三人不转移财产的占有将该财产抵押给债权人，而当债务人不履行到期债务或者发生当事人约定的实现抵押权的情形，债权人有权就该财产优先受偿的权利，其性质为担保物权，最高人民法院在相关判决中认为，抵押权系以确保债务清偿为目的，债权人对债务人或者第三人所有的特定财产所享有的直接支配和排他的权利。而债权人撤销权是指债权人对于债务人所实施的危害债权的行为请求法院予以撤销的权利。债权人撤销权所指向的是债务人的以相关财产为标的的行为，法院在审理中所审查的撤销权成立要件为债务人与财产受让第三人之间的行为是否符合主客观要件，如符合相关要件则撤销权依法成立，并产生行为自始失效、财产恢复原状的法律后果。

就本案而言，在房产已设定抵押的情况下，如根据原《中华人民共和国物权法》规定，未经抵押权人同意不得转让抵押财产或将财产恢复原状，如此做法有害于债权，对债权人不公；但如因取得行为自始失效、财产所有权回复原状而直接排除后设抵押权，则无视后设抵押权在设立时符合相关要件依法设立的事实，将损害善意取得抵押权人的合法权益，有违公平原则，有害交易安全。最高人民法院在相关判决书中亦有阐述："抵押权本质上是'对物'的权利，而非'对人'的权利。因此，一旦抵押权依法设定，债权人即对抵押财产享有了排他的优先受偿的权利，只要抵押权人未表示同意放弃抵押权的，抵押财产不论是基于抵押人的自由转让行为，还是基于司法执行行为等导致变动，抵押权人均可基于有效的抵押权追及抵押财产行使权利。"

本案二审判决在支持了一审判决撤销权成立的基础上，在另外说明部分明确了债权人的撤销行为不得损害抵押权人的抵押权，一者保护了债权人的合法债权不受债务人危害债权行为所侵犯，二者保护了未在本案审查范围内的案外抵押权人的合法权益，平衡了各方的权益，并因本案的债权业经法院判决确认进入执行，也为所涉财产恢复原状后的法院执行工作明确了财产权利，避免在执行过程中再遇到阻碍。当然，如利害关系人对案外人抵押权的设立有异议，亦可通过另行主张来维护自身权利。

与本案相类似的法律概念即是抵押物的转让，《中华人民共和国民法典》第四百零六条规定："抵押期间，抵押人可以转让抵押财产。当事人另有约定的，按照其约定。抵押财产转让的，抵押权不受影响。抵押人转让抵押财产的，应当及时通知抵押权人。抵押权人能够证明抵押财产转让可能损害抵押权的，可以请求抵押人将转让所得的价款向抵押权人提前清偿债务或者提存。转让的价款超过债权数额的部分归抵押人所有，不足部分由债务人清偿。"该条在赋予抵押人对抵押财产处分权的同时承认抵押权的追及效力，据此保护抵押权人的合法权益。本案二审判决思路与该条规定的立法精神一致，对于民法典的适用有一定的借鉴意义。

编写人：江苏省无锡市惠山区人民法院　王益清

54

仅办理房屋抵押登记，通过约定并不必然排除建设用地使用权抵押权的产生

——某房地产公司等诉谢某洁、某制冷设备公司破产债权确认案

【案件基本信息】

1. 裁判书字号

江苏省无锡市中级人民法院（2020）苏02民终2729号民事判决书

2. 案由：破产债权确认纠纷

3. 当事人

原告（上诉人）：某房地产公司、某置业公司、范某丽

被告（被上诉人）：谢某洁

第三人（被上诉人）：某制冷设备公司

【基本案情】

2010年6月17日，谢某洁与某制冷设备公司签订《抵押设立协议》，约定谢某洁因向某制冷设备公司出借款项享有债权3000万元，某制冷设备公司将坐落于安镇街道胶西村的房屋抵押给谢某洁，抵押物面积为29733.24平方米，合同手写载明“抵押物XS1000314923、XS1000314922、XS1000314925……”“本次抵押不包含土地”。2010年6月23日，上述房产共同办理了抵押登记，但未办理建设用地使用权抵押登记。

2011年12月2日，江苏省无锡市锡山区人民法院根据范某丽的申请，裁定受理某制冷设备公司破产清算一案，并指定了管理人。2019年6月，管理人先后制作了《关于某制冷设备公司抵押债权审查结论通知函》及《更正函》，确定谢某洁的抵押物为设置了抵押的房屋和房屋占地面积的土地，故对上述房产所在宗地，管理人拟首先清偿第一顺序抵押权人的债权，其次将余值按向谢某洁抵押的房屋占地面积占整块土地面积的比例分配给谢某洁。

某房地产公司、某置业公司、范某丽均为某制冷设备公司债权人，对管理人确认的上述债权提出异议，认为载明“本次抵押不包含土地”，应系双方合意抵押物不涉及土地，也是谢某洁以明示的方式放弃《中华人民共和国物权法》规定的“房地一并抵押”的权利，因此，谢某洁不享有设押建筑物对应的建设用地使用权抵押权。故提起诉讼，请求判令谢某洁对相应的建设用地使用权不享有优先受偿权。

【案件焦点】

抵押合同中载明抵押不包含土地，债权人是否享有设押建筑物占用范围内的建设用地使用权抵押权。

【法院裁判要旨】

江苏省无锡市锡山区人民法院经审理认为：约定“本次抵押不包含土地”并不能排除未设押建设用地使用权抵押权的依法产生。登记部门备案的抵押协议中载明了“本次抵押不包含土地”，仅能够印证谢某洁当时办理了建筑物抵押登记而未办理占用范围内的建设用地使用权抵押登记的事实，表明该情况符合“抵押人未依照前款规定一并抵押的，未抵押的财产视为一并抵押”的适用前提。“本次抵押不包含土地”能够印证双方仅办理了建筑物抵押登记的事实以及双方具有仅进行建筑物抵押登记的意思表示，而不能得出谢某洁放弃了因法律规定而产生的未设押建设用地使用权抵押权的结论，加之亦无其他证据予以证明谢某洁嗣后亦作出过“放弃”的意思表示。因此，法院采信谢某洁的抗辩意见以及某制冷设备公司破产管理人的陈述，确认谢某洁享有设押建筑物占用范围内的建设用地使用权抵押权。

江苏省无锡市锡山区人民法院依照《中华人民共和国物权法》第一百八十二条、《最高人民法院关于适用〈中华人民共和国企业破产法〉若干问题的规定（三）》第九条之规定，作出如下判决：

驳回某房地产公司、某置业公司、范某丽的诉讼请求。

某房地产公司、某置业公司、范某丽不服一审判决，提起上诉。江苏省无锡市中级人民法院同意一审法院的裁判意见，判决：

驳回上诉，维持原判。

【法官后语】

在房地产抵押权设立的实践中，在仅办理房屋抵押登记的情形下，如何协调土地使用权抵押和地上建筑物抵押之间的关系，原《中华人民共和国物权法》施行前的相关法律规定并不明确。原《中华人民共和国物权法》第一百八十二条及《中华人民共和国民法典》第三百九十七条规定遵循了房地产交易中“房随地走”和“地随房走”的双向统一原则，确立了建筑物及相应的建设用地使用权一并抵押规则，我们认为仅办理房屋抵押登记，通过约定并不能必然排除建设用地使用权抵押权的产生。

为防止引发抵押权实现时的困境，使债权人的利益受到损害，《中华人民共和国民法典》第三百九十七条第一款规定，当事人应对土地使用权及其地上建筑物一并抵押，如果当事人未按照该条第一款规定一并抵押时，则按照法律规定“视为一并抵押”。2019年《全国法院民商事审判工作会议纪要》第六十一条对房地分别抵押情形下产生的抵押权冲突给出了相应的清偿规则，即基于“房地一体”规则，将建筑物与建设用地使用权视为同一财产，抵押登记在先的先清偿，同时登记的，按照债权比例清偿。《最高人民法院关于适用〈中华人民共和国民法典〉有关担保制度的解释》第五十一条对此作了重申，并规定当事人仅以建设用地使用权抵押的效力，及于该土地上“正在建造的建筑物已完成部分”，这是需要关注的新增内容。

首先，条文中所称“抵押人未依照前款规定一并抵押的，未抵押的财产视为一并抵押”，旨在契合“房地一体”原则，防止引发抵押权实现时的困境，使债权人的利益受到损害。据此，若允许当事人选择是否产生抵押权的法律效果，则该条的立法目的必然落空。其次，从立法者本意来看，对是否能够产生抵押权不允许当事人自主作出选择。上述法律条款中并未出现类似“当事人有约定的从约定”等立法技术术语。从文义解释角度来看，该规定的用词为“视为”，而“视为”在性质上为法律拟制。即只要土地使用权或地上建筑物之一项办理抵押登记，即使另外一项没有办理抵押登记，亦依法拟定为两者一并抵押。因此，无论当事人是否仅仅只想办理一项抵押权登记，亦或者是事实上仅办理了一项抵押权登记，强行规定“视为一并抵押”具有法律拟制的特征。从当事人达成合意角度来看，与普通抵押权系因当事人合意而设立，须经登记而产生不同，“视为一并抵押”也具有一定的抵押权形成的“法定性”。因此，当事人约定“本次抵押不包含土地（建筑物）”并不能排除未设押建设用地使用权（建筑物）抵押权的依法产生。

抵押合同条款需对抵押物范围进行明确，在房屋与土地使用权分别设定抵押的情况下，单独抵押合同中必然包含“单独”的意思表示，且是一个通过明示或默示作出的准确的意思表示。回到本案，登记部门备案的抵押协议中载明了“本次抵押不包含土地”，仅能够印证办理了建筑物抵押登记而未办理占用范围内的建设用地使用权抵押的事实，表明该情况符合“未抵押的财产视为一并抵押”的适用前提，但无法推出抵押权人具有放弃因法律规定而产生的抵押权的意思表示。

当然，抵押权人可以放弃因法律规定而产生的建设用地使用权抵押权，但放弃的前提是已经产生了抵押权，且放弃抵押权也不能阻止抵押权的依法产生，其行为实质乃是放弃实现抵押权。因此，若抵押设立协议中或诉讼中权利人明确“放弃未设押的建设用地使用权抵押权”或“对建设用地使用权拍卖款不享有优先受偿权”等，应当予以准许，且根据禁反言原则不容反悔。

编写人：江苏省无锡市锡山区人民法院　吴修贵　曹道清

55

混合担保的清偿顺序

——谢某福、罗某兰诉某农商行案外人执行异议案

【案件基本信息】

1. 裁判书字号

广西壮族自治区崇左市中级人民法院（2020）桂14民终686号民事判决书

2. 案由：案外人执行异议纠纷

3. 当事人

原告（上诉人、执行案外人）：谢某福、罗某兰

被告（被上诉人、申请执行人）：某农商行

第三人（被执行人）：某投资公司、某房地产公司、谢某林、谢某禄

【基本案情】

某投资公司与某农商行签订借贷合同，其中某房地产公司以其位于南宁市青秀区新民路4号华星时代广场1层商场××号商铺为上述债务设立抵押担保；谢某林、谢某禄为上述债务提供连带责任保证。广西壮族自治区天等县人民法院于2018年10月30日作出（2017）桂1425民初575号民事判决，判决内容为：（1）某投资公司归还某农商行借款本金13994679.38元及借款利息1886321.68元；（2）谢某林、谢某禄对上述债务承担连带清偿责任；（3）某农商行对某房地产公司提供抵押担保的房产有权以该财产折价或者拍卖、变卖该财产所得价款优先受偿。判决生效后，因某投资公司、谢某林、谢某禄未履行判决义务，某农商行遂向天等县人民法院申请执行。法院作出查封谢某林、谢某禄、谢某福共同共有的某6号楼房，查封期限为三年的执行裁定，之后，对涉案房屋裁定予以拍卖。谢某福、罗某兰以涉案房屋系家庭共有财产不能执行为由提出执行异议，经审查，法院于2019年10月21日作出（2019）桂1425执异3号执行裁定，驳回谢某福、罗某兰的异议请求。谢某福、罗某兰遂提起本案诉讼。

【案件焦点】

1. 谢某福、罗某兰作为涉案房屋的共有人，其所享有的权益能否阻却对涉案房屋的执行；2. 某房地产公司提供物的担保与保证人的保证担保在债权清偿方面是否具有先后顺序。

【法院裁判要旨】

广西壮族自治区天等县人民法院经审理认为：某房地产公司与某农商行签订的《抵押担保合同》，谢某林、谢某禄与某农商行签订的《保证担保合同》均合法有效，同时担保合同都明确约定债权人为实现全部债权互相不受影响。根据《中华人民共和国物权法》第一百七十六条、《最高人民法院关于适用〈中华人民共和国担保法〉若干问题的解释》第三十八条第一款规定，本案中的债务既有第三人某房地产公司的抵押担保，又有谢某林、谢某禄的保证担保，属于混合担保情形。债权人某农商行要求在执行某房地产公司抵押物的同时，执行保证人谢某林、谢某禄的财产，既遵从合同的约定，也符合法律规定。虽然讼争某 6 号房屋为谢某林、谢某禄、谢某福、罗某兰共同共有，但是根据《最高人民法院关于人民法院民事执行中查封、扣押、冻结财产的规定》第十四条“对被执行人与其他人共有的财产，人民法院可以查封、扣押、冻结，并及时通知共有人”之规定，人民法院对被执行人谢某林、谢某禄与家庭成员共有的房屋采取执行措施，并无不当。案外人谢某福、罗某兰以房屋共有为由，要求某农商行应优先执行某房地产公司抵押财产再执行保证人财产的主张，系对优先受偿权的曲解；认为执行法院不应拍卖共有的涉案房屋，属于执行行为的异议，不属于执行异议之诉审查范畴。总之，不予支持其诉请。

广西壮族自治区天等县人民法院依据《中华人民共和国物权法》第一百七十六条，《最高人民法院关于适用〈中华人民共和国担保法〉若干问题的解释》第三十八条第一款，《中华人民共和国民事诉讼法》第一百四十四条，《最高人民法院关于适用〈中华人民共和国民事诉讼法〉的解释》第三百一十一条、第三百一十二条第一款第二项，《最高人民法院关于人民法院民事执行中查封、扣押、冻结财产的规定》第十四条第一款规定，判决如下：

驳回谢某福、罗某兰的诉讼请求。

谢某福、罗某兰不服一审判决，提起上诉。广西壮族自治区崇左市中级人民法院经审理认为：担保物权人对担保财产享有的优先受偿权，是指在债务人届期不履行债务或者发生约定的实现担保物权的情形时，担保物权人可在担保财产折价或者拍卖、变卖所得价款中优先于一般债权人获得清偿的权利，故担保物权人优先受偿权是相对于一般债权人而言的，是债权的实现顺序，而不是谢某福、罗某兰所理解的应先执行抵押财产的执行顺序。关于谢某福、罗某兰主张执行法院不应查封拍卖共有的涉案房屋以及第三人某房地产公司的抵押物应优先于保证人的保证责任执行的问题，二审法院同意一审法院裁判意见。

广西壮族自治区崇左市中级人民法院依照《中华人民共和国民事诉讼法》第一百七十条第一款第一项规定，判决如下：

驳回上诉，维持原判。

【法官后语】

本案审理的关键在于混合担保下的清偿顺序。原告以房屋共有为由，主张债权人应优先执行第三人提供的抵押财产，偿债不能再执行保证人的财产，其主张是否具有法律依据。

《中华人民共和国民法典》（以下简称《民法典》）第三百九十二条规定，“被担保的债权既有物的担保又有人的担保的，债务人不履行到期债务或者发生当事人约定的实现担保物权的情形，债权人应当按照约定实现债权；没有约定或者约定不明确，债务人自己提供物的担保的，债权人应当先就该物的担保实现债权；第三人提供物的担保的，债权人可以就物的担保实现债权，也可以请求保证人承担保证责任。提供担保的第三人承担担保责任后，有权向债务人追偿”。该条文的规定与本案裁判时适用的《中华人民共和国物权法》第一百七十六条规定相比较，仅是将“要求保证人承担保证责任”中的“要求”改为“请求”，实质内容并无差异。

《民法典》第三百九十二条是关于混合担保清偿顺序的规定。对既有人保又有物保的债权，首先应尊重当事人的意思自治，即当事人对实现担保物权的情形及顺序作了合法有效约定的，债权人应当按双方约定实现债权。本案保证合同约定保证人不得以主债务存在其他担保加以抗辩，即债权人为实现债权可以选择行使抵押权或者请求保证人承担保证责任，也可以同时行使物保和人保的请求权。因此债权人某农商行选择先行使保证权符合约定和法律规定。有观点认为，当事人约定中未明确担保清偿顺序的，属于约定不明。笔者认为，《民法典》第三百九十二条本意是以债权人实现债权为核心，同时兼顾各担保人的利益平衡。双方当事人关于实现债权的任何约定，均应解释为当事人的意思，不能因约定赋予债权人担保权行使选择权而将其归为“约定不明确”，该观点也得到（2017）最高法民终198号案件裁判佐证。

至于当事人之间对混合担保的实现没有约定或者约定不明确的，债权人如何行使担保权应分情形而论：

第一种情形，混合担保中的担保财产属于债务人。此时，不论是否有第三人提供物保，抑或存在一般责任还是连带责任的保证人，债权人都应该优先就债务人提供的物保实现担保权益。当该财产不足以清偿全部债权之后，才能对其他担保人主张担保权益。因为债务代价最终由债务人承担，在债务人财产能够清偿债务的情况下，法律规定债权人优先执行债务人财产，能够最大限度减少债权实现成本，减轻当事人诉累，符合司法节约原则和社会生活常理。

第二种情形，混合担保中的担保财产属于第三人。此时要区分该种情形下的保证人承担的是一般保证责任还是连带保证责任。一般保证人拥有先诉抗辩权，债权人不能优先要求一般保证人承担保证责任，只能先执行第三人的物保或债务人财产。连带保证人不享有先诉抗辩权，第三人提供的物保与保证处于同等地位，债权人可以单独就物的担保实现债权，也可以单独要求连带保证人承担保证责任，甚至可以同时主张物保和人保。反映在执行程序中，就是债权人可以选择优先执行物保财产或连带保证人财产。毕竟担保物权属于债权人，债权人何时行使权利并不对连带保证人负责，连带保证人无权要求债权人优先行使担保物权。连带保证人可能因债权人优先主张人保遭受实际损害，如清偿债务后无法从债务人处获得补偿，但这种后果属于承担连带保证责任的自然风险，保证人应于缔结保证协议时预见。此外，连带保证人和物保人均非债务最终义务人，任何一方清偿债务后都可向债务人追偿，因此清偿并无顺序之分。

综上，本案原告请求债权人优先执行抵押财产的诉求没有法律规定或合同约定的依据。

编写人：广西壮族自治区天等县人民法院　陆小春

56

抵押登记仅记载部分债权人情形下抵押权人的认定

——李某、张甲诉张乙抵押权案

【案件基本信息】

1. 裁判书字号

北京市朝阳区人民法院（2020）京0105民初17993号民事判决书

2. 案由：抵押权纠纷

3. 当事人

原告：李某、张甲

被告：张乙

【基本案情】

2017年8月29日，李某、张甲（出借人、乙方）与张乙（借款人、甲方）签订《借款合同》，李某（甲方）与张甲（乙方）签订《共同出借协议书》，李某（抵押权人、乙方）与张乙（抵押人、甲方）签订《抵押合同》，约定：李某、张甲共同向张乙出借260万元，其中李某出借230万元，张甲出借30万元；月利率2%，期限为2个月，逾期未还款，每天按照借款本金的千分之三标准收取违约金；借款人张乙将涉案房屋向出借人李某、张甲提供抵押担保，由李某和张乙去不动产登记中心办理不动产登记证明并由李某保管，担保借款260万元，担保范围包括借款本金及利息。同日，李某、张甲分别向张乙转账230万元、30万元；涉案房屋办理抵押登记，权利人李某，义务人张乙，他项权利种类为一般抵押，债权数额260万元。借款到期后张乙未及时清偿借款本金和利息，李某、张甲针对张乙向北京市东城区人民法院提起民间借贷纠纷，该院于 2018 年 12 月 19 日作出（2018）京 0101 民初 11606 号民事判决书（以下简称 11606 号判决书），判决内容为：（1）张乙于本判决生效后十日内偿还李某借款本金 230 万元及利息（以 230 万元为基数，自 2017 年 10 月 29 日起至实际给付之日止，以年利率 24% 计算）；（2）张乙于本判决生效后十日内偿还张甲借款本金 30 万元及利息（以 30 万元为基数，自 2017 年 10 月 29 日起至实际给付之日止，以年利率 24% 计算）；（3）驳回李某、张甲的其他诉讼请求。该民事判决书于 2019 年 3 月 19 日生效。现李某、张甲诉至法院，请求判令李某、张甲有权就 11606 号判决书第一项和第二项确定的款项对张乙名下涉案房屋折价、拍卖、变卖所得款项享有优先受偿权。

【案件焦点】

张甲是否享有涉案房屋抵押权。

【法院裁判要旨】

北京市朝阳区人民法院经审理认为：第一，抵押权系债权的从权利，抵押权不能独立存在，须以有效债权为其存在的前提，11606 号判决书对李某和张甲各自对张享有的借款本金及利息、涉案房屋抵押担保范围予以确认，现无相反证据足以推翻该判决书认定的事实，故李某、张甲分别有权要求张乙偿还欠付的借款本金 230 万元及利息、30 万元及利息。第二，李某与张乙签署《抵押合同》，约定抵押担保数额为 260 万元本金及利息，涉案房屋亦办理了抵押登记，涉案房屋抵押权合法有效。第三，法律并不禁止当事人之间就抵押权的登记与实际权利的享有进行约定，涉案房屋抵押权虽然登记在李某名下，但依据《共同出借协议书》、借款合同、出借情况及李某与张甲庭审中的陈述，李某、张甲对涉案房屋共同享有抵押权，抵押权对应的债权分别为 230 万元本金及利息、30 万元本金及利息，李某亦认可张甲实际享有抵押权，将 260 万元本金及利息的债权登记在李某一人名下系为了便利办理及解除抵押登记。将抵押权登记在李某一人名下，抵押担保范围未超出主债权范围，亦未损害债务人张乙利益，故涉案房屋抵押权登记权利人虽为李某，但实际抵押权人为李某和张甲。

李某、张甲作为实际抵押权人依法对涉案房屋享有抵押权，在张乙不履行债务时有权通过实现抵押权的方式要求对涉案房屋折价或拍卖、变卖所得价款在抵押担保范围内优先受偿。

北京市朝阳区人民法院依照《中华人民共和国担保法》第三十三条、第五十三条，《中华人民共和国物权法》第一百七十九条规定，判决如下：

李某、张甲分别对11606号判决书第一项、第二项确定的款项对位于涉案房屋折价、拍卖、变卖所得款项享有优先受偿权。

【法官后语】

根据我国物权法律规定，不动产物权的设立、变更、转让和消灭，应当依照法律规定登记，不动产登记簿是物权归属和内容的根据，但在实际债权人与登记的抵押权人不一致时，则应当根据相关证据，确认真实权利归属和内容。

抵押权的从属性及不可分性，决定了债权人与抵押权人应具备一致性。由于我国采取物权登记原则，不动产所有权、抵押权的设立以登记为生效要件。但某些情形下，登记的抵押权人并非实际债权人，如委托贷款情形下，受托银行成为名义抵押权人；网络借贷情形下，由于出借人人数众多且分散，出借人授权将抵押权登记在网络借贷平台或第三人名下。在登记的名义抵押权人与实际抵押权人不一致时，实际权利人能否行使抵押权，存在不同观点。一种观点认为，根据物权法定原则，抵押登记是物权的公示方法，即公示抵押权的归属，抵押权人与债权人应为相同的主体，权利人与名义抵押权人的不一致与抵押权的从属性相悖，只有登记权利人才有权主张抵押权。另一种观点认为，债权人为抵押权人，应对该条的立法本意进行探究，对债权人和抵押权人形式上分离的情形，应结合案件事实判断是否存在有效的抵押权，如没有信赖登记的善意第三人主张权利，没有各方当事人恶意串通的情形，应依据当事人之间的约定确定权利归属，不应对当事人之间的交易安排的效力进行否定。

笔者赞同第二种观点。首先，根据《最高人民法院关于适用〈中华人民共和国民法典〉物权编的解释（一）》第二条[①]的规定，不动产登记簿是物权归属和内容的根据，但是并非最终确权的依据。物权登记公示的功能是在存在信赖登记的善意第三人时，用以保护善意第三人。不动产登记簿只能起到推定权利真实的作用，在登记的权利状态与真实权利状态不符时，如登记的名义抵押权人与真实债权人不一致时，应当根据相关证据，确认真实权利归属和内容。其次，根据《最高人民法院关于适用〈中华人民共和国民法典〉有关担保制度的解释》第四条规定，担保物权登记在他人名下的，如果担保人知道债权人与他人之间存在委托关系，债务人不履行到期债务或者发生当事人约定的实现担保物权的情形，债权人有权主张就该财产优先受偿。此处所指“他人”应当是债权关系之外的第三人，但是其认可了担保权人可以根据自己的意愿将担保权登记于他人名下的规则，据此也应当认可共同担保权人之间相互委托作为登记权利人的有效性。最后，以抵押为例，抵押权是从权利，如果抵押登记仅以部分债权人为抵押权人，但是在抵押合同以及抵押登记中均载明担保的是各债权人的全部债权的情况下，应当认定各债权人均享有抵押权。

在登记抵押权人与实际权利人不一致的情况下，认定实际抵押权人应考虑三方面因素，一是审查主债权的债权人及债权履行情况，二是审查抵押合同的约定及抵押登记情况，三是审查是否存在善意第三人。在各方于抵押合同中对实际抵押权人、受托登记的名义抵押权人进行约定的情况下，应结合主债权的履行及抵押合同约定，遵循意思自治原则，确认实际抵押权人。以本案为例：

首先，主债权确定，具备设立抵押的前提。根据《借款合同》约定及生效裁判文书可以认定，主债权本金为260万元，债权人为李某和张甲，二人对应的债权本金分别为230万元、30万元，即张甲对张乙享有30万元本金债权。

其次，抵押权的设立符合抵押从属性要求。虽然是李某个人与张乙签订《抵押合同》，约定权利人为李某，主债权金额260万元，并基于此约定进行了

① 《最高人民法院关于适用〈中华人民共和国民法典〉物权编的解释（一）》第二条规定，当事人有证据证明不动产登记簿的记载与真实权利状态不符、其为该不动产物权的真实权利人，请求确认其享有物权的，应予支持。

抵押登记。但李某与张甲签订的《共同出借协议书》约定二人共同出借260万元，对于张乙向二人提供的抵押担保，由李某一人办理抵押登记。因此，涉案抵押物担保的范围不仅包括李某对张乙享有的230万元本息债权，也包括张甲对张乙享有的30万元本息债权。本案抵押权设立未突破抵押权的从属性，李某、张甲的抵押权未与各自的主债权相分离，仅是基于债权人之间的约定，使债权人和抵押权人在登记外观上不一致。

最后，不存在与保护实际抵押权人相冲突的他人利益。在债权人方面，本案登记的抵押权人虽为李某一人，但抵押登记仅具有对外公示效力，并不影响李某、张甲的内部约定，债权人共同约定其中一个债权人作为登记的名义抵押权人，李某亦同意张甲行使其应有部分的抵押权，抵押担保范围亦未超过主债权范围，亦不影响二人抵押权的实现。在债务人方面，债务人张乙知晓实际债权人为李某和张甲，知晓二债权人的债权份额，知晓李某受托持有张甲的抵押权，不存在损害债务人利益的情形。在外部第三人方面，本案不存在其他善意第三人，亦不存在损害基于信赖登记的善意第三人利益情况。

本案从抵押权的从属性出发，结合主债权的履行、抵押合同的约定对主债权人及实际抵押权人作出认定，相关考量因素可为其他债权人与登记担保物权人分离情况下实际担保物权人的认定提供一定参考。

编写人：北京市朝阳区人民法院　马娇

57

申请实现担保物权特别裁定生效后发现裁定确有错误的救济路径探析

——郑某、魏某艳与缪某霞申请实现担保物权案

【案件基本信息】

1. 裁判书字号

江苏省无锡市惠山区人民法院（2020）苏0206民特监1号民事裁定书

2. 案由：申请实现担保物权纠纷

3. 当事人

申请人：郑某、魏某艳

被申请人：缪某霞

【基本案情】

江苏省无锡市惠山区人民法院（以下简称惠山法院）（2019）苏0206民特5号民事裁定书裁定：准许拍卖、变卖郑某、魏某艳所有的坐落于无锡市惠山区洛社镇徐贵桥先冯弄某处的房屋。缪某霞对上述拍卖、变卖价款就借款本金20万元、利息3600元、逾期利息及律师费损失2.23万元享有优先受偿权。

上述特别裁定作出后，缪某霞申请强制执行，惠山法院在执行过程中经调查发现如下事实：缪某霞经人介绍至某资产管理公司进行理财。郑某因转贷需要资金经人介绍至某资产管理公司寻找资金。缪某霞与郑某在某资产管理公司人员安排下分别至该公司与不动产登记中心签订了缪某霞与郑某、魏某艳（郑某之妻）之间的借款格式合同并办理了借款人所有房屋的抵押登记（双方未见面）。嗣后，该公司通知缪某霞汇款20万元至郑某账户。此后，对郑某利息的

收取及支付缪某霞利息均通过该公司工作人员个人账户完成。某资产管理公司人员告知缪某霞，其投入的20万元是该公司的理财项目，签订合同及办理抵押是按照公司规定走个形式；告知郑某公司向其收取的是借款利息。因某资产管理公司到期不能支付缪某霞本金，该公司将借款合同及抵押合同给缪某霞，让其自行追讨。在借款合同中约定某资产管理公司收取一定的费用及承担一般保证责任。

缪某霞遂向惠山法院申请实现担保物权，郑某因故未参加庭审。惠山法院作出（2019）苏0206民特5号申请实现担保物权民事裁定书，该特别裁定生效后，郑某、魏某艳又未按照裁定书规定在十五日内向法院提出异议。在执行过程中郑某、魏某艳对借款合意及利息部分向法院提出异议。郑某提出已支付利息43400元，缪某霞称只收到14400元利息。

【案件焦点】

对于确有错误的实现担保物权民事裁定，应如何救济。

【法院裁判要旨】

江苏省无锡市惠山区人民法院经审理认为：原申请人缪某霞于2019年3月25日提出的准许拍卖、变卖担保财产的申请，因双方对借款事实和履行情况存在实质性争议，不符合准许拍卖、变卖担保财产的法律规定，对其申请予以驳回，缪某霞的诉求应该通过诉讼程序予以解决。综上，本院作出的（2019）苏0206民特5号准许实现担保物权的民事裁定，应予撤销。

江苏省无锡市惠山区人民法院依照《中华人民共和国民事诉讼法》第一百五十四条第一款第十一项、《最高人民法院关于适用〈中华人民共和国民事诉讼法〉的解释》第三百七十四条规定，裁定如下：

撤销本院（2019）苏0206民特5号民事裁定。

【法官后语】

实现担保物权的特别程序为债权人快速实现担保物权提供了一条低成本、

高效率的非讼途径。但是在此种实现担保物权特别程序所作裁定的执行程序中，如果当事人提出确有理由的异议，如何处理，现行法律及司法解释未有明确的规定。我们认为实现担保物权以形式审查为原则，但是亦应尊重案件的事实，这是我国司法工作的底线，司法实践应当为确有错误的实现担保物权特别程序裁定提供救济的途径与方法。从本案来看，在执行过程中被执行人提出了确有理由的异议，在这种情况下法律应提供相应的救济渠道是比较一致的观点。但是通过何种途径救济，因现行法律未能提供明确指引，在理论与实践中产生了争议。

首先，一般来说，在执行程序中对当事人提出异议的可导入执行异议程序。但执行异议针对的是执行行为与执行标的，并不是针对实现担保物权裁定本身，故对当事人提出的对实现担保物权的裁定异议不适宜导入执行异议程序加以解决。

其次，民事诉讼法及其司法解释明确规定了实现担保物权裁定进入执行程序前提出异议的期限，故在执行程序中亦不宜突破法律规定，由原审理人员对在执行程序中当事人提出的异议再行审查，因为这样就从实质上延长了当事人提出异议的期限，违背了法律的规定。

最后，能否适用审判监督程序予以救济？现行民事诉讼法及其司法解释规定了启动审判监督程序的三种方式：当事人向人民法院申请再审，检察机关法律监督从而启动再审，人民法院依职权启动再审。《最高人民法院关于适用〈中华人民共和国民事诉讼法〉的解释》第三百八十条规定，适用特别程序审理的案件，当事人不得申请再审，从而排除了当事人向人民法院申请而启动再审的可能性。但该条并未排斥人民法院对实现担保物权依职权启动再审。

从本案来看，双方在借贷合意及利息的支付方面均有重大分歧，且本案涉及第三人某资产管理公司从中从事中介服务，缪某霞自述其是去理财而不是去借贷，在此情况下，本案确应对郑某、魏某艳的相关权利予以救济。故本案通过依职权再审审查程序对申请人予以救济。但适用特别程序审理的案件依职权再审只是对原实现担保物权裁定维持或撤销，而不能依照《最高人民法院关于适用〈中华人民共和国民事诉讼法〉的解释》第三百七十二条、第三百七十四条之规定重新作出裁定。上述救济途径在现有法律框架内不失为实现担保物权特别裁定在生效后发现确有错误的一种切实可行又有制度保障的思路。

编写人：江苏省无锡市惠山区人民法院　倪乔怡

58

一般买受人物权期待权与抵押权发生冲突顺位

——黄某洲等诉某县农村信用合作联社等第三人撤销之诉案

【案件基本信息】

1. 裁判书字号

广西壮族自治区横县人民法院（2020）桂0127民撤2号民事判决书

2. 案由：第三人撤销之诉纠纷

3. 当事人

原告：黄某洲、林某盛、雷甲、钟某伟、方甲、方某旺、方某远、李某兴

被告：某县农村信用合作联社（以下简称信用社）、梁某华、林某英

【基本案情】

梁某华及其代理人覃某高、覃某平将其竞拍所得的原新福镇农业服务中心及飞龙农业服务中心的房地产，于2010年8月至2012年5月，以不同价格分别卖给本案原告黄某洲、林某盛、雷甲、钟某伟、方甲、方某旺、方某远、李某兴。涉案房地产在民事调解书所涉及抵押范围内。

八原告陆续向梁某华及其代理人覃某高、覃某平支付了价款，并且梁某华已将房地产交付给八原告，八原告占有、使用、居住房地产至今。但梁某华并未将涉案房屋产权过户至八原告名下。

梁某华于2013年8月以上述土地及房产作为抵押物向信用社贷款，并签订了《抵押担保合同》，办理了抵押登记手续。后梁某华未能偿还贷款，信用社于2019年7月向广西壮族自治区横县人民法院提起诉讼，经法院调解作出民事调解书。其中第三项约定“如被告逾期还款，则信用社对登记在梁某华名下的位于横县新福镇飞龙街×1号的房地产及位于横县新福镇飞龙街×2号的房地产享有抵押权，且有权从该房地产折价或者以拍卖、变卖该财产所得的价款中优先受偿”，八原告认为该项条款侵犯其享有的权益遂成此诉。

【案件焦点】

1. 梁某华、林某英与信用社签订的两份涉案《抵押担保合同》是否有效；2. 八原告请求撤销民事调解书第三项的内容有何事实及法律依据；3. 八原告请求撤销梁某华、林某英将涉案房屋抵押给信用社的行为应否得到支持。

【法院裁判要旨】

广西壮族自治区横县人民法院经审理认为：梁某华将涉案房屋出售给八原告后，又将涉案房屋抵押给信用社用于借款，梁某华与信用社之间的金融借款合同纠纷诉至法院后，法院作出民事调解书，确认信用社对涉案房屋享有抵押权，且有权优先受偿。该民事调解书对信用社享有涉案房屋抵押权的确认，导致八原告作为房屋的买受人要求办理过户手续的现实权利受到阻碍，故八原告在本案中具有提起第三人撤销之诉的利益，是本案的适格原告。

因梁某华没有依约履行为八原告办理案涉房屋产权变更登记的义务，导致八原告占有案涉房屋后至今未能办理产权过户登记，故八原告对案涉房屋依法尚不具有所有权。梁某华基于拍卖取得案涉房屋，并办理了权属登记，其享有该房屋所有权，在未将案涉房屋产权过户给八原告前，梁某华以案涉房屋为其向信用社借款设置抵押时，未向信用社如实告知抵押物系已出售并交付给八原告占有的房屋，对八原告而言存在违约，对信用社而言隐瞒实情存在欺诈，但该行为尚不足以导致《抵押担保合同》的无效。且信用社与梁某华已对抵押物办理了抵押登记，故信用社对案涉房屋享有的抵押权自办理登记时已成立。但是，八原告依据其与梁某华订立的房屋买卖合同已经向梁某华支付大部分的购房款，以及八原告实际占有、使用案涉房屋的事实，可以认定八原告对案涉房屋享有物权期待权。由于梁某华将案涉房屋出售并交付八原告后，隐瞒实情，恶意以案涉房屋向信用社设置抵押，最终导致八原告与信用社分别对案涉房屋所享有的物权期待权和抵押权发生冲突，八原告作为无过错的房屋买受人对案涉房屋享有的民事权益应优先于信用社的抵押权得到保护。

法院民事调解书已经发生法律效力，如该调解书第三项得到执行，将直接剥夺八原告基于房屋买卖关系而对案涉房屋享有的占有、使用的权利，并导致八原告丧失要求被告梁某华变更登记产权的权利。根据上述认定，八原告对案涉房屋享有的民事权益应优先于信用社的抵押权得到保护，故法院作出的民事调解书第三项的部分内容确实存在错误，该错误并不以信用社有无过错或知不知情为前提条件，信用社的抗辩理由不能成立。故撤销法院作出的民事调解书第三项的部分内容，符合第三人撤销之诉保护受错误生效裁判损害而未参加原诉的第三人利益的救济功能及本案的客观实情。

广西壮族自治区横县人民法院依照《中华人民共和国民事诉讼法》第五十六条、《最高人民法院关于适用〈中华人民共和国民事诉讼法〉的解释》第二百九十二条和《中华人民共和国民事诉讼法》第一百四十四条之规定，判决如下：

一、撤销广西壮族自治区横县人民法院民事调解书第三项；

二、驳回原告黄某洲、林某盛、雷甲、钟某伟、方甲、方某旺、方某远、李某兴的其他诉讼请求。

【法官后语】

本案的核心问题在于一般买受人的物权期待权与债权人的抵押权发生冲突时谁优先？一般买受人物权期待权成立条件的确定是判断其与抵押权顺位冲突的关键。

由于我国不动产物权变动采登记生效主义，因此，在房屋买卖中，即使买受人已经支付了全部购房款并且占有该房屋，在未办理完毕过户登记前，房屋所有权仍由出卖人所有。且因我国“安土重迁”“有恒产者有恒心”的社会背景，我国的法律法规并未对“期待权”作出明确规定，但这种权益具有受法律保护的现实需求。为避免房屋买受人取得物权的权利落空，随着不动产物权期待权案件数量日益增加，借鉴德国经验引入不动产物权期待权制度意义重大，即对尚未取得物权但符合特定条件的房屋买受人的权益予以优先的保护。物权期待权本质上虽为债权请求权，但又与普通债权不同，是一种具有排他性和对抗性、突破债权保护、受到物权保护的权利。

不动产物权期待权的研究对民法理论和社会实践均具有重要意义，然而我国学者在期待权的认定上众说纷纭，对于一些问题的认识尚且存在诸多争议。因此，从我国不动产物权期待权制度目前的实际情况出发，深入研究不动产物权期待权的保护要件，是适当而迫切的。

对于一般买受人的物权期待权，其保护要件依据源于2004年《最高人民法院关于人民法院民事执行中查封、扣押、冻结财产的规定》（以下简称《查扣冻规定》）第十七条及2015年《最高人民法院关于人民法院办理执行异议和复议案件若干问题的规定》（以下简称《执行异议和复议规定》）第二十八条在《查扣冻规定》的基础上进行的详细规定。尽管《执行异议和复议规定》进行了详细规定，但实践中债权人能否依据“以物抵债”协议而享有不动产物权期待权，以及如何理解适用《执行异议和复议规定》第二十八条，仍然存在不同观点。

对此，笔者认为对于一般买受人物权期待权成立的形式要件应当包括以下几点：(1) 签订有效买卖合同，可以增强买卖合同的公示性，降低买卖双方恶意串通的可能性，因为签订的书面合同是办理网签手续或者预售合同备案登记手续的前提；(2) 合法占有，指向的是居住状态；(3) 支付全部价款；(4) 对于无过错的认定，因各地法院的裁判对此的认定存在分歧，本要件是否适用往往成为争议焦点，我们认为只有在买受人积极请求出卖人配合移转登记，出卖人不予配合时，或房屋未建成无法进行初始登记等客观阻碍存在时，买受人才无过错，期待权才能成立。

对于一般买受人物权期待权成立的实质要件包括：（1）抵押权成立在后，房屋买受人享有物权期待权，此时登记人与实际占有人不一致，有且只有证明抵押权人履行了必要的调查，明知房屋实际已经出卖他人时，可以排除其主观善意的心理状态，进而确认买受人的物权期待权的优先。（2）抵押权成立在先，但抵押权人同意转让时，由于登记是不动产抵押权成立的要件，所以不存在一般买受人善意取得房屋所有权的情形，此时自然也不会对一般买受人的期待权进行优先保护。有且仅当抵押权人同意转让，放弃优先受偿权时，一般买受人才能取得顺位的优先性。

就本案而言，梁某华与八原告之间签订有合法有效的书面房屋买卖合同，明确约定案涉房屋出售给八原告，合同签订前，八原告即按约定向梁某华支付了大部分购房款，在办理抵押登记前已交付给八原告实际占有、使用，且非因八原告自身原因未办理过户登记。八原告购买案涉房屋的行为完全符合《执行异议和复议规定》第二十八条规定的情形，其享有的民事权利依法能够排除对案涉房屋的执行。据此，八原告作为无过错的房屋买受人对案涉房屋所享有的物权期待权相对于被告信用社所享有的抵押权应优先得到保护，进而撤销先前生效法律文书的相关内容。

编写人：广西壮族自治区横县人民法院　黄莹

59

购房人办理不动产抵押登记条件成就拒不办理，债权人对抵押权预告登记的不动产享有优先受偿权

——某银行桃源支行诉曾某初等金融借款合同案

【案件基本信息】

1. 裁判书字号

湖南省桃源县人民法院（2020）湘 0725 民初 1792 号民事判决书

2. 案由：金融借款合同纠纷

3. 当事人

原告：某银行桃源支行

被告：曾某初、陈某芬、某房地产开发公司

【基本案情】

曾某初与陈某芬系夫妻关系，2015 年 12 月 15 日，曾某初与某房地产开发公司签订《桃源县商品房买卖合同》，曾某初购买涉案房屋，首付款 224942 元，余款 400000 元向某银行桃源支行贷款支付。同日，曾某初申请贷款。2016 年 1 月 15 日，曾某初与某银行桃源支行签订《个人一手住房贷款合同》，某房地产开发公司作担保，同时约定办理条件成就后三十日内与贷款人到登记部门办理正式抵押登记。陈某芬作为抵押物的共有人在合同上签名。2016 年 2 月 3 日，某银行桃源支行按约定将 400000 元贷款转入某房地产开发公司的账户，并与曾某初在房产部门办理了抵押权预告登记。2020 年 3 月 23 日，律师事务所受某银行桃源支行委托，向曾某初送达了律师函，告知其已累计 4 期未还款，银行有权决定解除贷款合同，并由曾某初承担法律责任。要求曾某初最迟在

2020年3月30日前归还逾期欠款本息。曾某初尚欠本息275088.97元。该房产现可以办理不动产权属登记手续。

【案件焦点】

抵押权登记条件成就时，购房人拒不办理抵押权登记，银行对抵押权预告登记的不动产是否享有优先受偿权。

【法院裁判要旨】

湖南省桃源县人民法院经审理认为：第一，案涉商品房已具备不动产抵押登记条件，但购房人拒不办理，违反抵押合同约定，违背了诚实信用原则。购房人怠于办理抵押登记，为自己的利益而不正当地阻止条件成就，属恶意违约，应参照附条件民事法律行为的相关法律规定，视为条件已成就，即债权人行使优先权的条件因义务人恶意阻却视为条件已成就。第二，抵押权预告登记虽非正式抵押登记，但第三人可查询登记，知悉不动产将来可能设立抵押权，已具备一定形式的公示。故在一定条件下，确认债权人对该房产享有优先权，并不违反物权公示原则。可见，案涉商品房已具备物权登记条件，购房人拒不办理抵押登记，在此情况下确认债权人对房屋享有优先受偿权，有利于平衡保护各方当事人利益，保障交易安全和稳定。

湖南省桃源县人民法院依据《中华人民共和国合同法》第四十四条、第六十条、第九十一条第二项、第九十三条第二款、第九十六条第一款、第九十七条、第二百零五条、第二百零七条，《中华人民共和国担保法》第十八条、第二十一条、第三十一条，《中华人民共和国物权法》第二十八条，《最高人民法院关于审理涉及夫妻债务纠纷案件适用法律有关问题的解释》第一条，《中华人民共和国民事诉讼法》第一百四十二条的规定，判决如下：

一、曾某初与某银行桃源支行签订的贷款合同解除；

二、曾某初、陈某芬于本判决生效后十日内偿还某银行桃源支行贷款本息275088.97元，某房地产开发公司对此债务承担连带保证责任，保证期间至该房屋抵押登记完成之日，承担保证责任以后，有权向曾某初、陈某芬追偿；

三、如曾某初、陈某芬未按本判决指定的期限偿还贷款本息，则曾某初、陈某芬应于本判决生效之日起三十日内协助某银行桃源支行办理涉案房屋的抵押登记手续，某房地产开发公司督促曾某初、陈某芬配合其办理抵押登记；

四、涉案房屋抵押登记办妥后，或曾某初、陈某芬逾期仍未办理抵押登记，某银行桃源支行有权对该房屋拍卖、变卖所得价款优先受偿。

【法官后语】

本案反映的问题实质是对于未办理抵押权登记的不动产，债权人是否享有优先受偿权。对此我们认为，购房人办理不动产抵押登记条件成就拒不办理，债权人对抵押权预告登记的不动产享有优先受偿权，符合《最高人民法院关于适用〈中华人民共和国民法典〉有关担保制度的解释》的相关规定。司法实践中对于未办理抵押权登记的不动产，债权人是否享有优先受偿权，存在两种观点，以下列举评析以证成上述观点。

一、债权人对商品房不享有优先受偿权

预告登记制度旨在保障将来物权的实现，权利人享有对不动产办理物权登记的请求权，并可对抗他人针对不动产的处分，故预告登记属于债权请求权。抵押预告登记并非正式抵押登记，抵押权未设立，债权人主张对抵押物行使优先受偿权条件不成就，不符合物权法律的规定，多数法院持该观点。此观点符合《中华人民共和国民法典》（以下简称《民法典》）第二百二十一条的规定，但若据此就一概否定债权人对商品房的优先受偿权，将产生不良的社会效果及法律效果。

1. 银行债权缺乏物权保障。商品房已具备了物权登记条件，包括可办理房屋所有权登记及抵押登记，因购房人怠于办理物权登记，致使银行无法行使抵押权，将导致银行贷款债权缺乏物权保障。如此，银行将会修订更加严格的按揭贷款规则，要求购房者或开发商提供更加充分的担保，也会使许多购房人失去按揭贷款的资格，影响购房人通过贷款买房改善居住条件预期的实现。

2. 加重开发商的责任。开发商愿意提供阶段性担保并不收取担保费用，是为了鼓励购房人按揭贷款购房，促进商品房销售。若因购房人怠于办理抵押登记，银行无法行使优先受偿权，则增加了开发商承担担保责任的风险。

3. 不利于合同稳定及购房人利益保护。开发商承担保证责任后，通常会选择要求解除房屋买卖合同并要求购房人返还房屋，承担违约责任，赔偿损失，最终损失还是由购房者承担。

二、附条件判决债权人享有优先受偿权

债权人有权要求购房人履行合同义务及时办理正式抵押登记，购房人在办理抵押登记条件成就时拒不办理，法院可以判决购房人于合理期限内办理房产抵押登记手续，如不按期办理抵押登记，债权人对涉案房产享有优先受偿权。

依据诚实信用基本原则，确认债权人优先权有利于惩治违约失信行为；从物权公示角度，预告登记具备一定的公示外观；参照附条件民事行为的法律规定，购房人拒不办理抵押登记，实为恶意阻却条件成就，应视为条件已成就；根据《民法典》第二百二十九条规定，通过司法判决确认债权人对商品房享有优先受偿权，符合法律规定。按此观点判决，较好地平衡了银行、开发商、购房者的利益，也符合当事人签订按揭贷款合同时的预期。有条件确认债权人的优先权，符合现《最高人民法院关于适用〈中华人民共和国民法典〉有关担保制度的解释》第五十二条规定的精神。

编写人：湖南省桃源县人民法院　彭治平　王丹

五、占有保护纠纷

60

违法建筑的占有保护

——赵某明诉夏某革占有物返还案

【案件基本信息】

1. 裁判书字号

北京市第二中级人民法院（2020）京 02 民终 358 号民事裁定书

2. 案由：占有物返还纠纷

3. 当事人

原告（上诉人）：赵某明

被告（被上诉人）：夏某革

【基本案情】

原告起诉称：夏某革于 2018 年 4 月擅自将赵某明自建房内的三张沙发扔掉，并将赵某明的承租房与自建房用木板墙隔离开，将赵某明的自建房占为己有，在该房内生活居住。由于木板墙与赵某明承租房房门距离仅 80 厘米左右，给赵某明居住、出行带来妨碍。赵某明要求返还自建房，夏某革拒不返还。

【案件焦点】

1. 非法建筑是否适用物权法上的占有制度；2. 赵某明的起诉是否属于人民

法院受案范围。

【法院裁判要旨】

北京市西城区人民法院经审理认为：根据起诉状内容可见赵某明起诉的构筑物为其自建房，该自建房未经规划部门批准建设、未办理不动产登记手续，赵某明的起诉不属于人民法院受案范围。

北京市西城区人民法院依据《中华人民共和国民事诉讼法》第一百一十九条第四项、第一百五十四条第一款之规定，裁定如下：

驳回赵某明的起诉。

赵某明不服一审裁定，提出上诉。北京市第二中级人民法院经审理认为：占有物返还纠纷是指因占有物被他人非法侵占，占有人请求返还的纠纷。赵某明称其承租公房期间自建的房屋被夏某革占用诉至法院要求夏某革返还侵占的建筑物，并明确其诉讼请求并未涉及其要求返还的建筑物的权属的确认，仅涉及对占有物的保护，故本案属于人民法院受理民事案件的范围，一审法院认为本案不属于人民法院受理民事案件的范围，属适用法律错误，予以纠正。但是根据赵某明提交的现有证据以及双方当庭陈述，现尚不能确定侵占主体，其现以夏某革为被告起诉，应予驳回。一审法院虽适用法律有误，但处理结果正确，予以维持。

北京市第二中级人民法院依照《中华人民共和国民事诉讼法》第一百七十条第一款第一项、第一百七十一条，《最高人民法院关于适用〈中华人民共和国民事诉讼法〉的解释》第三百三十四条之规定，裁定如下：

驳回上诉，维持原裁定。

【法官后语】

本案是一起关于违法建筑的占有保护案件，该类案件的核心问题在于如何妥善处理违法建筑相关纠纷，本文将围绕法院审理违法建筑返还问题的实务经验展开。

未取得建设工程规划许可证或者未按照建设工程规划许可证规定内容建设

的建筑，属于违法建筑，对于违法建筑相关纠纷的处理，根据《第八次全国法院民事商事审判工作会议（民事部分）纪要》第二十一条规定，对于违法建筑的认定和处理，属于国家有关行政机关的职权范围，应避免通过民事审判变相为违法建筑确权；当事人请求确认违法建筑权利归属及内容的，人民法院不予受理；已经受理的，裁定驳回起诉。故对于违法建筑的返还问题，人民法院通常裁定不予受理或驳回起诉。对于该类案件，我们认为不能一概而论，应基于当事人请求权基础不同而有所区分。

当事人对于他人占有之物的返还请求权，或基于物权，或基于债权。实践中，对于他人占有的违法建筑的返还问题，通常涉及三个案由：物权保护纠纷、返还原物纠纷以及占有物返还纠纷。其中，以返还原物纠纷最多，物权保护纠纷次之，占有物返还纠纷最少。我们认为，当事人对案由的选择是导致该类案件在实践中被人民法院裁定不予受理或驳回起诉的重要原因。因为案由代表着案件所涉及的法律关系的性质，是当事人请求权基础的重要体现。

物权保护纠纷是二级案由，返还原物纠纷是物权保护纠纷项下的子案由，是指权利人请求无权占有不动产或动产的人返还该物的纠纷，当事人的请求权基础是对要求返还的物所享有的物权。物权保护纠纷体现的是对物权的保护，涉及物权的归属和内容。

占有物返还纠纷是占有保护纠纷项下的子案由，占有保护纠纷与物权保护纠纷同为二级案由。占有保护纠纷是指因占有物被他人非法侵占、妨害适用、损害等占有人请求返还原物、排除妨碍、赔偿损害的纠纷。一般认为，占有是主体对于物进行实际控制的一种事实状态，而非一种权利。法律之所以保护占有这种事实状态，是因为占有是一种特殊的法律事实，它能产生多重的法律效果。例如有些国家规定主体可以因占有主张时效取得，从而获得所有权；占有是动产物权的公示方式，占有人可以获得诉讼主体资格等。占有物返还纠纷，既包括无权占有人请求返还占有物的纠纷，也包括有权占有人请求返还占有物的纠纷。在占有物返还纠纷中，不论自主占有或他主占有，合法占有或非法占有，善意占有或恶意占有，有权占有或无权占有，均享有占有物返还请求权，占有物返还请求权是基于占有的事实状态，其作用仅仅在于恢复占有人对物的占有，维护社会秩序的稳定，并不涉及占有物的权利归属问题。占有人在占有受到侵害时，无需另寻所有权等权利依据，即可依据占有制度寻求对占有的司法救济。通过上述分析，不难得出这样的结论，即对于违法建筑，法律虽不保护其建造者、使用者的“权利”，但保护其占有的事实。故对违法建筑的占有、使用受到侵害时，当事人若想得到法律保护，应选择恰当的请求权基础，选择恰当的案由。当事人对这类案件请求权基础的选择，是人民法院判断当事人请求是否涉及物权权属确认和内容的重要依据。

具体到本案中，赵某明主张其系案涉建筑物的占有人，并主张夏某革侵占案涉建筑物，以占有物保护纠纷提起本案诉讼，并明确表示其要求法院保护的是其对建筑物的事实占有状态，并不要求确认建筑物归属以及建筑物性质。故本案应属于人民法院受理民事案件的范围。一审法院未准确认识赵某明的请求权基础，以致适用法律错误。

在我国社会生活中，存在大量因为历史原因或其他原因形成的长期存在的违法建筑，如本案中的公房承租人承租期间无合法手续的自建房，如农村宅基地上农民的自建房，还有部分不符合规划要求的建筑物和其他构造物，如果一概排除法律对违法建筑的保护，不仅不利于化解个案纠纷，也不利于树立合乎传统价值规范的财产秩序和稳定的社会秩序。对于该类案件，人民法院应首先通过请求权基础、案由或者经过询问明确当事人的诉讼请求是否涉及其要求返还的建筑物的权属的确认，如涉及，应裁定不予受理或驳回其起诉；若仅涉及对占有的保护，则应进一步审查原告是否是物的原占有人，即原有占有事实以及侵占行为的违法性。

编写人：北京市第二中级人民法院　王艳芳　刘欣宇

六、其他纠纷

61

“一房二卖”的处理原则及法律后果

——侯甲诉刘某生、何甲第三人撤销之诉案

【案件基本信息】

1. 裁判书字号

湖南省祁东县人民法院（2019）湘0426民初2152号民事判决书

2. 案由：第三人撤销之诉纠纷

3. 当事人

原告：侯甲

被告：刘某生、何甲

【基本案情】

2013年2月26日，刘某生与周某意签订了《房屋买卖契约》，约定刘某生以226800元的价格购买正在开发的案涉房屋。2月28日，刘某生向周某意支付购房定金100000元。8月16日，周某意注册成立了某房地产公司并担任该公司法定代表人。2014年3月3日，侯甲与某房地产公司签订《房地产买卖契约》，约定某房地产公司将周某意在建的案涉房屋以224280元的价格出售给侯甲。同日，侯甲按照合同约定向某房地产公司支付购房款150000元。同年5月

16日，侯甲向某房地产公司支付购房款30000元。2015年10月，周某意死亡，其第一顺序遗产继承人为何甲。周某意去世后，案涉房屋电梯房后续工程停滞，侯甲根据相关部门建议随即提交购房材料对涉案房屋进行了申报。2016年4月12日，侯甲支付购房尾款44280元并支付电梯安装等费用20000元。至此，侯甲已支付全部购房款224280元。

2019年8月初，电梯房后续工程施工完毕，侯甲取得了涉案房屋钥匙。8月6日，侯甲对涉案房屋进行装修。刘某生认为其与周某意签订购房合同在先，涉案房屋应归其所有，遂出面阻挠侯甲装修。11月11日，侯甲以刘某生阻碍其装修房屋为由向法院提起排除妨害纠纷诉讼。在该案审理过程中，刘某生于同年12月2日以何甲为被告向法院提起房屋买卖合同纠纷，法院于同年12月17日作出民事调解书，内容为：何甲于2020年1月17日前向刘某生交付案涉房屋，并协助刘某生办理房屋产权登记手续。侯甲得知后，向法院申请撤回其与刘某生排除妨害纠纷的起诉，并于同年12月27日向法院提出本案第三人撤销之诉。

【案件焦点】

1. 侯甲是否具有提起第三人撤销之诉的主体资格；2. 法院作出的民事调解书是否存在部分或者全部内容错误。

【法院裁判要旨】

湖南省祁东县人民法院经审理认为：关于侯甲是否具有提起第三人撤销之诉主体资格的问题。根据法律规定，第三人因不能归责于本人的事由未参加诉讼，但有证据证明发生法律效力的调解书的部分或者全部内容错误，损害其民事权益的，可以自知道或者应当知道其民事权益受到损害之日起六个月内，向作出该调解书的人民法院提起诉讼。侯甲与刘某生就房屋权属问题争议已久，侯甲与涉案民事调解书具有法律上的利害关系，其具有第三人撤销之诉的主体资格。

关于民事调解书是否存在部分或者全部内容错误的问题。第一，涉案两份购房合同内容未违反法律、法规禁止性规定，是合法有效的合同，二位购房人均有权请求出卖人履行合同，应当结合房屋产权登记、合法占有房屋、合同履行情况、买卖合同成立先后等顺序确定权利保护顺位，对已经完成更多的交易予以保护，以此来确定更适宜履行合同的买受人。第二，二位购房人均支付了购房款，其中侯甲支付了全部购房款 224280 元，刘某生支付了购房定金 100000 元，但二人均未办理不动产登记手续。第三，侯甲已拿到涉案房屋的钥匙并对房屋进行装修，视为房屋已完成交付。现涉案房屋因开发商违法开发导致暂时无法办理不动产登记手续，但侯甲并无过错，属于合法善意取得房屋。第四，虽然刘某生与周某意签订合同时间在先，但合同实际履行较少，而侯甲与某房地产公司签订的合同已经大部分履行，并实际合法占有、使用该房屋，其实际占有利益，应受法律保护，实际占有状态，应予维持。但侯甲要求确认涉案房产归其所有的诉讼请求，有悖于不动产权登记的法律规定，案涉房屋的产权应以不动产中心办理不动产登记手续为准。第五，刘某生与周某意签订的购房合同无法得到实际履行，原民事案件的诉讼请求已无法得到支持，刘某生可以向周某意的继承人何甲主张违约责任。法院作出的民事调解书，未查明涉案房屋当时已经交付给侯甲占有、使用，对未经产权登记的房屋进行确权，违背法律规定，故该调解书存在错误，损害了侯甲的合法权益，根据法律规定，应予以撤销。

湖南省祁东县人民法院根据《中华人民共和国民事诉讼法》第五十六条第三款，《最高人民法院关于适用〈中华人民共和国民事诉讼法〉的解释》第二百九十二条、第三百条之规定，判决如下：

一、撤销本院民事调解书，驳回被告刘某生在该民事案件中的诉讼请求；

二、驳回原告侯甲的其他诉讼请求。

【法官后语】

本案属于典型的“一房二卖”案件。“一房二卖”是指卖方以同一房屋为标的，在与一方当事人签订买卖合同但尚未办理过户登记时，又与第三人签订买卖合同，从而导致新买方和旧买方均希望获得同一房屋的利益冲突。明确“一房二卖”的处理原则及法律后果可有效结束涉案房屋所有权的不确定状态。

探明“一房二卖”的处理原则及法律后果，首先应明确两份合同效力。可以肯定的是，卖房人将同一标的房屋签订两份房屋买卖合同，最终结果必然是两个买受人不可能都取得房屋所有权。但是，只要房屋买卖合同不存在《中华人民共和国民法典》（以下简称《民法典》）第一百四十四条、第一百四十六条、第一百五十三条、第一百五十四条规定的无效情形，就应当认定两份合同都是合法有效的。

在两份合同都合法有效的前提下，再确定“一房二卖”纠纷中对于权利保护的顺位问题。根据《第八次全国法院民事商事审判工作会议（民事部分）纪要》第十五条规定，应结合合同成立的时间、购房款的支付时间以及占有涉诉房产的时间进行认定，保护顺位在先的合同买受方的所有权获得优先保护。基于实践中“一房二卖”的诸多情形对该类案件的裁判结果不尽相同，对此归纳分析如下：

1. 后买受人早于先买受人办理了产权变更登记且为善意。此情况下，两个购房合同均已合法成立，如后买受人出于善意购得且取得房屋所有权，则其享有的物权请求权可以对抗任意第三人。先买受人已不可能取得房屋所有权，合同上的债权转化为损害赔偿请求权，出卖人对得不到满足的买受人承担赔偿损失的责任。但先买受人无权向后买受人主张返还房屋或承担侵权责任。

2. 后买受人先于买受人办理了产权变更登记且为恶意。《最高人民法院关于审理商品房买卖合同纠纷案件适用法律若干问题的解释》（2020 修正）第七条规定，出卖人与后买受人恶意串通，另行订立商品房买卖合同并将房屋交付使用，导致现买受人无法取得房屋的，请求确认出卖人与第三人订立的商品房买卖合同无效的，应予支持。且出卖人与后买受人的恶意串通行为，损害了先买受人的合法债权，二者应负共同侵权的责任。

3. 两次买卖均未办理产权变更登记且均为善意。此情况下，先买受人和后买受人均未取得房屋所有权，应当结合合法占有房屋、合同履行情况、买卖合同成立先后等顺序确定权利保护顺位，若两个买受人均未办理过户登记和预告登记，需审查是否有买受人已经合法占有房屋以及哪方已经完成的交易义务更多，从风险承担的角度来看，赋予合法占有房屋以及履行相应义务较多的买受人相应优先权具有合理性。而无法履行合同的买受人则对出卖人享有债权请求权，可依据购房合同的约定要求出卖人返还购房款并承担违约责任及损害赔偿责任。

4. 两次买卖均未办理产权变更登记且第三人为恶意。此情况下，存在《民法典》规定的合同无效情形，即出卖人与第三人恶意串通签订的合同侵害了买受人的合法权益，应认定出卖人与第三人签订的买卖合同无效。

编写人：湖南省祁东县人民法院　陈佳琳

62

债权人撤销权的行使条件

——某房地产公司诉刘某伟、李某伟债权人撤销权案

【案件基本信息】

1. 裁判书字号

北京市第二中级人民法院（2020）京 02 民终 10858 号民事判决书

2. 案由：债权人撤销权纠纷

3. 当事人

原告（上诉人）：某房地产公司

被告（被上诉人）：刘某伟、李某伟

【基本案情】

2018 年 9 月 18 日，北京市第二中级人民法院作出（2018）京 02 民终 8597

号终审判决，判决确认：刘某伟等人对某房地产公司所负 7176578.42 元欠款向某房地产公司承担连带清偿责任，刘某伟等人给付某房地产公司破产清算费用 25000 元。后某房地产公司申请强制执行，北京市丰台区人民法院于 2018 年 12 月 13 日开始采取执行措施，于 2019 年 6 月 19 日查封刘某伟名下一套房屋。

2019 年 6 月 13 日，刘某伟（抵押人）与李某伟（抵押权人）签订《主债权及不动产抵押合同》（以下简称《抵押合同》），对上述房屋设立抵押登记。《抵押合同》载明：主债权为 300 万元，债务履行期限为 2015 年 7 月 1 日至 2045 年 6 月 30 日，担保范围为本金和利息。次日李某伟取得了《不动产登记证明》。刘某伟与李某伟均认可设立抵押是因为李某伟于 2015 年 7 月 10 日出借给刘某伟 100 万元。

2019 年 7 月 24 日，北京市丰台区人民法院作出（2019）京 0106 执 930 号执行裁定书，裁定终结本次执行程序，裁定书记载："上述房产存在抵押权，申请人主张上述房产抵押权所担保的债权金额超于房屋的市场价值，对该房产进行处置属于无益拍卖，故法院申请暂不处置。"

李某伟就其 2015 年 7 月 10 日出借给刘某伟 100 万元借款，向北京市通州区人民法院提起民间借贷诉讼，称刘某伟因做生意需要向其借款 100 万元，其通过妻子的银行账户向刘某伟转账，双方约定月利率为 2%，并提交了银行汇款交易明细予以佐证。2020 年 8 月 13 日，北京市通州区人民法院作出民事调解书，内容为：（1）刘某伟于本调解书生效之日起十日内归还李某伟借款本金 100 万元及利息（利息以 100 万元为基数，按月利率 2% 标准，自 2015 年 7 月 10 日起计算至实际付清之日止），刘某伟归还的款项优先抵扣到期利息；（2）若刘某伟未能履行上述义务，则李某伟有权就刘某伟坐落于北京某小区 7 号 18 幢 6 层 2 单元××室房屋的折价或者拍卖、变卖所得价款按法律规定的顺序优先受偿。

【案件焦点】

1. 北京市通州区人民法院作出的民事调解书是否影响本案的审理；2. 某房地产公司所主张的撤销权是否符合相关规定。

【法院裁判要旨】

北京市大兴区人民法院经审理认为：北京市通州区人民法院出具生效法律文书对刘某伟与李某伟之间的债权债务及李某伟就房屋的优先受偿权已先行确认，故对本案诉争事项不宜再作处理。

北京市大兴区人民法院依照《最高人民法院关于适用〈中华人民共和国担保法〉若干问题的解释》第六十九条之规定，判决如下：

驳回某房地产公司的诉讼请求。

某房地产公司不服一审判决，提出上诉。北京市第二中级人民法院经审理认为：关于调解书的既判力。本案与北京市通州区人民法院所审理案件的法律关系、事实理由不相同，并非就一事进行再审，故北京市通州区人民法院调解书中关于优先受偿的内容对本案审理不产生普遍遵守的约束力。

关于某房地产公司所主张的撤销权是否满足法定条件。《最高人民法院关于适用〈中华人民共和国担保法〉若干问题的解释》第六十九条规定的债权人撤销权，撤销对象是债务人实施的导致债务人财产减少或增加财产负担，以致影响其正常清偿能力，进而对债权人造成损害的行为。刘某伟与李某伟在法院执行过程中，对房屋设立抵押，北京市丰台区人民法院穷尽财产调查措施后，裁定终结本次执行。刘某伟在有多个债权人的情况下，与李某伟办理抵押登记致使某房地产公司的债权不能或者减少受偿。刘某伟与李某伟在设立抵押时是否有“恶意串通”的行为，可以通过双方借款、还款、抵押过程综合判断，双方认可借款事实发生在2015年7月10日，借款金额为100万元，但未签订借款合同，至办理抵押登记时，已近四年，双方在此期间未对债务清偿有所行动，房屋抵押登记手续系在法院提出开始强制执行后，刘某伟的房屋已面临被强制执行，且双方将超过实际债权债务的数额设定抵押，明显损害了其他债权人的权益，故刘某伟与李某伟办理抵押登记的行为，有恶意串通，损害其他债权人的情节，抵押行为应予撤销。

北京市第二中级人民法院依照《中华人民共和国民事诉讼法》第一百七十条第一款第二项规定，判决如下：

一、撤销一审民事判决；

二、撤销刘某伟、李某伟于2019年6月13日对位于北京某小区7号18幢6层2单元××室房屋所做的抵押。

【法官后语】

通常情况下，债务人对自身财产具有自由处分的权利，对其财产的正常增减，债权人无权干涉，但债务人违背商业诚信、滥用权利、恶意逃债的行为会导致债权人即使胜诉，债权也难以实现。债权人通过诉讼行使撤销权成为其保护自身合法权益的有效途径，但债权人行使撤销权需满足特定条件。

《中华人民共和国民法典》（以下简称《民法典》）施行前，原《最高人民法院关于适用〈中华人民共和国担保法〉若干问题的解释》第六十九条①系关于债权人撤销权的主要规定。《民法典》第五百三十八条②、第五百四十一条③、第五百四十二条④分别对无偿处分时的债权人撤销权行使、除斥期间以及法律效果进行了明确规定，立法目的在于恢复债务人的责任财产，使债务人的责任财产维持在适当状态，进而保障债权人平等受偿权益得以实现。

依据上述规定，债权人撤销权的行使需满足以下条件：第一，客观上债务人实施了无偿处分财产权益的行为，如债务人放弃其债权、放弃债权担保、无偿转让财产或者恶意延长其到期债权的履行期限等行为；第二，结果上损害债权人的合法权益，即上述行为导致债务人责任财产减少或财产负担增加，以致

① 《最高人民法院关于适用〈中华人民共和国担保法〉若干问题的解释》第六十九条规定："债务人有多个普通债权人的，在清偿债务时，债务人与其中一个债权人恶意串通，将其全部或者部分财产抵押给该债权人，因此丧失了履行其他债务的能力，损害了其他债权人的合法权益，受损害的其他债权人可以请求人民法院撤销该抵押行为。"

② 《民法典》第五百三十八条规定："债务人以放弃其债权、放弃债权担保、无偿转让财产等方式无偿处分财产权益，或者恶意延长其到期债权的履行期限，影响债权人的债权实现的，债权人可以请求人民法院撤销债务人的行为。"

③ 《民法典》第五百四十一条规定："撤销权自债权人知道或者应当知道撤销事由之日起一年内行使。自债务人的行为发生之日起五年内没有行使撤销权的，该撤销权消灭。"

④ 《民法典》第五百四十二条规定："债务人影响债权人的债权实现的行为被撤销的，自始没有法律约束力。"

影响其正常清偿能力和债权的平等受偿或者实现；第三，主观上有关当事人存在恶意，债权人撤销权的行使须以有关当事人主观存在恶意为必要，如果债务人经营正常或对所有债务都具有清偿能力，则不能认定为恶意，但如果债务人已存在财务严重恶化的情况，仍肆意处分其财产，则有可能存在恶意；第四，时间上满足除斥期间的规定，即该权利须自债权人知道或者应当知道撤销事由之日起一年内行使，自债务人的行为发生之日起五年内没有行使撤销权的，该撤销权消灭。对于上述条件需要注意的是，在司法实践中，恶意的认定涉及当事人主观内在的判断，受损害的债权人存在举证上的困难，需审判人员结合当事人关系、债务形成背景、债务履行情况等综合判断。

具体到本案，刘某伟与李某伟的民间借贷关系形成时间与抵押登记时间间隔四年左右，双方在此期间对借贷皆持放任态度，在某房地产公司对刘某伟的债权已被法院生效文书所确认并进入法院强制执行阶段，刘某伟明知其名下房屋已面临被强制执行，仍将房屋抵押给李某伟，且抵押担保金额超过借款本金及利息的合计金额，法院穷尽财产调查措施后，裁定终结本次执行。综合上述事实可认定，刘某伟与李某伟存在恶意串通，明显损害了其他债权人的权益，某房地产公司可在法定时间内行使债权人撤销权。

债务人恶意逃避债务，在客观上使责任财产不当减损的行为，对债权人的利益构成极大的损害，也危及市场经济的交易安全。债权人撤销权是债权保障的核心制度之一，有利于保护债权人的利益，以司法手段树立维护和弘扬社会主义核心价值观的鲜明价值导向。

编写人：北京市大兴区人民法院　霍志勇　孙青

ISBN 978-7-5216-2503-5

9 787521 625035 >

图书在版编目（CIP）数据

中国法院 2022 年度案例．物权纠纷 / 国家法官学院，最高人民法院司法案例研究院编．—北京：中国法制出版社，2022.2

ISBN 978-7-5216-2503-5

Ⅰ.①中… Ⅱ.①国…②最… Ⅲ.①物权-经济纠纷-案例-汇编-中国 Ⅳ.①D920.5

中国版本图书馆 CIP 数据核字（2022）第 025260 号

策划编辑：李小草　韩璐玮（hanluwei666@163.com）
责任编辑：韩璐玮　　封面设计：李宁

中国法院 2022 年度案例．物权纠纷
ZHONGGUO FAYUAN 2022 NIANDU ANLI. WUQUAN JIUFEN

编者/国家法官学院，最高人民法院司法案例研究院
经销/新华书店
印刷/三河市紫恒印装有限公司
开本/730 毫米×1030 毫米　16 开　　印张/ 17.25　字数/ 204 千
版次/2022 年 2 月第 1 版　　2022 年 2 月第 1 次印刷

中国法制出版社出版
书号 ISBN 978-7-5216-2503-5　　定价：78.00 元

北京市西城区西便门西里甲 16 号西便门办公区
邮政编码：100053　　传真：010-63141600
网址：http://www.zgfzs.com　　**编辑部电话：010-63141790**
市场营销部电话：010-63141612　　**印务部电话：010-63141606**

（如有印装质量问题，请与本社印务部联系。）

新规则案例适用系列

民法典新规则案例适用	108 元
刑法修正案（十一）新规则案例适用	78 元
知识产权新规则案例适用	即出
民法典担保制度新规则案例适用	即出

民法典时代

中华人民共和国民法典释义与案例评注：总则编	125 元
中华人民共和国民法典释义与案例评注：物权编	156 元
中华人民共和国民法典释义与案例评注：人格权编	65 元
中华人民共和国民法典释义与案例评注：婚姻家庭编	68 元
中华人民共和国民法典释义与案例评注：继承编	65 元
中华人民共和国民法典释义与案例评注：侵权责任编	108 元
中华人民共和国民法典释义与案例评注：合同编	246 元
中华人民共和国民法典总则编释义	158 元
中华人民共和国民法典合同编释义	228 元
中华人民共和国民法典人格权与侵权责任编释义	158 元
中华人民共和国民法典婚姻家庭编与继承释义	98 元
中华人民共和国民法典物权编释义	148 元

新法释义系列

中华人民共和国个人信息保护法释义	78 元
中华人民共和国数据安全法释义	58 元

简便易用

专业实用